Sobre Taipas e Textos

Rodrigo Silva

Sobre Taipas e Textos

um estudo sobre as narrativas a respeito da cidade de **São Paulo**

Copyright © 2013 Rodrigo Silva

Grafia atualizada segundo o Acordo Ortográfico da Língua Portuguesa de 1990, que entrou em vigor no Brasil em 2009.

Publishers: Joana Monteleone/Haroldo Ceravolo Sereza/Roberto Cosso
Edição: Joana Monteleone
Editor assistente: Vitor Rodrigo Donofrio Arruda
Projeto gráfico e diagramação: Juliana Pellegrini
Capa: Gabriela Cavallari
Revisão: João Paulo Putini

Imagem de capa: Fotografia de Everton Ballardin sobre a obra/instalação "Penélope", de 2011, da artista plástica Tatiana Blass, realizada na Capela do Morumbi, em São Paulo.

Este livro foi publicado com o apoio da Fapesp

CIP-BRASIL. CATALOGAÇÃO-NA-FONTE
SINDICATO NACIONAL DOS EDITORES DE LIVROS, RJ

S583s

Silva, Rodrigo
SOBRE TAIPAS E TEXTOS: UM ESTUDO SOBRE AS NARRATIVAS A RESPEITO DA CIDADE DE SÃO PAULO
Rodrigo Silva.
São Paulo: Alameda, 2013.
216 p.

Inclui bibliografia
ISBN 978-85-7939-186-6

1. Historiografia – São Paulo (SP). I. Título.

13-0438.   CDD: 901
                   CDU: 930.1
                                   042299

ALAMEDA CASA EDITORIAL
Rua Conselheiro Ramalho, 694 – Bela Vista
CEP: 01325-000 – São Paulo, SP
Tel.: (11) 3012-2400
www.alamedaeditorial.com.br

Sumário

Prefácio 9

Introdução 11

Capítulo I 27
Representações, apropriações e interpretações a respeito da cidade de São Paulo

Capítulo II 87
A institucionalização dos discursos: a transição da história de São Paulo dos cronistas aos institutos históricos

Capítulo III 131
Do IHGSP as comemorações do IV Centenário

Bibliografia 195

Fontes impressas 207

Agradecimentos 213

"O senhor... mire veja: o mais importante e bonito, do mundo, é isto:
que as pessoas não estão sempre iguais, ainda não foram terminadas –
mas que elas vão sempre mudando.
Afinam ou desafinam. Verdade maior.
É o que a vida me ensinou. Isso que me alegra, montão."
João Guimarães Rosa, *Grande sertão: veredas*, 1956.

PREFÁCIO

SÃO INÚMERAS AS INTERPRETAÇÕES sobre particularidades da formação histórica da cidade de São Paulo, assim como já mereceram atenção especial as condições e características que marcaram o alargamento de seus espaços ao longo do tempo. Tema recorrente de estudos e olhares produzidos em diferentes áreas do saber – passando pela História, pela Arquitetura e até a Medicina – a cidade, as ruas, os bairros e os contornos físicos foram amplamente vasculhados, o que pode sugerir um campo muito estreito para novas abordagens e contribuições.

Entretanto, o complexo conjunto de conhecimentos acumulados sobre a história de São Paulo, ao invés de cercear, só faz intensificar as investigações a respeito da materialidade do sítio urbano e das representações construídas em torno dele. Isso é resultado, sem dúvida, do fato de que, quanto mais se aprofundam as análises, mais aguda se torna a percepção de novos aspectos e problemas, o que obriga à busca de outras fontes ou à releitura de referências já compulsadas. Esse movimento que enseja a produção de novos saberes envolve, além disso, uma questão metodológica, que Rodrigo da Silva sublinha com perspicácia: em que medida, na problematização constante da história paulistana, o historiador não se vê induzido a reconhecer, nos registros históricos, certezas e fatos projetados pelas motivações dos agentes históricos que os elaboraram?

Pesquisa redigida originalmente como dissertação de mestrado, defendida na Faculdade de Filosofia, Letras e Ciências Humanas da Universidade de São Paulo, em 2009, *Sobre taipas e textos: um estudo sobre as narrativas a respeito da cidade de São Paulo, 1772/1953* reacende o debate acerca das evidências com as quais trabalha o historiador, colocando sob crivo os modos pelos quais caminha entre a configuração da cidade e os discursos que permitiram que esse processo pudesse ser reconstituído até nossos dias. Procura, nesse sentido, identificar quais narrativas sobre o passado de São Paulo acabaram por adquirir o estatuto de autoridade e de guias na definição dos marcos constitutivos da cidade e de sua história.

Que liames entrelaçam a *História da Capitania de São Vicente*, escrita por Pedro Taques de Almeida Paes Leme, em 1772, e os volumes de *História e Tradições da cidade de São Paulo*, editados por Ernani da Silva Bruno, em 1953? Por quais meandros, a despeito das distâncias temporais e conceituais que as separam, é possível encontrar, nessas narrativas, pressupostos semelhantes sobre a cidade no século XVIII, tais como a pobreza e rusticidade de seus habitantes e a especificidade da posição que ocupava no âmbito da colonização?

Ao problematizar, por meio de seus intérpretes, a cidade e sua formação, Rodrigo da Silva evidencia o peso de representações políticas, construídas no século XVIII e reatualizadas no século XIX, na formulação da história paulistana, ainda hoje difundida. Sensível e cuidadoso, recusa afirmações apressadas e tampouco renega a enorme bibliografia que ajudou a consolidar o atual estado da arte sobre o tema. Ao contrário, revela ao leitor alguns dos percursos culturais pelos quais versões criadas, sob circunstâncias singulares de fins do século XVIII, ganharam força, foram reproduzidas e se consolidaram, em momentos históricos diferentes e sob aparências diversas, como referências existenciais para o estudo de São Paulo.

Trata-se, assim, de livro que privilegia as maneiras pelas quais a cidade foi se desenhando em feições formuladas ao longo de mais de dois séculos e, ao mesmo tempo, tematiza a escrita da história, seus fundamentos e as relações do historiador com suas fontes, abrindo um leque de questões que, mesmo ultrapassando os limites da história de São Paulo, se estabelece no propósito de criar outros encaminhamentos para compreendê-la.

Cecilia Helena de Salles Oliveira
São Paulo, abril de 2012

INTRODUÇÃO

HÁ ALGUNS ANOS, quando comecei a me dedicar ao estudo da história de São Paulo, certo estranhamento começou a se formar na minha reflexão sobre o tema. Na realidade, por volta de 2004 e 2005, estava envolvido nos trabalhos relacionados à identificação, resgate e proteção do patrimônio cultural (o qual contempla o patrimônio histórico) na região afetada pelas obras de construção do primeiro trecho do Rodoanel Paulista. Responsável parcialmente pelos estudos no campo da História, fiquei algo perplexo ao ver que, embora as evidências materiais reunidas pela nossa equipe de arqueólogos, geólogos e geógrafos indicassem cronologias e contextos históricos diversos daqueles consagrados pela bibliografia que trata do assunto, o resultado final, consolidado num longo relatório enviado ao Condephaat e ao Iphan, bem como a diversos órgãos dos três níveis do poder executivo, invertia a lógica do trabalho científico e lançava os dados – que poderiam proporcionar novas interpretações, revisões – nos escaninhos das interpretações tradicionais.

Assim, o texto final tratava de uma região (cidade de São Paulo e seu entorno, espectro de influência direta ao longo dos séculos) que passara por três "cenários" distintos. Primeiro, uma São Paulo mameluca, de feição bandeirante que se estendeu de sua fundação até o início do século XIX. Dessa "São Paulo", tratada no texto final como "boca do sertão", passava-se a outra, na qual estudantes movimentavam a urbe, que sentia transformações ainda lentas as quais mais para o final do século, culminariam na "explosão" da cultura cafeeira e no enriquecimento da cidade e de parte de seus habitantes. Finalmente, com a crise dessa economia, a região moldava-se, seguindo o rumo em direção ao nosso presente, com a consolidação de uma metrópole plural.

Ocorre que nas informações "brutas", vindas dos laboratórios nos quais se analisou o material obtido em campo, ainda que sem caráter absolutamente conclusivo, sugeriam-se quadros bastante diversos, com nuances, contextos econômicos, culturais e sociais heterogêneos, bem como de que a indicação de "rusticidade" e "pobreza material" da São Paulo dos primeiros séculos, sugerida pela bibliografia tradicional, sobretudo para o período que vai do final do século XVII ate o inicio do século XIX,[1] deveria ser matizada e compreendida dentro de chaves de análise que considerassem os vetores culturais envolvidos. Apesar disso o que prevaleceu foi uma interpretação canônica do processo de ocupação colonial do planalto paulista e da evolução urbana dessa região, focada – claro – na trajetória da cidade de São Paulo e em sua economia e sociedade.

A grande questão que restou, debatendo com vários dos autores dos textos finais, foi a de que apesar de evidências, índices, marcas, sinais, que sugeriam outras possibilidades, a "força da tradição" efetivamente foi maior do que a disposição e o preparo deles para trabalhar com tais dados e produzir "perguntas" novas. E a grande maioria nem sequer havia se dado conta disso ao longo do processo.

Nos anos seguintes voltei a trabalhar na região de São Paulo (cidade e entorno): no bairro da Luz (o antigo Guaré), na Tabatinguera, na Liberdade, Pinheiros, Cotia, Carapicuíba, todos eles sítios ancestrais da ocupação colonial no planalto paulista. No decorrer desses trabalhos as informações novas somente aumentaram o desconforto com as interpretações tradicionais, com as quais também tive de me habituar por ter de referenciar justamente nelas boa parte dos trabalhos.

Com isso foi se delineando tanto a necessidade de compreender melhor a construção de ideias basilares a respeito da história de São Paulo como a "genealogia textual" que garantiu a sobrevivência dessas ideias e sua difusão de modo tão amplo e resistente. As ideias às quais me refiro – como a periodização tradicional, a insistência na pobreza

---

[1] Trato aqui de uma miríade de escritores que formam extensa lista. Indico e referencio cada um deles adiante, quando trato especificamente de seus textos e de suas ideias basilares. Mas, para localização inicial, considero como parte da bibliografia tradicional e construtores de uma vertente interpretativa Capistrano de Abreu, Afonso Taunay, Ernani da Silva Bruno, Alcântara Machado (pai), entre outros.

material da cidade no decorrer do século XVIII, a recorrência aos textos dos estrangeiros do século XIX, a ideia de decadência no contexto da supressão administrativa da Capitania de São Paulo em 1748, o papel da criação do curso de Ciências Sociais do Largo de São Francisco em 1828 na transformação social da cidade, a insistência de que diferentemente de outras cidades São Paulo foi marcada pela constante "demolição" e reconstrução de sua estrutura material, entre outras – não foram concebidas a um só tempo, até porque dizem respeito a momentos e aspectos distintos da história da cidade, mas, de um modo que eu não sabia como, elas nos foram legadas como um "corpo" bastante coeso que, para mim, encontraram sua forma textual "consolidada" no livro *História e tradições da cidade de São Paulo,* de Ernani da Silva Bruno, lançado em 1953 por ocasião dos preparativos para os festejos do IV Centenário da Cidade de São Paulo. Digo "consolidada", pois, como havia percebido parcialmente, pontualmente, mas não de modo sistemático e cronológico, essas ideias foram sendo criadas, adotadas, ressignificadas ou abandonadas ao longo de praticamente duzentos anos de escrita. Neste "consolidado" também não está inclusa qualquer ideia referente a um *fim da história*, apenas e tão somente a uma forma, poderosa, que sintetizou num momento de celebração, pedaços, fragmentos, excertos que estavam dispersos e eram recorrentemente associados, mas jamais num formato que se pretendesse geral, balizador.

Deste modo, tornou-se uma questão fundamental poder recuperar e compreender o itinerário pelo qual esse conjunto de ideias e interpretações foi construído para que novas perguntas pudessem ser feitas a respeito da história da cidade de São Paulo. O plano original de pesquisa, que era o de investigar a cidade de São Paulo entre a data de sua restauração administrativa – 1765 – e a data que teria servido como referência para a confecção da maquete da cidade presente no Museu Paulista da Universidade de São Paulo, 1842 (uma representação tridimensional singular da cidade), através das fontes materiais oriundas do período, teve de ser postergada. Efetivamente era impossível analisar diretamente esses objetos diversos – constantes em diversos acervos e com morfologias absolutamente distintas – sem retirar parcialmente, ao menos, as sucessivas camadas interpretativas que foram sedimentadas sobre eles ao longo de décadas de estudo do tema. Corria seriamente o risco de reproduzir ideias que foram compostas em contextos específicos, ou de simplesmente negá-las apenas pelo recurso da contraposição. O presente trabalho objetivou elucidar parcialmente a composição dessas ideias e os processos que compuseram, permitindo uma observação mais consciente de outros conjuntos de documentos. Por isso, esse trabalho possui "conclusões" que vão se delineando no decorrer, e cujo "ponto de chegada" é o estabelecimento de um longo e errático itinerário de construção de ideias e interpretações a respeito da história de São Paulo. Acima de tudo é um trabalho que se propôs ser uma estrutura de suporte, uma ferramenta de trabalho, mais do que uma obra que se encerra em si.

Dentro do campo polissêmico inerente ao termo "história" havemos de reconhecer que frequentemente as histórias são construídas simultaneamente a uma e a muitas mãos, em um tempo e ao longo do tempo.[2] Quando me disponho a interpretar algo, imprimo minha marca pessoal, mas também a de minha época e – dialogando de múltiplas formas, mas certamente participando – as interpretações e construções que os muitos que vieram antes de mim operaram. Há terrenos mais densamente ocupados, nos quais gerações e gerações de pensadores plantaram seus edifícios interpretativos, construindo uns sobre os outros, demolindo, reocupando, adaptando, ampliando, anexando, e há os terrenos que determinados indivíduos ou grupos criam constituindo novas histórias que, a partir de então, terão elas também suas trajetórias.

Algumas vezes a constituição da narrativa e da memória a respeito de algo começa quase que simultaneamente ao ocorrido[3] – ou mesmo antes, como nos casos nos quais a preocupação com a perpetuação da memória precede até mesmo o processo, o acontecimento, instaurando uma memória precedente que influenciará o que se segue, como numa carta deixada antes de algo iminente, numa estela implantada antes de uma batalha, uma oferenda; noutras vezes *o,* ou mais frequentemente, *os* historiadores criam, interpretam, elegem algo para dar-lhe essa capa, essa leitura que chamamos de *História*. Coisas que passaram indistintas a seu tempo, elementos que integravam a vida de seus contemporâneos sem constituir senão um problema imediato, algo incorporado as suas existências, desafios a serem enfrentados. De qualquer modo as histórias são indissociáveis dos humanos como indivíduos e dos humanos como grupos, de um tempo e dos tempos ao longo dos quais foi sendo transformada. Em cada interpretação há a mão daquele que assina, mas há mãos outras, indicadas ou não, que estão presentes ali. É também nesse sentido que se desdobra a sugestão de Carl Schorske[4] de que o

---

2 KOSELLECK, Reinhart. *Futuro passado: uma contribuição a semântica dos tempos históricos.* Rio de Janeiro: Contraponto/PUC, 2006. PIRES, Francisco Murari. *Mithistoria.* São Paulo: Humanitas, 1999.

3 DUBY, Georges. *O domingo de Bouvines: 27 de julho de 1214.* Rio de Janeiro: Paz e Terra, 1993.

4 SCHORSKE, Carl E. *Viena fin de siècle.* São Paulo: Companhia das Letras, 1990.

historiador trabalha como um tecelão, tramando os fios da diacronia e da sincronia, ou no que Carlos Alberto Vesentini chamou de *a teia do fato*.[5]

Ainda que cada qual, bem como outros historiadores, tenha escolhido um aspecto dessa tecelagem para lhe conferir força, para ressaltar e estudar amiúde, há a convergência tanto no reconhecimento das ações diacrônicas e sincrônicas quanto nas ações particulares, coletivas e acumulativas, visto que não é apenas a ação de um ou de muitos, mas a ação de uns e de muitos ao longo do tempo.

Por isso havemos de lembrar que Marc Bloch, quando escrevia que o historiador estuda "os homens",[6] deixava escapar o fato de que – ao menos no que tange à constituição das interpretações a respeito da história acontecimento – não há como estudar *os homens* sem estudar cada *homem*.

Esses complexos *mantos de Penélope*[7] são tecidos a muitas mãos e para que nós mesmos não deixemos de ser tecelões para sermos enredados na trama é necessário conhecer os demais artífices, bem como os fios que trançam. Pode parecer à primeira vista que é uma tarefa muito complexa, um cipoal no qual se pode perder-se facilmente; à segunda vista não parece mais, tem-se a certeza absoluta.

A constituição das narrativas a respeito da cidade de São Paulo encontra-se nesse universo de complexidade. Desde o final do século XVIII se escreve sobre a São Paulo do século XVIII e, desde então, uma legião de historiadores, memorialistas, literatos e afins debruçaram-se sobre o tema.

Aqui nos interessa particularmente as interpretações que foram construídas a respeito da segunda metade do século XVIII e primeira metade do século XIX. Período particularmente difícil de estudar devido a uma série de motivos: por se conhecer pouco ainda desse tempo, por ser um período de transformações significativas tanto na cidade de São Paulo quanto na América Portuguesa, por ainda exigir uma compreensão melhor da natureza e do sentido dessas transformações. Como não poderia deixar de ser, as interpretações sobre esse período são igualmente complexas.

---

5 VESENTINI, Carlos Alberto. *A teia do fato: uma proposta de estudo sobre a memória histórica*. São Paulo: Hucitec, 1990.

6 BLOCH, Marc L. *Apologia da história ou o ofício do historiador*. Rio de Janeiro: Zahar.

7 FURTADO, João Pinto. *O manto de Penélope: história, mito e memória da Inconfidência Mineira 1788-9*. São Paulo: Companhia das Letras, 2002, p. 31-75.

Mesmo considerando que parte significativa do conhecimento que hoje possuímos a respeito do período relacionado é fruto de pesquisas mais ou menos recentes,[8] as quais começaram a relativizar pressupostos empregados até então na história de São Paulo (as "ideias basilares" às quais me referi), mas que, por motivos óbvios, não estavam à disposição de escritores no começo do século XX ou mesmo do XIX, há uma grande gama de informações que já era de conhecimento ao menos de parte desses escritores, como Afonso Taunay, Capistrano de Abreu, Visconde de Porto Seguro, entre outros, e que aqui ou acolá aparece em suas obras.

Por isso, antes de investigarmos esses outros traços remanescentes[9] da cidade de São Paulo nos séculos XVIII e XIX, é desejável incursionar pelo universo das interpretações, representações e apropriações a respeito delas.

Não vamos transitar por entre todos os que escreveram a respeito de São Paulo, posto que compõem um conjunto monumental de obras das mais diversas morfologias, mas somente entre aqueles cuja narrativa atuou mais significativamente na

---

8   MARANHO, Milena. *A opulência relativizada: significados econômicos e sociais dos níveis de vida dos habitantes do Planalto de Piratininga (1648-1682)*. Dissertação de mestrado. Campinas: IFCH/Unicamp, 2000. BLAJ, Ilana. *A trama das tensões: o processo de mercantilização de São Paulo colonial: 1681-1722*. São Paulo: Humanitas/Fapesp, 2002. Tese de doutorado defendida em 1995. BORREGO, Maria Aparecida de Menezes. *A teia mercantil: negócios e poderes em São Paulo colonial (1711-1765)*. Tese de doutorado. São Paulo, FFLCH/USP, 2006.

9   A cidade de São Paulo conta com um privilegiado acervo documental textual (Atas da Câmara, acervos da Cúria Metropolitana, do Mosteiro de São Bento etc.), preservado graças ao acaso – como o fato de ter ficado a salvo de incêndios, saques e outros desastres – ou pela ação de administradores interessados na manutenção dos mesmos, como Washington Luís, enquanto prefeito da cidade no começo do século XX. Porém, para além dos acervos de documentação textual, a cidade de São Paulo possui também um conjunto de plantas de grande interesse, coleções de objetos tridimensionais distribuídos em diversas instituições (Museu Paulista da Universidade de São Paulo, Museu de Arte Sacra, Museu do Páteo do Colégio, museus ligados ao Departamento de Patrimônio Histórico da cidade de São Paulo), material arqueológico obtido através de vários projetos de pesquisa realizados nos últimos vinte anos e que, também, estão depositados sob a guarda do DPH/SP ou em laboratórios do Museu de Arqueologia e Etnologia da Universidade de São Paulo ou da Universidade Estadual de Campinas. Contamos ainda com uma iconografia variada e que acompanha a trajetória da cidade desde o começo do século XIX, composta por aquarelas, bicos de pena, fotografias, produzidas em diversos contextos e com múltiplas técnicas. Por fim, a própria cidade em sua materialidade é um documento importante e pouco utilizado: sua organização espacial, suas edificações, recursos raramente invocados para compreender sua história. São estes conjuntos documentais, sobretudo os não textuais, que nos indicam possibilidades outras de interpretação para a história da cidade de São Paulo.

constituição das interpretações que nos chegaram, daqueles que criaram o que podemos chamar de tradição.

Nesse itinerário – embora se trate de uma investigação que possui um espaço geográfico delimitado, a vila e depois cidade de São Paulo –, em diversos momentos a São Paulo se dilui entre vila e capitania, cidade e província, característica recorrente da bibliografia que aqui reunimos. Para muitos desses escritores os destinos de ambas – vila e capitania, cidade e província, cidade e estado – estavam visceralmente ligados, ou, de modo talvez mais adequado, a vila fosse o *core* de um corpo que dela nasceu e, seguidamente, se desmembrou. Tentamos, sempre que possível, identificar a qual São Paulo cada autor se referia e o quanto de suas considerações diziam respeito à vila e cidade. Nem sempre foi possível; por vezes a própria ambiguidade suscita interesse.

No decorrer do processo, às vezes, somos tentados a usar categorias pré-estabelecidas para nomear os objetos com os quais estamos trabalhando. O artifício é útil, uma vez que uma das tarefas fundamentais de um trabalho de pesquisa é sua inteligibilidade, o que depende, até certo ponto, de conseguir dialogar dentro de um léxico comum ao campo.

Porém, o que é uma ferramenta necessária muito facilmente pode se tornar um muro de arrimo para um barranco de questões mal compreendidas e mal explicadas. A classificação, a taxonomia dos objetos, não é tarefa fácil, posto que há que se determinar elementos que realmente sejam fundamentais e capazes de agrupá-los coerentemente, caso contrário a classificação torna-se uma questão absolutamente aleatória e incapaz de se comunicar, mesmo dentro de seu próprio campo.

Quando comecei a transitar por entre os textos de tantos autores que escreveram a respeito da história de São Paulo – gente tão diversa quanto Pedro Taques, Saint-Hilaire, Azevedo Marques, Afonso Taunay, Spencer Vampré, Nuto Sant'Ana e Ernani da Silva Bruno –, uma das questões essenciais era: como classificá-los? Como agrupá-los?

A cronologia e a genealogia das ideias são apenas partes da tarefa e ajudam-nos até certo ponto. Como Le Goff,[10] creio na cronologia como profissão de fé, e como Foucault[11] e Certeau,[12] tenho muitas restrições às ideias de origens.

---

10 LE GOFF, Jacques. *História e memória*. Campinas: Editora da Unicamp, 1996.
11 FOUCAULT, Michel. *A microfísica do poder*. Rio de Janeiro: Graal, 2001.
12 CERTEAU, Michel de. *A escrita da história*. Rio de Janeiro: Forense Universitária, 2002.

Quando se trabalha com universos bastante distintos, ou separados por longos períodos de tempo, é relativamente mais simples determinar grupos, correntes, estabelecer categorias mais delimitadas. Mesmo com a infinita rede de apropriações e reapropriações de ideias e operações históricas,[13] é profundamente viável a determinação de grupos e, sobretudo, de procedimentos e objetivos específicos.

Contudo, quando trabalhamos com um tempo contínuo, com um intervalo temporal que mantém – mais ou menos intensamente – a atividade intelectual, a situação fica muito mais complexa e põe em xeque as classificações mais estanques. Identificar transformações ou alterações significativas a longo prazo é muito mais confortável do que no cotidiano. Traços inerentes das culturas são a transmissão e a invenção; tudo se remete a algo e sempre algo novo é criado, como interpretação, apropriação, reconstrução.[14]

Ao investigar o universo da produção intelectual a respeito da história de São Paulo imaginava, a princípio, poder estabelecer diferenças essenciais entre figuras como Afonso Taunay e Paulo Cursino, ou entre Azevedo Marques e Alfredo Ellis Jr. Como resultados dessa primeira investida nos textos e nos autores, procurei estabelecer classificações, taxonomias, para permitir uma melhor compreensão.

Pensei poder tratar os autores do final do século XIX e começo do XX dentro de um mesmo grupo, o qual via como "memorialistas", o que se mostrou absolutamente inadequado. Apesar das diversidades nos procedimentos para a escrita da história entre autores como Azevedo Marques – que elaborou compêndio da história de São Paulo a partir de informações dos arquivos nos quais trabalhava (ao menos em parte) como funcionário –, Afonso Taunay – já profundamente influenciado pela obra e pela figura de Capistrano de Abreu[15] e dos autores franceses (como Seignobos e Langlois,[16] entre outros) –, Spencer Vampré (escrevendo para as efemérides da Academia de Direito do Largo de São Francisco) e Sérgio Milliet, me parecia justo, inicialmente, que ao menos parte deles merecesse ser categorizada como "memorialista".

Ocorre que, na realidade, no trato cotidiano, estes autores, bem como os demais contemporâneos, ou parcialmente contemporâneos, jamais constituíram grupos plenamente autônomos e pouquíssimos escreveram algo que merecesse a classificação de

---

13 PIRES, Francisco Murari. *Mithistória*. São Paulo: Humanitas, 1999.

14 CERTEAU, Michel de. *A invenção do cotidiano: artes de fazer*. Rio de Janeiro: Vozes, 1997.

15 ARAÚJO, Katina Anhezini de. *Um metódico à brasileiro: a história da historiografia de Afonso de Taunay (1911-1939)*. Tese de doutorado. Franca, FHDSS/Unesp, 2006, p. 57 e seguintes.

16 *Ibidem*, p. 38-45.

memórias de São Paulo (talvez os membros das Arcadas e Paulo Cursino, mas definitivamente não Azevedo Marques, Teodoro Sampaio, Washington Luís, e menos ainda Afonso Taunay).

Da mesma forma considerava inicialmente que o surgimento de um curso dedicado à formação de especialistas em história, com a Universidade de São Paulo em 1934, ou mesmo antes, com a criação do curso da Faculdade Livre de Filosofia e Letras de São Paulo, em 1911, estabelecida nas dependências do Mosteiro de São Bento e sob a proteção de Dom Miguel Kruse,[17] ou o Curso de Ciências Sociais na antiga casa dos franciscanos em 1828, teria significado um momento de ruptura nas interpretações a respeito da história da cidade. Novo equívoco, apontado, inclusive, por Antonio Celso Ferreira.[18] Efetivamente há a transmissão ou influência profissional dos lentes sobre seus alunos, mas jamais de modo automático, linear ou imediato. Afonso Taunay foi aluno de Capistrano de Abreu, o qual – dependendo da versão contada – despertou ou acentuou seu interesse pela escrita da história. Taunay, já professor, deu aulas no Colégio São Bento a Sérgio Buarque de Holanda e a Alfredo Ellis Júnior, os quais o substituíram tanto na Cadeira de História da Civilização Brasileira, após 1937, na Universidade de São Paulo, quanto na direção do Museu Paulista.[19] Tanto podemos optar por fazer aflorar as transmissões e influências quanto as divergências e rompimentos interpretativos. As transformações raramente são totais.

A existência de grupos como os de membros do Instituto Histórico e Geográfico de São Paulo, do Instituto Histórico e Geográfico Brasileiro ou, nas décadas seguintes, das universidades, jamais determinou uma hegemonia absoluta ou um antagonismo radical. As divergências podiam se estabelecer dentro de uma mesma instituição, como aquelas entre Varnhagen e Capistrano de Abreu[20] (em verdade críticas de Capistrano

---

17 *Ibidem*, p. 23 e seguintes.

18 FERREIRA, Antonio Celso. *A epopéia bandeirante: letrados, instituições, invenção histórica (1870-1940)*. São Paulo: Editora Unesp, 2002.

19 ARAÚJO, Karina Anhezini. *Op. Cit.*, p. 197 e seguintes.

20 CANABRAVA, Alice P. "Apontamentos sobre Varnhagen e Capistrano de Abreu". *Revista de História*, São Paulo, FFLCH/USP, out./dez. 1971, p. 18-88. ARAÚJO, Ricardo Benzaquen. "Ronda noturna: narrativa crítica e verdade em Capistrano de Abreu". *Estudos Históricos*, Rio de Janeiro, nº 1, 1988, p. 28-54.

ao Visconde de Porto Seguro, ambos do IHGB, ainda que em períodos ligeiramente diversos), ou para além delas, como as entre Oliveira Viana e Alcântara Machado.[21]

Em outros termos: na construção das narrativas a respeito de São Paulo o trânsito entre instituições, indivíduos e referências foi absolutamente intenso e não calcado – a priori – na origem, no local de produção (daí, como veremos, a importância de figuras como Capistrano de Abreu, Afonso Taunay, Teodoro Sampaio, Ernani da Silva Bruno, nenhum deles paulista de nascimento). O crivo, provavelmente, que determinou a assimilação, apropriação, difusão e refutação das ideias – ao menos no contexto do IHGSP e depois – foi muito mais de natureza de conteúdo, programática, do que metodológica.

Mais importante do que pertencer a este ou àquele instituto, ser desta ou daquela origem, era produzir de modo alinhado com o pensamento corrente que durante décadas aglutinou grande parte, a mais influente, da produção a respeito da história de São Paulo. Esta corrente, formada por um complexo jogo de referências e apropriações, tratou de alinhar a história regional de São Paulo (ou a história de São Paulo como a história da nação) com os grandes quadros interpretativos da história brasileira traçados por Varnhagen e Capistrano de Abreu. Estes dois universos – a História do Brasil e a História de São Paulo – foram engenhosamente entrelaçados de tal modo que houvesse um equilíbrio entre os dois.

Não estou, obviamente, desprezando as divergências históricas que animavam intensos debates entre os pensadores brasileiros do final do século XIX e começo do XX, sejam elas de ordem teórica, conceitual, interpretativa. Karina Anhezini descreve pormenorizadamente os debates nos quais Taunay, por exemplo, e no mais das vezes seguindo em grande medida Capistrano de Abreu, se envolveu, sobretudo nos questionamentos à obra de Oliveira Viana e Pedro Calmon.[22]

Contudo, no que diz respeito à história de São Paulo, os aspectos ideológicos e políticos esclarecem, parcialmente, como pensadores bem preparados e acostumados com um universo acentuadamente crítico, como Afonso Taunay, Sérgio Buarque de Holanda, Richard Morse, podiam ser bastante incisivos com autores como Oliveira Viana, mas ser acolhedores com outros como Paulo Prado ou Ernani da Silva Bruno, os quais empregaram métodos de pesquisa e escrita que dificilmente passariam – em outras situações – pelos crivos exigentes dos mesmos.

---

21 MILLIET, Sérgio. "Introdução". In: MACHADO, Alcântara. *Vida e morte do bandeirante*. São Paulo/Belo Horizonte: Edusp/Itatiaia, 1980, p. 15-26.

22 ARAÚJO, Karina Anhezini. *Op. cit.*, p. 58-60.

Afonso Taunay, sempre que consultado, e com toda elegância que lhe era peculiar, jamais se furtou da honestidade com as obras alheias: indicou, ainda no primeiro original, deficiências e falhas na obra de Alcântara Machado,[23] como fizera com a de Pedro Calmon, entre tantos outros. Mas, diferentemente do tratamento dado a *Populações meridionais do Brasil*,[24] o qual lançou às profundas do esquecimento, empregou recorrentemente o livro de Calmon em seu curso na USP[25] e endossou, empregou e difundiu a obra de Alcântara Machado. Em verdade, Taunay migrou do uso de Oliveira Viana – presente nos dois primeiros volumes de *História geral das bandeiras paulistas*[26] – para o de Alcântara Machado, transição que se deu ao longo dos anos de 1930 e demonstra a mudança de interpretação de alguns princípios da história de São Paulo como a questão da eugenia paulista.

Da mesma forma, não desprezo as divergências entre os autores no tocante a aspectos específicos ou encaminhamentos, como o horror com o qual Capistrano de Abreu recebeu a sugestão de Afonso Taunay de seu interesse em estudar o período dos Capitães Generais em São Paulo, *coisa adequada para um Porto Seguro*, não para alguém interessado na "história da civilização".[27]

Em 1943, por exemplo, Gilberto Freyre (que se valeu em suas obras dos escritos de diversos autores que tratavam da história de São Paulo, como Alcântara Machado e Ernani da Silva Bruno) escreveu um artigo para o *Diário de Pernambuco* no qual descrevia as contradições de Paulo Prado,[28] recém-falecido. Ao contrário do que se poderia imaginar, Freyre indica as contradições de Prado como se fossem traços de sua elegância peculiar, capaz de mesclar acepipes regionais degustados na fazenda São Martinho com imponentes banquetes parisienses. Reparo à obra do paulista só fez ao indicar o tom pessimista de *Retrato do Brasil*,[29] coisa da qual jamais compartilharia, e de certa adoração a Capistrano de Abreu (ao qual atribuía a origem de tal pessimismo).

---

23 *Ibidem*, p. 61-63.
24 VIANA, Oliveira. *Populações meridionais do Brasil*. Rio de Janeiro: José Olympio, 1952.
25 ARAÚJO, Karina Anhezini. *Op. cit*, p. 58-59.
26 TAUNAY, Afonso D'Escragnolle. *História geral das bandeiras paulistas*, vol. 11, São Paulo: Typ. Ideal, H. L. Canton, 1924-1950.
27 ARAÚJO, Karina Anhezini. *Op. cit.*, p. 44 e seguintes.
28 FREYRE, Gilberto. *Pessoas, coisas e animais*. Rio de Janeiro: Globo, 1981, p. 91-93.
29 PRADO, Paulo. *Retrato do Brasil*. São Paulo: Duprat & Mayença, 1920.

Contudo, nos termos gerais das obras, Freyre não tocava, indicava com seu saudosismo peculiar o quanto São Martinho havia sido útil para a escrita de *Sobrados e mucambos* e o desejo de concluir *Ordem e progresso* na mesma fazenda da família Prado.[30]

Bem como faria uma década depois com Ernani da Silva Bruno, a obra de Paulo Prado muito bem cabia à confirmação da estrutura composta pela quadrilogia não encerrada: *Casa-Grande & senzala, Sobrados e mucambos, Ordem e progresso, Jazigos e covas rasas* (jamais escrito).

De qualquer modo, textos são mais do que representações sobre algo uma vez que eles próprios constroem em certa medida esse algo; constroem não apenas no presente mas são capazes de orientar o olhar para o passado; um passado que se tornou impossível de ser tomado como estático, unívoco.

Assim preferi me ater à cronologia como estrutura e linha condutora, buscando recuperar na medida do possível a ordem temporal na qual as ideias foram produzidas, apropriadas, na qual os autores escreveram seus textos e os divulgaram e, por fim, as apropriações e redirecionamentos efetuados.

Três movimentos me parecem fazer sentido: um iniciado com os escritores do final do século XVIII, Pedro Taques e Frei Gaspar da Madre de Deus, e passando pelos textos mais recorrentemente empregados pela bibliografia que trata da história de São Paulo produzidos por estrangeiros que estiveram na cidade no começo do século XIX. O sentido dessa organização foi o de unir tanto os primeiros textos que interpretaram a situação de São Paulo no século XVIII quanto os autores – os estrangeiros – cujos textos se tornaram um imenso manancial de informações a respeito do inicio do século XIX, nos quais gerações e gerações de escritores foram buscar matéria-prima para suas obras.

O segundo movimento, que se inicia em meados do século XIX, tem como mote a compreensão da construção das interpretações a respeito da história de São Paulo por elementos chave que passaram pelo IHGB, como Varnhagen, Machado D'Oliveira e Capistrano de Abreu, mas também por outros relativamente distantes desse universo dos institutos, como Azevedo Marques. Em paralelo procurei tratar também da participação do IHGSP (surgido no final do século XIX) nesse processo, bem como das relações que envolviam poder, escrita, intelectualidade e o trânsito entre as instituições em São Paulo entre o final do século XIX e começo do XX. O objetivo foi o de acompanhar certa institucionalização das interpretações, posto que o ambiente no qual tais

---

30 FREYRE, Gilberto. *Op. cit,* p. 91-93.

ideias circulavam muda significativamente desde a época da publicação do texto de Frei Gaspar e Pedro Taques. Em sentido inverso, tentei enfatizar o quanto as interpretações dos autores e sua produção intelectual não apenas agiam num debate como eram importantes para suas trajetórias pessoais.

O terceiro e último movimento trata exatamente da pluralização dos lugares onde essas interpretações são produzidas (lugares não apenas no sentido espacial do termo). A discussão se inicia com a figura chave de Afonso Taunay e se encerra com Ernani da Silva Bruno, o qual, como escrevi, penso que agrega em seu texto uma quantidade formidável de ideias criadas em épocas e situações distintas, oferecendo uma interpretação que as organiza – e lapida em busca de uma suposta coerência narrativa, expressão de uma história acontecimento, processo – e que se tornou muito difundida.

Em cada uma dessas passagens procurei explicitar da melhor forma possível as transições desses elementos, dessas ideias, demonstrando a continuidade, mas sem pressupor uma linearidade óbvia ou homogênea. No mesmo sentido, procurei indicar como ideias e argumentos, criados numa certa época, num certo contexto, foram apropriados por outros autores, em tempos e contextos distintos, o que revelaria uma significativa plasticidade das mesmas, característica que teria garantido sua manutenção ao longo de tantas transformações. O trabalho buscou encontrar no universo dos textos a fina medida da cultura, o diálogo entre tradição, transmissão, e inovação, criação, apropriação.

Se entrelaçando no problema em si – o da construção e transformação das narrativas a respeito da história de São Paulo no decorrer do tempo – há uma discussão metodológica que a mim foi cara desde o início da pesquisa. O ofício do historiador implica em imersões mais ou menos profundas no universo dos textos; no caso desta pesquisa implicava numa imersão mais profunda. Portanto, lado a lado com o debate teórico sobre a história dos textos, do qual Roger Chartier sempre é uma fonte inspiradora, resta uma dimensão lógica. Textos são artefatos longe do estático. A primeira observação do historiador é a respeito da apropriação das ideias contidas nos textos, da qual já escrevemos algo acima. Mas o próprio artefato texto, sem implicar nas apropriações por terceiros, possui sua história, marcada por revisões, cortes, adições, réplicas, edições, trânsitos, circulações, traduções. Curiosamente, quem me atentou para o fato foi Georges Duby, ao investigar a constituição do imaginário medieval da trindade ordinal da sociedade.[31] Na pesquisa do medievalista estava o método da perseguição empertigada da transmissão das ideias através dos textos e suas sucessivas apropriações.

Nós, historiadores, recorrentemente – na exigência do trabalho de citar continuamente nossos informantes – recortamos indevidamente raciocínios, selecionamos aquilo que nos convém, ou que reforça nossas propostas interpretativas, deslocamos informações, negligenciamos o básico do método de leitura, no qual cada unidade do texto – da palavra ao todo – deve ser analisada, individual e conjuntamente. Feito isso deveríamos respeitar aquilo que efetivamente o documento nos traz, guardada, obviamente, nossa dimensão interpretativa. Desse conjunto de preocupações – ao lado da genealogia e da cronologia sobre as quais já discorremos – dois procedimentos inseri na proposta metodológica.

O primeiro é o de atentar para o diálogo entre os livros. Alguns dos textos que empreguei aqui foram reeditados diversas vezes, algumas delas durante a vida do próprio autor, com anotações e alterações executadas no âmbito de debates. Por vezes essas informações estão claras e disponíveis ao leitor, indicadas em prefácios competentes, em notas no decorrer das obras; noutras vezes tais informações somente são perceptíveis com auxílio das duas ferramentas anteriores, a cronologia e a genealogia dos textos: certo autor não poderia saber de tal informação num momento específico, estava ou não em certo lugar, respondia a questão formulada a posteriori, traduções demasiadamente livres, ano de publicação frente a potencial de difusão dos textos (através da circulação das obras) etc. Isso implica, muitas das vezes, na leitura de sucessivas edições de um mesmo texto, e mesmo no acompanhamento de edições originais nas línguas maternas. Definitivamente não é uma tarefa das mais fáceis quanto trabalhamos com um campo que envolve tantos autores, tantas épocas, tantos textos.

A segunda ferramenta, na versão original do texto, implicava no mínimo possível de recortes dentro das narrativas, bem como no recorrente arrolamento das mesmas. Em outras palavras: não poderia indicar problemas nos recortes demasiados – que deslocavam ideias ou as mutilavam – executados por diversos escritores e eu próprio incorrer no procedimento. Há limites às idiossincrasias.

Com isso forcei meu leitor a realizar comigo parte do itinerário, parte da viagem pelos textos ao longo de quase dois séculos, com sucessivas idas e vindas a cada um dos documentos. Reconheço que a tarefa era exaustiva e de prazer questionável, mas

---

31 DUBY, Georges. *As três ordens ou o imaginário do feudalismo*. Lisboa: Editorial Estampa, 1994.

tratava-se de método e, no campo das ciências, de prova.[32] Na presente versão tais citações longas – e muitas vezes longuíssimas – foram reduzidas à medida do bom senso e do respeito ao leitor. Espero ter conseguido fazê-lo sem comprometer a inteligibilidade do texto e sem abusar da confiança do leitor em minha argumentação. De qualquer modo manteve-se a indicação dos trechos, de cada uma das obras, textos, livros e autores, de modo que procurei não apagar qualquer pegada que possa ter deixado no trajeto, nem adulterar a cena. Interessa-me que cada qual possa fazer suas incursões por esse itinerário e, com isso, corrigir meus equívocos e falhas, os quais, obviamente, são somente meus.

Por fim adotei o procedimento de inserir breves anotações a respeito da formação e trajetória dos autores, não como contextualização, não como curiosidade biográfica, mas como base de informações capazes de nos ajudar a compreender as escolhas e itinerários dos mesmos, sem sugerir, certamente, qualquer mecanicidade ou automatismo entre biografia e obra.

Assim, começo justamente pelos autores do final do século XVIII, mais especificamente por Pedro Taques.

---

[32] GINSBURG, Carlo. *Relações de força: história, retórica e prova*. São Paulo: Companhia das Letras, 2002. GINSBURG, Carlo. *Mitos, emblemas e sinais: morfologia e história*. São Paulo: Companhia das Letras, 2003.

CAPÍTULO I

Representações, apropriações e interpretações a respeito da cidade de São Paulo

Os escritores do século XVIII

ESTAVA PEDRO TAQUES DE ALMEIDA PAES LEME a seis meses de completar seu 58º ano de vida quando redigiu as últimas linhas de *História da Capitania de São Vicente*[1] a 3 de janeiro de 1772. Nesta ocasião já houvera escrito seu trabalho sobre a nobiliarquia paulistana[2] e apenas cinco anos de vida lhe restavam, proximidade que podia ser intuída graças à deterioração gradativa da saúde do escritor.

Ao contrário de seu trabalho sobre as linhagens das famílias paulistas, o qual fizera por conta e interesse próprios, *História da Capitania de São Vicente* fora encomendado pelo Conde de Vimieiro, que, no último quartel do século XVIII, ainda requeria do governo português direitos os quais dizia ter sobre a capitania, nessa altura já de São Paulo e não mais de São Vicente. Em verdade a capitania fora adquirida pelo governo português

---

1 PAES LEME, Pedro Taques de Almeida. *História da Capitania de São Vicente*. São Paulo: Melhoramentos, s/d.

2 PAES LEME, Pedro Taques de Almeida. *Nobiliarquia paulistana, histórica e genealógica*. Belo Horizonte/São Paulo: Itatiaia/Edusp, 1980.

ainda no início do século XVIII de seu proprietário, o marquês de Cascais, contudo Vimieiro solicitou os serviços de Taques para sustentar sua argumentação no processo.

Pedro Taques, além de doente de uma paralisia crescente de seus membros, o que lhe causava dores fortíssimas, estava na ocasião em situação absolutamente crítica, tanto no que tange à sua vida familiar quanto a suas economias. Herdeiro de um nome, e pouco mais do que isso, Taques passara a vida a administrar o legado de seu pai, também Pedro, o qual havia falecido deixando dívidas e poucos bens à sua família. Pedro Taques, o filho, herdara seus sobrenomes – Taques, Almeida, Paes e Leme – das famílias mais influentes durante o século XVII na vila de São Paulo, tanto por parte de pai quanto de mãe, os quais, por sinal, eram primos em grau distante. Descendia de fazendeiros e preadores de índios que no início do século XVIII já se encontravam em dificuldades diante da crise do apresamento e da produção agrícola no planalto paulista.[3]

Em 1772, Pedro Taques estava em seu terceiro casamento, tendo já enviuvado duas vezes, a primeira vez falecendo-lhe a esposa de varíola enquanto encontrava-se em Portugal tentando solucionar as dívidas que lhe recaíam às costas e solicitar mercês da Coroa; no segundo casamento perdera sua esposa apenas um ano após as núpcias, falecendo ela em virtude de seu primeiro parto. Além disso, já havia perdido, em curto espaço de tempo, os dois filhos – Joaquim e Balduino Taques, o primeiro carmelita e o segundo assistente do pai. O primeiro filho faleceu aos vinte e cinco anos e o segundo aos vinte e três.

Se as desgraças familiares não lhe bastassem, Pedro Taques, além de manter ao longo de sua vida uma situação constantemente precária, financeiramente caíra em desgraça ao ser acusado de desaparecer com dinheiro quando ocupava o cargo de Tesoureiro Mor na cidade de São Paulo.[4] Ano após ano, em suas últimas décadas de vida se vira cada vez mais emaranhado em dívidas e com a nobiliarquia da qual tanto se orgulhara exposta à censura. Em verdade seus sobrenomes pouco ou nada lhe valeram senão como paliativos que mal lhe salvavam da fome. Pedro Taques, no limite de suas economias e de sua honra, teve que pedir ao amigo e Guarda Mor em São Paulo Agostinho

---

3 MONTEIRO, John Manuel. *Negros da terra, índios e bandeirantes nas origens de São Paulo*. São Paulo: Companhia das Letras, 1995.

4 Segundo Laura de Mello e Souza, a acusação é procedente, visto que Pedro Taques emprestava o dinheiro do cofre público a terceiros como se fosse seu. SOUZA, Laura de Mello e. *O Sol e a Sombra: política e administração na América Portuguesa do século XVIII*. São Paulo: Companhia das Letras, 2006, p. 142.

Delgado Arouche que lhe ajudasse, pois: "Fico sem real para amanhan mandar ao açougue, porém, v. mce. dará o pão pela sua oculta providência. Soccorra-me como quando o seu amor e compaixão se dignou segurar-me valendo a minha afflicção como fez na morte do meu prezado Balduino".[5]

Detalhe cruel que demonstra o apego de Taques ao seu nome, ou melhor, ao da família, é o fato de solicitar que pela *oculta providência* Delgado Arouche lhe garanta algum meio de sobrevivência. Isso parece indicar algo a respeito da mentalidade do escritor e do quanto, para ele e mesmo para a sociedade de São Paulo, manter o nome da família ilibado, bem como o próprio, era crucial. Por outro lado é fato que nenhuma autoridade, na colônia ou no reino, lhe socorreu pelo nome, pela origem familiar. Ou seja, ou os nomes que Pedro Taques carregava já não tinham tanta influência, talvez jamais tenham tido para além da própria São Paulo, ou, ainda, algo mais profundo e mais forte se movimentava nas sociedades do final do século XVIII, levando a situações nas quais outros fatores entravam nas contas políticas em detrimento da nobiliarquia pura e simples.

Mas, efetivamente, como Pedro Taques materializava suas histórias a respeito de São Paulo? Parece-me que os textos de Taques residem entre os mais complexos de serem compreendidos, e isso graças a alguns motivos tanto de conteúdo quanto de forma. Taques, diferentemente de outros escritores pelos quais transito, se abstém de fazer afirmações que revelem demasiadamente suas opiniões, desejos, impressões. Não que qualquer autor tenha efetivamente tal possibilidade, porém existem múltiplas formas de se buscar uma menor exposição, o que pode, dentro do conjunto de operações históricas reconhecidas como válidas em determinada época,[6] ser o procedimento tido como correto. É importante, e esclarecedor, ver como o artesão executa sua obra:

> A cidade de S. Paulo está em altura de vinte e três grãos e meio: da sua fundação em villa de Piratininga já temos tratado: foi creada cabeça de capitania

---

5   TAUNAY, Affonso D'Escragnolle. "Prefácio". In: PAES LEME, Pedro Taques de Almeida. *História da Capitania de São Vicente*. São Paulo: Melhoramentos, s/d, p. 44.

6   HARTOG, François. "Regime de Historicidade". KVHAA *Konferenser* 37, p. 95-113, Estocolmo, 1996. Disponível em: <http://www.fflch.usp.br/dh/heros/excerpta/hartog/hartog.html>. Tradução de Francisco Murari Pires. KOSELLECK, Reinhard. *Futuro passado: contribuição à semântica dos tempos históricos*. Rio de Janeiro: Contraponto/Editora PUC Rio, 2006. PIRES, Francisco Murari. *Mithistória*. São Paulo: Humanitas, 1999, p. 147-276.

por provisão do márquez de Cascaes datada em Lisboa a 22 de Março de 1661, e em 27 de Abril de 1683 se fez auto de posse d'este predicamento, que até então residiu na villa de S. Vicente. A real frandeza d'el-rei D. João o 5º Elevou esta villa em cidade, por carta regia de 24 de Julho de 1711 dirigida a Antonio Albuquerque Coelho de Carvalho, primeiro governador e capitão general da capitania de S. Paulo para assim fazer praticar. Esta acclamação se fez em 3 de Abril de 1712 com o estrondo de grandes festas para a alegria dos paulistas. Conservou-se esta capitania com três successivos generaes desde o anno de 1710 até o de 1721, sendo Albuquerque o primeiro. D. Braz Balthazar da Silveira o segundo, D. Pedro de Almeida, conde de Assumar, o terceiro. Todos estes governaram também as Minas Geraes, da qual foi seu primeiro governador o capitão general D. Lourenço de Almeida, por carta patente de 21 de Fevereiro do anno de 1720: para esta separação precederam consultas formadas pelo conselho ultramarino, a primeira em 11 de Agosto de 1719, e a segunda em 31 de janeiro de 1720, as quaes foram resolutas em 24 de Janeiro e 20 de Fevereiro do mesmo anno de 1720. Separadas por este modo as Minas Geraes da capitania de S. Paulo, veio para governador e capitão general d'ella Rodrigo César de Menezes, que tomou posse a 5 de Setembro de 1721, estando ausente em Minas Geraes o seu antecessor o conde de Assumar; e alcançou no tempo do seu governo as novas minas de Cuyabá e as de Goyazes, que se conservaram na jurisdicção da capitania de S. Paulo até que por resolução de 7 de Maio de 1748 se serviu el-rei D. João o 5º separal-as de S. Paulo creando capitanias distinctas.
Para as de Cuyabá e Matto Grosso nomeou governador e capitão general a D. Antonio Rolim de Moura, que antes de acabar o seu governo foi creado conde de Azambuja, Para as de Goyazes nomeou a D. Marcos de Noronha que estando no seu governo foi creado conde de Arcos. E por esta mesma resolução de 7 de Maio ficou a antiga capitania de S. Paulo reduzida ao deploravel estado de comarca subordinada ao capitão general do Rio de Janeiro, e durou este sacrifício até o mez de Julho, em que chegou a praça de Santos D. Antonio de Sousa Botelho Mourão, constituído governador e capitão general da capitania de S. Paulo, sem a menor dependência da do Rio de Janeiro; tomando as rédeas do seu governo em Santos, onde se demorou por occasião do real serviço, subiu para S. Paulo, e na câmara d'ella ratificou a sua posse em 7 de Abril de 1766.

Limitava-se Pedro Taques a comentar rapidamente, num breve capítulo que trata sobre a "Cidade" (título pelo qual tratavam vários autores a capital de São Paulo entre o final do século XVIII e início do XIX), o *deplorável estado de comarca subordinada*, um *sacrifício* realizado pelos paulistas em nome dos reais interesses, não mais. Este é o máximo de incisão que Taques operou em seus textos, no resto ocupa-se a fazer o que faz no excerto acima, encadear data a data, nome a nome, circunstância a circunstância a trajetória dos paulistas, sua capitania e sua capital.

A respeito da cidade de São Paulo escrevia logo na sequência:

> Tem esta cidade três conventos, que são: o de carmelitas calçados, o de capuchos antoninhos, o de monges benedictinos; tem o collegio que foi de jesuítas, e dentro d'elle o seminário de porcionistas para a instrucção da língua latina; tem um recolhimento de beatas de Santa Thereza, que foi construido totalmente às expensas do cabedal de alguns paulistas, por instrucção e direcção do Exm. D. José de Barros Alarcão, primeiro bispo do Rio de Janeiro, achando-se de visita em S. Paulo pelos annos de 1681 até 1683, e se fez fundador d'este dito recolhimento, com o destino de ser convento professo, o que até agora se não tem conseguido, posto que a paternal clemência d'el-rei nosso Senhor, que Deus guarde, tomou este recolhimento na sua real protecção no ano de 1745. Tem casa de Misericórdia, e quatro igrejas, que são a do Rosário dos pretos, a se S. Antonio, a de S. Pedro e a de S. Gonçalo Garcia, que são filiaes da sé cathedral. Tem um escrivão da câmara que também serve almotaçarias, dois tabelliães do judicial e notas, um escrivão de orphãos, e um escrivão da vara, vulgarmente chamado das execuções; todos servem por donativo que annualmente pagam. Tem casa da real fundição, onde se cunham as barras de ouro, e se pagam os reaes quintos de ouro, extrahido das minas, que existem dentro da comarca.[7]

Mesmo sobre a cidade de São Paulo, Taques se abstém de tecer suas opiniões, descrição, aliás, que faz de extrema concisão, atendo-se a enumerar as instituições religiosas e a estrutura mínima da administração. É sugestivo que enfatize o caso de o recolhimento de Santa Tereza ter sido erguido somente à custa de *alguns paulistas*, não

---

7 PAES LEME, Pedro Taques de Almeida. *História da capitania de São Vicente*. São Paulo: Melhoramentos, s/d., p. 142-145.

dos recursos reais, nem dos da Igreja, nem dos paulistas, mas de *alguns* deles. Mesmo assim, comentário sutil. Por isso autor tão fugidio.

Talvez esse cuidado com que Taques escreveu seus textos se devesse ao fato de que suas obras quase sempre estavam associadas a demandas específicas, as quais transitavam no campo da política, entre os poderosos tanto de São Paulo quanto de fora, e ele, Taques, estivesse recorrentemente solicitando o recurso de terceiros em seu favor.

Um outro texto do mesmo autor, tratando do histórico de descobrimento de minas pelos paulistas, traz esclarecimento a respeito desse trânsito entre textos e senhores:

> Logo, que V. Ex. chegou aesta cidade querendo eu ter ahonra deservir a S. Magestade em Guarda Mor destas Minas, com provimento de V. Ex. prescindindo da provizão, que já tinha pela Capitania do Rio de Janeiro, aqual juntei no meo requerimento para contextar a supplica foi V. Ex. servido determinar por seo despacho que o Dr. Ouvidor Geral e Corregedor; e esperei, que tivesse mais algú descanço do laborioso concurso de auctos, comque então se achava para poder dar sua resposta, esendo-lhe devedor de obzequioza attenção, concervei-me na política de onao inquietar, esperando só, que elle mesmo, quando tivesse tempo desse asua informação; e com esse silencio, e minha inacção, correrão os annos até ode 1770 emque o dito Ministro, dando balanço aos seos papéis entre elles achou a minha provizao de Guarda Mor, que se dignou mandar-me por Francisco Xavier Sigar, distuida porem do requerimento, no qual estava incluza adita minha Provisao.[8]

Pedro Taques enredava nas tramas de seus textos os interesses próprios e de outros a quem servia, como neste excerto no qual em meio ao histórico da exploração das minas pelos paulistas destila suas demandas, as quais parecem jamais terem cessado. Talvez, por isso, tenha sido bastante comedido em suas colocações e opiniões a respeito da cidade e capitania de São Paulo. Seja como for, não foi Taques a consolidar a imagem de uma cidade em crise, embora lamente o "deplorável estado" em que ficou São Paulo com a supressão administrativa da capitania em 1748. Sagaz, tomou tal supressão como "sacrifício" em prol de interesses maiores, pois não é disso que tratam os sacrifícios?

---

8 PAES LEME, Pedro Taques de Almeida. *Informação sobre as Minas de São Paulo*. São Paulo: Melhoramentos, s/d., p. 161-162.

Para Laura de Mello e Souza, Pedro Taques tornou-se figura emblemática da crise do final do século XVIII e, sobretudo, dos produtores de cana-de-açúcar de São Paulo. A *Nobiliarchia paulistana* estaria no bojo desse paradoxo, entre a riqueza e a pobreza, entre o apogeu e a decadência, no fim, entre o *vício e a virtude* recorrentemente invocados e atribuídos aos oriundos de São Paulo[9] ao longo do tempo.

Apesar de suas relações com indivíduos proeminentes tanto em São Paulo quanto no Reino, e de ter ocupado cargos oficiais que lhe garantiam rendimentos mínimos por alguns períodos, Pedro Taques foi tratado com significativa impessoalidade pelos titulares dos órgãos aos quais devia responder. Na ocasião em que recorrera ao amigo Arouche pedindo dinheiro para o açougue, já tivera de passar pelo constrangimento de ver a mãe vender as baixelas de prata da família para saldar dívidas, além de entregar o sítio da Samambaia – propriedade tradicional da família – a credores.

Durante sua estada em Lisboa, a mesma durante a qual faleceu-lhe a primeira esposa, parece ter arrastado seu mau fado ao Reino. Chegou à cidade em setembro de 1755, estabeleceu-se no Bairro Alto bem próximo aos Paços Reais. No dia 1º de novembro do mesmo ano estava em Lisboa quando esta foi assolada pelo terremoto de proporção inédita, seguido pelo vagalhão de água vindo do mar e do incêndio que terminou por consumir a cidade nos dias seguintes. Pedro Taques sobreviveu ao desastre, porém perdeu quase toda bagagem, dinheiro e documentos que carregava para sustentar suas demandas perante a Coroa. Nesse período recorreu à ajuda de um conhecido, João Fernandes Oliveira, o arrematante do Contrato dos Diamantes do Distrito Diamantino, nas Minas Gerais, homem rico e de confiança do Marquês de Pombal.[10] Além do mais, conheceu também os linhagistas Diogo Barbosa Machado,

---

9   SOUZA, Laura de Mello e. *Op. cit.*, p. 109-147.

10   Pedro Taques, no mais, mantinha há tempos contato mais ou menos direto com os contratadores do Distrito Diamantino mineiro. Felisberto de Caldeira Brant, arrematante do contrato de exploração dos diamantes em 1748, era paulista de nascimento, casado com Branca de Almeida Lara, descendente das famílias Pires e Taques. Brant, que atuava na exploração da região mineradora desde 1735, foi o único a romper com a hegemonia na arrematação dos contratos dos diamantes pelos Fernandes de Oliveira. Talvez daí o contato de Taques com João Fernandes de Oliveira quando de sua estada em Portugal. Brant, posteriormente, em 1753, caiu em desgraça e foi devassado após um suposto sumiço de parte dos diamantes devidos à Coroa Portuguesa. AZEVEDO MARQUES, Manuel Eufrásio. *Apontamentos históricos, geográficos, biográficos, estatísticos e noticiosos da Província de São Paulo seguidos da cronologia dos acontecimentos mais notáveis desde a fundação da Capitania de São Vicente até o ano de 1876*, vol. 1. São Paulo/Belo Horizonte: Edusp/Itatiaia, 1879. p. 258-263.

Antonio Caetano de Souza e Monterroyo Mascarenhas, influências fundamentais em sua produção literária a partir de então.[11] João Fernandes retornara ao Reino depois de passar a administração do contrato dos diamantes ao seu filho de mesmo nome (o qual celebrizou-se, entre outros motivos, por sua união com a ex-escrava Chica da Silva).[12] Em 1757 retornava Pedro Taques ao Brasil, sem conseguir nenhuma solução para seu problema financeiro. Durante o tempo que passara no Reino, vagara de uma autoridade à outra em busca de ter alguma requisição de mercê atendida, mas tanto pela refração da administração pombalina em relação a esta ordem de pedido quanto pela ocupação dessa com a emergencial reconstrução de Lisboa – ou mesmo pela indiferença pelo pouco significativo Pedro Taques –, nada obteve de concreto.

Havemos de reconhecer que o escritor paulista se esforçou bastante para solucionar a crise de família, contudo, procurou fazê-lo dentro dos procedimentos que haviam sido recorrentes nos séculos anteriores – valer-se de sua linhagem, recorrer às mercês da Coroa, invocar a ajuda de outros indivíduos de nobreza e de relações próximas à administração do Reino, ocupar cargos que lhe possibilitavam recolher impostos –, entretanto, em tempos de administração pombalina as coisas mudavam no Império Português. Mais ou menos rápidas, definitivamente ou transitoriamente, vacilantes ou firmes, mas mudavam a ponto de obstacularizar o sucesso das tentativas de Taques.

A concepção de administração empenhada por Sebastião José de Carvalho, o Marquês de Pombal, embora nos quadros do despotismo ilustrado do século XVIII,[13] se não atentava contra a nobreza em sua totalidade (até porque Pombal e sua família eram nobres, ainda que não da mais alta nobreza) restringia suas prerrogativas tradicionais. Da mesma forma, os quadros do aparelho administrativo do Império Português foram preenchidos com homens de um perfil muito semelhante ao do próprio ministro de D. José. Pombal preferiu para tomar as rédeas da administração do Império Português seus homens de confiança, mas também aqueles que tivessem habilidades administrativas.

Com a restauração administrativa da capitania de São Paulo, Pombal colocou no tabuleiro do xadrez americano uma peça importante, e de práxis muito semelhante

---

11 *Ibidem*, p. 141.

12 FURTADO, Junia Ferreira. *Chica da Silva e o contratador de diamantes*. São Paulo: Companhia das Letras, 2003.

13 MAXWELL, Kenneth. *Pombal, paradoxo do iluminismo*. Rio de Janeiro: Paz e Terra, 1993, p. 95-119. NOVAIS, Fernando A. *Portugal e Brasil na crise do antigo sistema colonial (1777-1808)*. São Paulo: Hucitec, 1995, p. 213-238.

à sua. O novo Capitão General de São Paulo, Dom Luis Antonio Botelho de Souza Mourão, o Morgado de Mateus, chegou ao Brasil em 1765, na cidade de São Paulo em 1766, com ordens claras de modernizar, armar, povoar a capitania e seus interiores. Na administração da capitania devia tomar as mesmas diretrizes que Pombal tomava na direção do Reino,[14] até mesmo no endurecimento das relações com a Companhia de Jesus. O Morgado de Mateus governou a capitania de São Paulo de 1765 a 1775, quando retornou ao Reino. Pedro Taques viveu parte significativa de sua existência sob uma administração de feição pombalina, e seus últimos anos justamente sob o governo do Morgado de Mateus.

Detalhes interessantes a respeito da sina dos escritos de Pedro Taques são notados por Affonso Taunay, no estudo sobre o linhagista que precede *Informação sobre as minas de São Paulo*:

> Ainda depois de seu desapparecimento, acompanhado de lances trágicos e pungentes, como a puni-lo do muito que o alentara, em sua jornada cruciante, o consolo íntimo desse nom omnis moriar do poeta, que aos homens de ideal anima e reconforta; tal como castigál-o de tanta constância e firmesa de alma, encarniçou-se a sorte em lhe aniquilar os elementos constituidores da razão de ser dos seus sentimentos de amor à gloria e horror ao olvido: Dispersaram-se-lhe os manuscritos, durante quase um século; dois terços de sua obra, talvez, desappareceram, sem deixar esperanças de que algum dia se recomponham. É tão singular o silêncio que em torno de sua pessoa se formou que para elle até concorreram os seus maiores amigos e admiradores. Ninguém o teve em tão alta conta, nem tão calorosamente o proclamou, quanto Frei Gaspar da Madre de Deus; e, emtanto, graças a inexplicável lacuna de memória, na sua obra equivocou-se acerca da data do fallecimento do amigo, e esse erro foi a aporfia repetido por quase todos os biographos de Pedro Taques.[15]

---

14 BELLOTTO, Heloísa Liberalli. *Autoridade e conflito no Brasil colonial: o governo do Morgado de Mateus em São Paulo (1765-1775)*. São Paulo: Conselho Estadual de Artes e Ciências Humanas, 1979.

15 TAUNAY, Affonso D'Escragnolle. "Pedro Taques e sua obra". In: PAES LEME, Pedro Taques de Almeida. *Informação sobre as Minas de São Paulo e A expulsão dos Jesuítas do Collegio de São Paulo*. São Paulo: Melhoramentos, s/d.

Informações interessantes que Taunay nos oferece e que são importantes para nosso campo de preocupações: em primeiro lugar, após a morte de Pedro Taques, parte significativa de seus escritos se dissipou, ou seja, foi impossibilitada a leitura dos mesmos pelas gerações imediatamente seguintes a ele. Em segundo lugar, os textos de Pedro Taques, sua história pessoal e suas ideias foram apropriados pelos autores das décadas seguintes através das menções feitas por Frei Gaspar da Madre de Deus,[16] o que sugere a importância do mesmo como informante a respeito do final do século XVIII. Por fim, mas não menos relevante, os textos de Pedro Taques, finalmente, são disponibilizados aos pesquisadores através de ação direta de Taunay e seus contemporâneos, compondo as ações de recuperação e difusão dos escritos a respeito de São Paulo nas primeiras décadas do século XX, ou seja, antes disso, provavelmente, o mais comum fora recorrer ao texto do primo beneditino de Pedro Taques.

É nesse contexto que Taques se aproximou, ainda em vida, de Frei Gaspar da Madre de Deus, o qual morava no litoral e também já se dedicava ao estudo da história da capitania. Frei Gaspar socorreu Taques em algumas ocasiões e compartilhava com este algumas impressões sobre os rumos que São Paulo houvera tomado ao longo do século XVIII. No mais é bastante provável que a influência de Pedro Taques na obra de Frei Gaspar da Madre de Deus tenha se processado não somente no plano das ideias; a leitura da obra do beneditino sugere que Taques não foi somente interlocutor, mas, sobretudo, exemplo e objeto das especulações sobre a trajetória da capitania e de seus antigos senhores.

Em 1797, por obra da Academia Real de Ciências de Lisboa, publicou-se *Memórias para a história da capitania de S. Vicente, hoje chamada de S. Paulo, do estado do Brazil*, trabalho do frei beneditino Gaspar da Madre de Deus.

Ainda no início de seu livro frei Gaspar afirmava:

> A Capitania de S. Vicente, muito famigerada noutro tempo e agora tão desconhecida que nem o nome primitivo conserva para memória de sua antiga existência, foi a maior entre as dez grandes Províncias em que El-Rei D. João III dividiu a Nova Lusitânia e também a primeira que se povoou, não

---

16 *Ibidem.*

obstante se satisfazerem alguns historiadores com a porem na classe das três mais antigas.[17]

Frei Gaspar, ao escrever sua obra na década de 1780, o fazia depois de uma longa carreira eclesiástica na colônia. Nascido em 1715, filho de família abastada, proprietária de engenho de açúcar na área sob influência da vila de Santos, Gaspar Teixeira de Azevedo somente receberia o nome monástico pelo qual se tornou conhecido em 1732, ao receber a cogula adentrando na Ordem de São Bento.

A família de Gaspar da Madre de Deus é um exemplo das íntimas relações entre poder político, econômico e eclesiástico: descendentes de famílias muito antigas da capitania – ou assim faziam questão de fazer parecer ser – e donos de propriedades não desprezíveis, parte significativa da parentela percorreu os caminhos do sacerdócio. Dos seis irmãos dos quais Gaspar fazia parte, cinco seguiram carreira eclesiástica (um irmão padre, outro beneditino como ele e outras duas irmãs freiras), além de tios e primos espalhados pelo clero secular e em várias ordens, sobretudo na de São Bento. Alguns dados iluminam as relações entre a família – e o próprio frei Gaspar da Madre de Deus – e a hierarquia eclesiástica: em 1720 um seu tio-avô, João Batista da Cruz, ocupava o cargo de Abade Provincial do Brasil, um primo de segundo grau, o deão Gaspar Gonçalves de Araújo, foi vigário geral e governador do bispado do Rio de Janeiro, o próprio Gaspar da Madre de Deus ascendeu rapidamente na carreira eclesiástica, sendo já em 1752 nomeado pelo capítulo geral de sua ordem em Portugal – em Tibães – abade do mosteiro de São Paulo (nomeação da qual declinou por motivos "mui pios"). A mesma instância nomeou-o, então, Definidor Primeiro, membro, portanto, do Conselho de Estado da Ordem de São Bento. Em 1762, substituindo frei Antonio de São Bernardo, Gaspar da Madre de Deus assumiu o mosteiro de São Bento do Rio de Janeiro, local para onde se mudara desde que fora ordenado em Salvador, na Bahia. Ao assumir o mosteiro já era doutor em teologia e filosofia, disciplinas as quais ministrava na mesma casa havia tempos. Após assumir o mosteiro fluminense, em 1763, chegou ao posto de Abade Provincial do Brasil em 1766. Mesmo após a nomeação, a frei Gaspar foram oferecidas outras funções na alta hierarquia eclesiástica,

---

17 MADRE DE DEUS, Frei Gaspar da. *Memórias para a história da Capitania de S. Vicente*. São Paulo: Livraria Martins, 1953, p. 29.

tanto na colônia quanto fora dela;[18] de qualquer forma, o beneditino jamais se afastou do poder dentro da Igreja Católica na colônia. Seu irmão também ascendeu na carreira eclesiástica, substituindo Gaspar em alguns dos cargos que ocupou.

Há que se lembrar que Gaspar da Madre de Deus ocupou o cargo de Abade Provincial do Brasil justamente no momento de pressão do governo pombalino sobre as ordens religiosas, o que implicava em disputas acirradas para a manutenção dos bens dessas ordens, assim como a de suas prerrogativas diante da sociedade.[19] Frei Gaspar viveu justamente no tempo em que São Vicente perdia para Santos, e depois, para São Paulo, o caráter central da capitania. Com a restauração administrativa da Capitania de São Paulo, em 1765, a definição de sua sede não estava certa quando do desembarque em Santos do novo governador, Morgado de Mateus. Tanto o é que somente no ano seguinte subiu à cidade de São Paulo e declarou-a sede. Enquanto esteve sob jurisdição do Rio de Janeiro, os negócios da antiga capitania de São Paulo eram tratados a partir de Santos e, nunca é demais lembrar, desde a compra da capitania pela Coroa Portuguesa ela deixara de ser São Vicente para ser de São Paulo.

Embora Frei Gaspar compartilhasse com outros autores do fato de ser um eclesiástico – como o Padre Fernão Cardim, Frei Jaboatão, Frei Vicente do Salvador –, escreveu em uma época e com procedimentos distintos de muitos deles. Ao ler *Tratados da terra e da gente do Brasil* de Padre Cardim, é clara a narrativa livre de confrontações, com o autor preocupado em dar seu testemunho, em descrever aquilo que via, tal como via, ou, talvez, como queria que parecesse. Certamente em sua formação clerical Padre Cardim não só aprendeu a ler e a escrever, como deve ter aprendido a compor, a interpretar textos, a fazer sua exegese. Mas o que poderia ter lido a respeito do Brasil no início do século XVII? Com qual trabalho confrontaria sua própria experiência? De qualquer forma Padre Cardim optou pela forma do *tratado* para materializar sua experiência, ou seja, optou por um formato mais rígido do que um ensaio, mas mesmo assim sem os rigores extremos de gêneros literários adequados à confrontação. Ao ler Frei Gaspar da Madre de Deus, o leitor se depara com um escritor atento ao que diz, mas preocupado em transmitir-lhe a confiabilidade de quem submeteu suas proposições – e a de outros – à prova, que para

---

18 Depois da "viradeira", com a ascensão de D. Maria ao trono português foi lhe oferecido o bispado das Madeiras, cargo do qual declinou. TAUNAY, Afonso D'Escragnole. "Frei Gaspar da Madre de Deus". In: MADRE DE DEUS, Frei Gaspar da. *Memórias para a história da Capitania de S. Vicente*. São Paulo: Livraria Martins, 1953, p. 17.

19 *Ibidem*.

ele passava pela confrontação documental. Nisso Frei Gaspar se distancia de outros textos sobre a América Portuguesa, pois não queria apenas dar notícia, descrever ou relatar, desejava confrontar, corrigir, fazer valer sua informação. E nessa tarefa não só se meteu nos arquivos da capitania de São Paulo[20] e leu o que já havia sido escrito sobre a colônia, mas – fundamentalmente – o que havia sobre a antiga capitania de São Vicente. Mérito e fortuna de Frei Gaspar, pois à sua época uma bibliografia sobre a colônia já se formava, tanto o é que pode ler Padre Cardim, Padre Francisco de Santa Maria,[21] Padre Vicente do Salvador, Frei Rafael de Jesus,[22] Padre Manuel da Fonseca,[23] Frei François Pierre Charlevoix,[24] Frei Vasconcelos,[25] Frei Jaboatão,[26] sobre o qual deve ter ouvido muito falar em sua formação como beneditino, a qual se deu na cidade em que Jaboatão viveu e compôs: Salvador, na Bahia. Além de seus confrades ocupou-se também dos laicos, como Pero de Magalhães Gandavo,[27] Rocha Pita,[28] Luiz Pimentel Serrão[29] e, obviamente, Pedro Taques.

---

20   Frei Gaspar observou não somente as Atas da Câmara de São Paulo como também a documentação de São Vicente e os arquivos beneditinos, em São Paulo, no Rio de Janeiro e na Bahia, aos quais tinha franco acesso.

21   Frei Gaspar cita a obra de Padre Francisco de Santa Maria na página 29, refutando sua assertiva sobre os fundadores da capitania de São Vicente.

22   JESUS, Frei Rafael. *Castrioto Lusitano ou historia da guerra entre o Brazil e a Hollanda, durante os annos de 1624 a 1654, terminada pela gloriosa restauração de Pernambuco e das capitanias confinantes: obra em que se descrevem os heróicos feitos do...* Recife: Assembleia Legislativa de Pernambuco, 1979/1679.

23   FONSECA, Padre Manuel. *Vida do venerável Padre Belchior de Pontes.* Lisboa: Francisco da Silva, 1752.

24   CHARLEVOIX, François Pierre. *Histoire du Paraguay.* Madri: Victoriano Suarez, 1912. Charlevoix é citado por Frei Gaspar nos aspectos que tangem às incursões vicentinas e paulistas pelas bandas da fronteira com a América Espanhola, como na página 28.

25   VASCONCELOS, Padre Simão. *A vida do venerável padre José de Anchieta.* Rio de Janeiro: Imprensa Oficial, 1942.

26   Em diversas ocasiões Frei Gaspar se remete á Jaboatão. Contudo, muitas das vezes para elogiá-lo. Além de *Ordo seráfico...* é citado *Preâmbulo Digressivo* de Jaboatão.

27   GANDAVO, Pero de Magalhães. *Tratado da terra do Brasil – História da província de Santa Cruz.* São Paulo/Belo Horizonte: Edusp/Itatiaia, 1980 (1ª ed, 1576). Frei Gaspar cita seus trabalhos na p. 49.

28   ROCHA PITA, Sebastião da. *História da América portuguesa.* Salvador: Livraria Progresso, 1950. 1º citado na p. 42, por exemplo, ao ter as dimensões da restinga da Marambaia no Rio de Janeiro contestadas.

29   SERRÃO, Luiz Pimentel. *Prática da arte de navegar.* Lisboa: Divisão de Publicações e Biblioteca/Agência Geral das Colônias, 1940.

Ao mesmo tempo o beneditino já é uma expressão daquilo que Fernando Novais chamou de *ilustração luso-brasileira*.[30] Dado significativo o de Frei Gaspar ter tido seu livro publicado pela primeira vez justamente pela Academia Real de Ciências de Lisboa em 1797, época fecunda da instituição e pontuada por diversas publicações de textos morfologicamente semelhantes ao *Memórias para história da Capitania de São Vicente*. Mais do que um simples rótulo, o fato de Frei Gaspar se enquadrar naquilo que passou a se compreender como a ilustração luso-brasileira do final do século XVIII implica numa mudança de procedimentos, tanto nos da pesquisa quanto nos da escrita, da forma e do objetivo, sem desconsiderar, é claro, toda uma tradição de uma ilustração eclesiástica que lhe fazia diverso de outros da ilustração luso-brasileira.

Importante notar que o caso do beneditino permite iluminar a relação entre a ilustração e a política no âmbito do império português. Ainda que as relações de Frei Gaspar com o governo pombalino tenham sido marcadas pela tensão, sobretudo pela pressão promovida pela política do Marquês sobre os bens das ordens religiosas, ele era um ilustrado, e assim permaneceu após a *viradeira*. Ou seja, também para Frei Gaspar o sentido da ilustração no âmbito da intelectualidade luso-brasileira foi o de uma conquista paulatina e consistente no campo das disputas intelectuais; ocorre que a queda de Pombal acabou por levar parte da historiografia que tratou do período a tomar o evento como um regressismo paradigmático, como se a ilustração em Portugal – e no império português mesmo – houvessem dependido exclusivamente do homem e não o homem tivesse sido peça importante, porém não única, num processo de transformação da mentalidade das elites luso-brasileiras.[31]

Frei Gaspar entregou as páginas iniciais de sua obra a duas tarefas distintas, porém complementares: louvar a capitania de São Vicente – e seus formadores – e, louvando-a, colocar em condição de inferioridade a cidade de São Paulo e seus moradores. Entretanto, há nas linhas compostas pelo frei beneditino uma pequena armadilha, talvez menos clara aos nossos olhos do que fora um dia a seus contemporâneos.

Gerações de intérpretes analisaram a obra de Frei Gaspar como, apenas, uma crítica ao estado da capitania de São Paulo no limiar do século XIX e uma glorificação de seu passado. Entretanto, *Memórias para a história...* de Frei Gaspar foi uma obra

---

30 NOVAIS, Fernando Antonio. *Portugal e Brasil na crise do antigo sistema colonial (1777-1808)*. São Paulo: Hucitec, 1995. p. 224-231.

31 *Ibidem*, p. 215-232.

constituída no seio de uma disputa no tempo em que ele escreveu. Disputa política e material, disputa – também – pela constituição de uma memória coletiva sobre o passado paulista e paulistano que se iniciava naquele final dos setecentos, visto que materialidades e imaterialidades jamais andam distantes umas das outras. As comparações estilísticas que se fizeram de Gaspar da Madre de Deus[32] – a frei Jaboatão,[33] ao padre Fernão Cardim[34] – deixaram escapar o aspecto fundamental de *Memórias para a história da Capitania de São Vicente*, aspecto esse que se inicia pelo próprio título da obra.

Continuava Frei Gaspar:

> Pelo sertão, atravessou a animosidade dos Paulistas, com indizíveis trabalhos, os fundos de todas as capitanias Brasílicas, em cujos domínios, depois de afugentarem inumeráveis gentios, descobriram as Minas Gerais, as de Goiás, as de Cuiabá, e as de Mato Grosso; e como tudo quanto descobriram os valorosos naturais das Vilas sujeitas à de S. Vicente, se reputava parte dessa Capitania de S. Vicente, noutro tempo, possuiu tudo quanto, agora, abrangem os Governos Gerais de Minas Gerais, Goiás, Mato Grosso, S. Paulo e Rio de Janeiro, e também os subalternos de Santa Catarina, e Rio Grande de S. Pedro.[35]

Provavelmente nem Frei Gaspar se via como alguém da mesma qualidade que os paulistas, os quais, inclusive, representaram obstáculo digno de ombrear com o gentio, nem via as andanças pelos sertões e a ocupação dessas regiões como trabalho dos piratininganos, mas como obras dos homens das *vilas sujeitas a São Vicente*.

Disputa? Rancor? Um pouco de cada coisa? Provavelmente mais do que simples despeito, mas também não apenas uma disputa intelectual ou discursiva. Afinal, desde a chegada do Morgado de Mateus em 1765 e a restauração administrativa da capitania,

---

32   OLIVEIRA, José Teixeira de (org.). *Dicionário brasileiro de datas históricas*. Belo Horizonte: Itatiaia, 1992, p. 104.

33   JABOATÃO, Antonio de Santa Maria. *Novo orbe seráfico brasílico ou chrônica dos frades menores da Província do Brasil*. Rio de Janeiro: Typ. Brasiliense de Maximiniano Gomes Ribeiro, 1858.

34   CARDIM, Pe. Fernão. *Tratados da terra e gente do Brasil*. São Paulo: Companhia Editora Nacional, 1939.

35   MADRE DE DEUS, Frei Gaspar da. *Memórias para a história da Capitania de S. Vicente*. São Paulo: Livraria Martins, 1953, p. 31.

Santos – a antiga capital – perdera sua proeminência frente ao planalto, e São Vicente frente a Santos. Mesmo a presença do novo Capitão General da capitania durante o ano que precedeu sua subida definitiva à cidade de São Paulo, em 1766, foi capaz de reverter a perda da liderança de Santos.

Frei Gaspar ainda escreveria:

> Eu agora disse que, no Brasil, é pobre quem deixa de negociar ou não tem escravos que cultivem as suas terras e ninguém ignora que a riqueza em todo mundo costumou ser o esteio da nobreza. Aos paulistas antigos não faltavam serventes pela razão que, permitindo-lhes as nossas leis, e as de Espanha, em quanto a ela estivemos sujeitos, o cativeiro dos índios aprisionados em justa guerra e a administração dos mesmos, conforme as circunstâncias prescritas nas mesmas leis, tinham grande número de índios, além de escravos pretos da costa d'África, com os quais todos faziam lavrar muitas terras e viviam na opulência.
>
> Eles podiam dar em dote às suas filhas muitas terras, índios e pretos, com que vivessem abastadas; por isso na escolha de maridos para elas, mais atendiam ao nascimento, do que ao cabedal daqueles que haviam de ser seus genros; ordinariamente as desposavam com seus patrícios e parentes, ou com estranhos de nobreza conhecida; em chegando da Europa ou de outras capitanias brasílicas, algum sujeito desta qualidade, certo tinha um bom casamento, ainda que fosse muito pobre. Os paulistas antigos eram desinteressados e generosos, porém altivos com demasia: por conta desta elevação de espíritos que foi a causa de suplicarem algumas vezes a Sua Majestade que não lhes mandassem Generais e Governadores senão da primeira grandeza do reino desprezavam eles noutro tempo a mercancia; mas depois de se dar execução às Leis que proíbem o cativeiro e administração dos índios, e muitos dos principais obrigou a necessidade a casarem suas filhas com homens ricos, que as sustentassem. Eis aqui a razão por que na capitania de S. Paulo podem muitos naturais dela mostrar a nobreza e fidalguia de seus 3º, 4º, 5º e 6º Avós.[36]

---

36 *Ibidem*, p. 83 e 84.

Duas páginas de Frei Gaspar que renderam mais comentários e mais conclusões a respeito de São Paulo do que o restante de sua obra. Os comentadores acertaram ao evidenciar a crítica que Frei Gaspar faz ao estado das coisas na capitania de São Paulo,[37] ao saudosismo algo rancoroso com o qual tempera suas frases.

Frei Gaspar fala de paulistas pobres, de uma nobreza ou fidalguia paulista empobrecida, bem como de uma decadência da lavoura por falta de braços,[38] mas o leitor pode retornar ao texto e comprovar com seus próprios olhos: Frei Gaspar em nenhum momento diz que – ao menos na época da escritura do texto, década de 1780-90 – houvesse ou pobreza ou ausência de homens ricos em São Paulo.

O amigo e aparentado, Pedro Taques, poderia se enquadrar, como vimos, na categoria dos homens dos quais Frei Gaspar fala: herdeiro das primeiras famílias a ocuparem a capitania de São Vicente, herdeiro de uma pobreza legada após a crescente escassez de mão de obra indígena no final do século, carência de braços que redundou em uma crise da agricultura no planalto, sujeito então a homens de mercancia, sem nobreza, sem fidalguia, aos quais se entregam as filhas de São Paulo antes que passem fome. Nem terras nem braços há para se dar como dote, pouco resta da opulência paulista senão a insistência em seu passado que passo a passo vai sendo construído como uma idade mítica, uma idade de ouro. O que Frei Gaspar sugere ainda é que o caráter nobiliárquico perde significativamente sua influência em São Paulo, e que, paralelamente, há uma atração de homens que não só vem de alhures como são ou se fazem influentes pela força de seus cabedais e não pelas suas origens.

E nisso, então, entram em cena os personagens que negligenciamos até então, aqueles que se unem – sem ser da nobreza da terra – às moças casadouras de São Paulo. Muito provavelmente não são homens em decadência, nem sem recursos, são homens ricos, mas sem nobreza, não são fidalgos, pelo menos não aos olhos daqueles que estão perdendo proeminência no planalto de Piratininga. À questão dos homens de mercancia e as divergências entre eles e a elite tradicional paulista voltaremos adiante, neste momento o que nos interessa é perceber que Frei Gaspar da Madre de Deus construiu seu discurso sobre São Paulo dentro de quadros bastante específicos, mas que foram apropriados de diversas formas pelos seus leitores. Essa apropriação

---

37 Entre eles Ernani da Silva Bruno e John Manuel Monteiro, citados na bibliografia.
38 Processo estudado em: MONTEIRO, John M. *Negros da terra: índios e bandeirantes nas origens de São Paulo*. São Paulo: Companhia das Letras, 1995.

múltipla levou – intencionalmente ou não – a uma leitura bastante singular, reforçando a ideia de uma cidade de São Paulo empobrecida e decadente, visto que a cidade e a capitania eram em verdade indissociáveis dessa nobiliarquia paulista, como quis Pedro Taques. Se a nobreza da terra se empobrece, a cidade se empobrece, se há decadência desses homens e de suas atividades tradicionais – sobretudo as lavouras –, decadente se torna tudo ao seu redor. Menos importava para Frei Gaspar que outras atividades tivessem ganhado espaço na vida da capitania, menos importava se outros grupos da sociedade paulista estavam ativos, ascendentes ou pouco haviam mudado econômica e socialmente, pois a régua com a qual mediu as transformações na capitania – a elite tradicional paulista, ligada majoritariamente à agricultura ao longo do século XVII – indicava decadência.

É possível também que a riqueza – tratando aqui exclusivamente dos aspectos formais da riqueza, do acúmulo dos bens – estivesse correndo em caminhos pouco perceptíveis para alguém muito associado a um tipo específico de economia, centrado em moldes tradicionais para a região. Talvez os olhos de Frei Gaspar, já no final do século XVIII, não estivessem adaptados para perceber para onde ia ou onde se produzia uma nova forma de riqueza. Detalhe curioso e recorrente na narrativa de Frei Gaspar é o de que, embora ele próprio se autorizasse a criticar traços dos paulistas e mesmo da capitania, mostrava-se bastante intolerante com juízos alheios. Tanto o jesuíta Charlevoix quanto Vaissette[39] foram seguidamente questionados ou desmentidos por Frei Gaspar. O caso de Charlevoix é ainda mais significativo por insinuar – também – a desavença entre tons de batina, divergências fundamentais nas práticas e interpretações da fé cristã entre beneditinos e jesuítas: o francês, jesuíta, insistia em reiterar a vileza dos paulistas, enquanto o beneditino acusava-o de defender seus pares de hábito, tão interessados em questões temporais quanto aqueles aos quais atacava, além de representarem os interesses da Coroa Espanhola em terras portuguesas. "Desejaria eu perguntar a Charlevoix onde se havia de pôr cerco para subjugar por fome a Vila de São Paulo. No Cubatão, abaixo das serras, ou no Campo depois delas passadas?", perguntava um exasperado Frei Gaspar.[40]

---

39 MADRE DE DEUS, Frei Gaspar da. *Memórias para a história da Capitania de S. Vicente*. São Paulo: Livraria Martins, 1953, p. 126 e seguintes.

40 *Ibidem*, p. 132, nota 167.

Concomitantemente, e talvez ainda mais, a uma perda material, uma crise econômica, esses homens que se autorrepresentavam como de uma linhagem antiga vociferavam contra a entrada de um outro grupo de homens, que em São Paulo constroem ou mesmo trazem de origem riquezas, as quais abandonaram os nobres paulistanos. Perda de poder econômico – ao menos relativamente –, perda de prestígio, perda dos partidos femininos, os quais até então eram concedidos por arranjos entre essa elite, mas que naquele momento de crise eram entregues aos bolsos mais bem calçados. Conjunção de fatores capaz de levar dois descendentes dessas antigas famílias a buscarem em algum lugar o que havia sido perdido; escolha que recorreu ao passado. Parece razoável admitir que Frei Gaspar estava seriamente empenhado em constituir uma história para a capitania de São Vicente em bases confiáveis.

O beneditino, embora entremeasse sua narrativa com acentos muito circunstanciais, possuía um comprometimento profundo com o que compreendia como veracidade e com a capacidade de estabelecer procedimentos comprobatórios à sua retórica. Narrativa tão cheia de meandros a de Frei Gaspar: enaltece o passado vicentino, origem das façanhas bandeirantes, distingue os homens de São Vicente dos de São Paulo, mas resguarda a ambos das ferozes críticas recebidas de escritores estrangeiros, sobretudo dos jesuítas da região paraguaia. Tudo dentro dos códigos, das práticas, das regras do escrever a história em seu tempo, dentro de seu regime de historicidade.[41]

---

[41] HARTOG, François. "Regime de Historicidade". KVHAA *Konferenser* 37, p. 95-113, Estocolmo, 1996. Disponível em: <http://www.fflch.usp.br/dh/heros/excerpta/hartog/hartog.html>. Tradução de Francisco Murari Pires. KOSELLECK, Reinhard. *Futuro passado: contribuição à semântica dos tempos históricos*. Rio de Janeiro: Contraponto/Editora PUC Rio, 2006. PIRES, Francisco Murari. *Mithistória*. São Paulo: Humanitas, 1999, p. 147-276. Koselleck inaugurou ainda em seus primeiros estudos a discussão em torno daquilo que passou a ser conhecido como regimes de historicidade, campo de discussão expandido, posteriormente, por Hartog e Murari Pires. Embora a questão seja infinitamente mais complexa, podemos dizer que os regimes de historicidade são sistemas que enfeixam práticas, princípios, métodos, valores da escrita histórica ou do fazer historiográfico. Os princípios axiológicos, metodológicos, arqueológicos, itiológicos, epistemológicos etc. não são estáticos nem em sua dimensão espacial, nem cultural, nem temporal, as ideias que regem e pelas quais se legitima a escrita da história num determinado contexto não são permanentemente válidas. Ao historiador, o qual transita por textos historiográficos produzidos em outros contextos que não o seu, resta como tarefa fundamental compreender e mediar esses regimes, sob o risco de, não o fazendo, fazer uma tábula rasa também do fazer historiográfico. A conferência proferida por François Hartog e traduzida ao português por Francisco Murari Pires é muito esclarecedora e sintética no que diz respeito aos regimes de historicidade.

Um mundo em "crise de crescimento": a cidade de São Paulo e os textos de estrangeiros na primeira metade do século XIX

> Por que é triste o olhar do verdadeiro viajante?
> Como ninguém ele sabe que o mundo começou sem ele e se acabará sem o homem. Percebe que todos os mitos, estilos e linguagem são construções de sentido, sempre à beira do vazio. Sente que a sua viagem não terá propriamente um retorno, sua exploração ficará sempre inconclusa.
> No entanto, entre a solidão que reproduz a máquina de uma cultura herdada e a tristeza desse caos caleidoscópico do mundo que se deixa entrever, prefere a segunda condição, a de navegante solitário, fiel apenas a sua própria narrativa, senhor de suas histórias e paisagens, aquém de todo pensamento e além de toda sociedade.
>
> Claude Levi-Strauss, *Tristes Trópicos*, 1955.

Pouco mais de uma década havia decorrido desde a publicação de *Memória para a história da capitania de São Vicente* quando botou os pés no planalto de Piratininga outra testemunha que com o decorrer do tempo se tornaria referência constante nas interpretações sobre a cidade de São Paulo no começo do século XIX: o comerciante inglês de pedras preciosas John Mawe.

Mawe serviu de referência a pensadores de matizes muito diversos como Aziz Nacib Ab'Saber,[42] que viu no inglês o descobridor das camadas geológicas do núcleo histórico da cidade, ou Sérgio Buarque de Holanda, que abre seu célebre capítulo *São Paulo* no volume II da *História geral da civilização brasileira* com as impressões do estrangeiro diante da incerta situação entre as coroas europeias às vésperas da invasão de Portugal pelas tropas napoleônicas e a fuga da família real portuguesa.

Ao aproximar-se da cidade capital, depois de subir pela Calçada do Lorena em mulas locadas no pé da Serra do Mar, Mawe anotava:

---

42 AB'SABER, Aziz Nacib. *Geomorfologia do sítio urbano de São Paulo*. Tese de doutorado. São Paulo, FFLCH/USP, 1957.

> Ao entrar na cidade, embora esperássemos muito, por tratar-se da capital do distrito, residência do governador, ainda assim ficamos surpreendidos com o aspecto das casas, estucadas em várias cores; as das ruas principais possuíam de dois a três andares.[43]

E, logo em seguida, continua:

> São Paulo, situada num agradável planalto, com cerca de duas milhas de extensão, é banhada, na base, por dois riachos, que, na estação das chuvas, quase a transformam em ilha; ligando-se ao planalto por um caminho estreito.[44]

Entretanto, essa boa impressão de Mawe a respeito da cidade de São Paulo poderia se ater, em grande medida, ao seu núcleo urbano. Possivelmente além da boa visão que as casas e as ruas lhe proporcionaram, chegado de experiências extremamente ruins na América espanhola, sobretudo em Montevidéu, onde lhe espantou a precariedade da cidade,[45] o cotidiano da cidade e a receptividade das autoridades lhe influenciaram a ter juízos positivos sobre São Paulo. Diferentemente de sua experiência na América espanhola, na qual fora surpreendido em mais de uma ocasião pelos conflitos entre a Espanha ocupada pelas tropas napoleônicas e a Inglaterra (o que lhe valeu detenções, hostilidades e confiscos), Mawe viajou pelo Brasil resguardado por documentos da Coroa recém-chegada no qual lhe franqueavam a circulação e solicitavam a colaboração e a amizade dos administradores locais.

É certo que a primeira impressão ao chegar ao porto de Santos não foi das melhores – como bem notou Sérgio Buarque de Holanda[46] –, visto que mal e mal conseguiu um canto onde passar a noite. Na espera de um novo dia para subir a serra, Mawe teve de se contentar com uma desconfortável e contrariada hospitalidade em um prédio público, visto que nenhuma pousada lhe ofereceu um quarto. Nem mesmo sua carta de

---

43 MAWE, John. *Viagens ao interior do Brasil*. São Paulo/Belo Horizonte: Edusp/Itatiaia, 1978.

44 *Ibidem*, p. 63.

45 *Ibidem*, p. 16 e seguintes.

46 HOLANDA, Sérgio Buarque de. "São Paulo". In: HOLANDA, Sérgio Buarque de. *História geral da civilização brasileira, Dispersão e unidade*. Tomo II, vol. IV. Rio de Janeiro: Bertrand Brasil, 2004, p. 473 e seguintes.

recomendação lhe valeu algo nas proximidades do porto, apenas na chegada à cidade de São Paulo o inglês pode usufruir alguma sorte de colaboração.

A limpeza das casas, das ruas, o abastecimento do mercado da cidade, os preços baixos dos alimentos (talvez pelo fato de ser inglês e ter outro parâmetro de custos), enfim, agradou-lhe a cidade, ou melhor, seu núcleo urbano e parcela de sua população.

Um detalhe importante resta na descrição de Mawe: "Ao entrar na cidade, embora esperássemos muito, por tratar-se da capital do distrito...".

Muito antes de avistar as construções[47] Mawe já adentrara efetivamente nos limites administrativos da cidade de São Paulo, em seu termo, mas o ato falho – ao dizer que somente ao ver seu núcleo urbano *entrara na cidade* – revela a percepção do inglês e de muitos de seus contemporâneos a respeito do que era a cidade.

É claro que para a Câmara o conceito de cidade estava atrelado a uma regulamentação, a definições legais, às quais definiam o termo e o rocio, esferas nas quais a Câmara tinha poderes legais, cobrava seus impostos de direito, distribuía chãos (cada uma dessas atribuições em níveis diversos de autoridade). O marco de meia légua, o qual definia o rocio de São Paulo (bem como das demais cidades) a partir do Colégio dos Jesuítas (a essa altura, no começo do século XIX, já não mais dos inacianos, é claro), e o termo, o qual não era concêntrico e dependia das negociações com as câmaras das vilas circunvizinhas, eram as duas esferas que efetivamente eram observadas pela lei e pelos homens das Câmaras. Mas, para o cidadão comum, distante das filigranas legais e administrativas, a cidade era concebida como o espaço urbano, como a área ocupada continuamente e na qual desenvolvia-se a vida cotidiana dos habitantes. Ou seja, a cidade é o espaço de parte do trabalho, mas, efetivamente, das trocas,[48] comerciais ou culturais, é o espaço da sociabilidade para além da família.

A definição do que quer que seja uma cidade é questão que ocupa os cérebros há muito e o final do século XVIII e começo do XIX promove o adensamento de tal preocupação. Mas retornaremos a essa questão mais demoradamente, fique – por hora

---

47   John Mawe, bem como os demais viajantes que adentravam no núcleo urbano de São Paulo provenientes do litoral, trilhando o Caminho do Mar, deve ter avistado já as primeiras construções ao deixar os campos do Ipiranga e ter ao horizonte a elevação natural que se ergue de modo mais ou menos abrupto partindo da várzea do Tamanduateí e alcançando o platô, onde atualmente se encontra o bairro da Liberdade e, ao sopé, a baixada do Glicério.

48   LE GOFF, Jacques. *Por amor às cidades*. São Paulo: Editora Unesp, 1998, p. 23-68.

– a percepção diferenciada entre o comerciante inglês e os homens da Câmara de São Paulo a respeito da definição da cidade.

Nos dias seguintes a sua chegada Mawe passou a visitar os estabelecimentos da cidade e do entorno do núcleo urbano. Esteve no mercado, circundou o platô central observando sua formação geológica – afinal estava aqui por conta de interesses na exploração de riquezas minerais e não aleatoriamente –, e visitou, finalmente, os estabelecimentos rurais, dispostos no entorno da cidade e responsáveis pelo seu abastecimento. Descrevendo a prática da agricultura em São Paulo diz:

> O lavrador então adquire o maior número de negros que puder e inicia o trabalho, construindo habitações para eles e para si próprio, que são, em geral, choupanas miseráveis, apoiadas em quatro estacas, comumente chamadas ranchos.[49]

E, retornando à descrição dos lavradores de São Paulo:

> As casas dos lavradores são miseráveis choupanas de um andar, o chão não é pavimentado nem assoalhado, e os compartimentos são formados de vigas trançadas, emplastadas de barro e nunca regularmente construídas. Para dar uma idéia da cozinha, que deve ser a parte mais limpa e asseada da habitação, o leitor pode imaginar um compartimento imundo, com o chão lamacento, desnivelado, cheio de poças d'água, onde, em lugares diversos, armam fogões, formados por três pedras redondas, onde pousam as panelas de barro, em que cozinham a carne; como a madeira verde é o principal combustível, o lugar fica cheio de fumaça, que, por falta de chaminé, atravessa as portas e se espalha pelos outros compartimentos, deixando tudo enegrecido pela fuligem. Lamento ter de afirmar que as cozinhas das pessoas abastadas em nada diferem destas.[50]

Ora, a incursão no inglês pelas cozinhas paulistas lhe garantiu uma experiência cultural bastante diversa da sua, a ponto de se chocar tanto com os lavradores quanto com os mais ricos da cidade, exatamente por compartilharem uma prática que lhe era

---

49   *Ibidem*, p. 66.
50   *Ibidem*, p. 68.

absolutamente reprovável, e mesmo incompreensível. Da mesma forma, o pau a pique – comum nas habitações dos lavradores, enquanto a taipa de pilão prevalecia nas moradias do núcleo urbano, ao menos nas paredes externas – não deixou boas lembranças em Mawe, que não poupou reprimendas à técnica. Muito provavelmente lhe faltou tempo para perceber que além da questão econômica envolvida havia também uma dinâmica própria dessa forma construtiva, a qual estava inserida em outro ritmo cotidiano, em outra cultura.

Mawe não estava preocupado em produzir conhecimento científico, nem estava no Brasil por recomendação de outrem, estava efetivamente tentando fazer em plagas americanas o que fizera até então nas ilhas britânicas: prospectando, buscando bons negócios a se realizarem com minerais preciosos. Talvez por isso, e por ter a formação mais pragmática dos homens de negócio – em alguma medida aventureiros da fortuna –, não tenha se preocupado em construir um texto na confrontação de informações, em uma discussão que envolvesse textos de outros autores. Contudo, se não se deu ao trabalho – ou nem sequer tivesse visto essa necessidade – de buscar informação em outros autores, o inverso não é verdadeiro, pois alimentou significativamente os textos de outros que olharam ou passaram por São Paulo depois dele. Diga-se de passagem que, retornando à sua terra depois de fracassar seguidamente em suas tentativas americanas, Mawe tratou de rapidamente tornar livro suas memórias de viagem. Regressando à Inglaterra em 1811 no ano seguinte surgia *Viagens ao interior do Brasil*.

O certo é que poucas décadas depois, quando o pastor protestante Kidder esteve em São Paulo, pôde valer-se do livro de Mawe. Da mesma forma, a bibliografia que tratou de São Paulo retornou várias vezes ao texto de Mawe.

Mas Mawe não foi incorporado como o principal informante a respeito da cidade no começo do século XIX; sua passagem pelo sítio foi rápida demais e menos fértil em descrições do que certo botânico francês que chegou anos depois. Mesmo Sérgio Buarque de Holanda se valeu do relato de Mawe muito mais para tratar sobre as tensões internacionais que se embrenhavam pela América portuguesa às vésperas da chegada da Corte ao Rio de Janeiro do que para se informar a respeito da cidade de São Paulo em si.[51]

---

51 HOLANDA, Sérgio Buarque de. "São Paulo". In: HOLANDA, Sérgio Buarque de (org). *História geral da civilização brasileira*, Tomo II, vol. 4. Rio de Janeiro: Bertrand Brasil, 2004. p. 473-480.

Após 1808, com a chegada da Corte Portuguesa ao Rio de Janeiro, o número de estrangeiros que transitavam pelo território do Brasil aumentou significativamente[52] e, com isso, também a quantidade daqueles que passaram pela cidade de São Paulo e que nos deixaram representações da mesma. Os anos que se seguiram a 1808 formaram o período áureo dos relatos de estrangeiros.

Em 1825, o engenheiro militar Luiz D'Alincourt publicou seu livro *Memória da viagem do porto de Santos à cidade de Cuiabá*. Muito pouco se sabe sobre a figura do engenheiro; segundo Afonso Taunay, o qual escreveu uma introdução ao livro de D'Alincourt, teria nascido em Oeiras e, antes de ser enviado ao Mato Grosso, teria prestado serviço na Bahia (1816) e em Pernambuco (1818). Enviado para o Espírito Santo, teria falecido em 1841.

D'Alincourt não passou na cidade de São Paulo mais do que alguns dias, foi um visitante bastante pontual da cidade, mas algumas de suas considerações são bastante interessantes:

> S. Paulo, Cidade Episcopal, assento do Governo da Província do mesmo nome, está situada em um terreno um pouco elevado, e cercada de belos e dilatados campos [...].
> Está a Cidade de S. Paulo debaixo de um sol sereno, 350 braças acima da superfície do Oceano; o clima é excelente, o terreno fertilíssimo; produz em grande cópia as canas de açúcar; é muito próprio, em diversos lugares, para a plantação de trigo; abunda em milho, e toda qualidade de legumes; muitas frutas da Europa, e outras diversas, e preciosas produções. O açúcar forma o principal ramo de exportação; e, além de todos os mais gêneros que mencionei tratando do comércio de Santos, não se deve omitir a extração das bestas muares para muitas Províncias, o que faz um ramo assaz lucroso; assim como o gado que sai para a Corte. É a Cidade cercada de quintas, ou chácaras, que embelecem seus subúrbios; é muito farta d'águas, e as do Tamanduateí são excelentes; este corre ao Oriente, e o ribeiro Hynhangabahú ao Ocidente; os quais unindo-se vão confluir no Tietê, que passa a meia légua de distância, pela parte do Norte.

---

52 MALERBA, Jurandir. *A Corte no exílio: civilização e poder no Brasil às vésperas da Independência (1808-1821)*. São Paulo: Companhia das Letras, 2000, p. 125 e seguintes. LEITE, Miriam L. Moreira. *Livros de viagem: 1803-1900*. Rio de Janeiro: Editora UFRJ, 1997, p. 9-26. MESGRAVIS, Laima. *Viajante e a cidade: a vida no Rio de Janeiro através dos viajantes estrangeiros da primeira metade do século XX*. Tese de livre docência. São Paulo, FFLCH/USP, 1987.

> Tem a Cidade todas as proporções para o estabelecimento de uma Universidade; o baixo preço dos gêneros, a abundância deles, a salubridade do ar, a temperatura do clima, as poucas distrações, que se oferecem, finalmente tudo parece conspirar a preferir este a outro qualquer sítio para a cultura das letras.[53]

Talvez D'Alincourt tenha ouvido durante sua estada na cidade de São Paulo comentários acerca da implantação de um curso de Ciências Sociais (o qual, em 1855, teria seu nome alterado para Curso de Direito) na mesma, projeto que circulava há tempos e que se debatia na Corte. De qualquer modo, o comentário do engenheiro português não parece ser de qualquer modo fortuito, ainda mais quando um assunto tão específico circulava entre as elites de São Paulo e na Corte. Continuava em seu relatório:

> Não obstante estar a Cidade de S. Paulo tão próxima à zona tórrida, o inverno faz-se ali demasiadamente sensível; pode ser que o que para isto influi mais seja a grande altura do local, o ser plano do terreno, e a fresquidão da atmosfera, assaz lavada dos ventos. É esta Cidade inteiramente aberta; todavia a serra do Cubatão lhe serve de um formidável baluarte, e a põe a coberto dos insultos, que o inimigo possa tentar, pela parte do mar; pois que pequenas forças, bem dirigidas, destruirão grandes corpos, que tentem subir a serra: pelo lado do interior, não temos que recear. As ruas de S. Paulo são calçadas, espaçosas, e boas; os edifícios são de taipa, e como a terra tem grande tenacidade, e é bem pilada, duram muitos anos, e adquirem uma tal consistência, que é preciso usar-se de alavancas para se derribarem as paredes: tem várias pontes de pedra, e outras de madeira; algumas praças regulares: três conventos, um de Beneditinos, outro de Carmelitas, e o terceiro de Franciscanos: dois Recolhimentos de mulheres, várias Igrejas, e Ermidas, casa de Misericórdia, e três Hospitais; é residência do Exmo. Capitão General, de um Ouvidor, e de um Juiz de Fora: tem Professores Régios de Primeiras Letras, Gramática Latina, e Filosofia. O povo está dividido em duas freguesias, a da Catedral, e a Santa Ifigênia: o Convento, que pertenceu aos Jesuítas, é hoje o Palácio do Governo. As rendas da Província

---

53 D'ALINCOURT, Luiz. *Memória sobre a viagem do porto de santos à cidade de Cuiabá*. São Paulo/Belo Horizonte: Edusp/Itatiaia, 1975, p. 33-35.

são de sobra para a sua despesa, o que faz andarem os pagamentos prontos em dia.

Os Paulistas são trabalhadores, espirituosos, robustos, afáveis, generosos, e bastantemente polidos; são dotados de talentos próprios para grandes coisas, assim os puderem cultivar.[54]

A primeira informação que nos chama a atenção é o fato de, assim como Mawe, tomar como a cidade apenas sua área urbana. As anotações de D'Alincourt a respeito da localização geográfica da cidade denunciam sua formação como engenheiro militar e a ordem de suas preocupações. Mas isso não é o mais interessante.

A viagem de D'Alincourt se realizava por conta da necessidade de seu deslocamento em direção ao seu novo posto de trabalho, em Cuiabá, por isso indicar claramente o percurso – do *Porto de Santos à Cuiabá*. O engenheiro fala dos produtos da cidade de São Paulo: cana de açúcar, milho, frutas, além de possuir terra propícia para a lavoura do trigo. Muares e gado vacum também são anotados. Contudo, sabemos que o açúcar de São Paulo (capitania, não a cidade) concentrava-se no que Maria Theresa Schorer Petrone chamou de "quadrilátero do açúcar" (Campinas, Itu, Jundiaí e Piracicaba); sabemos também que os muares e o gado vinham do sul e do extremo sul do território.[55] Então, o que ocorreu com a narrativa de D'Alincourt?

Devemos lembrar que, tanto em Santos quanto na cidade de São Paulo, ele se demorou pouco tempo, talvez menos do que seria necessário para observar e auferir a origem exata das mercadorias. Por outro lado, se por acaso ele se confundiu ou inferiu incorretamente, é inegável que viu essas mercadorias, e deve tê-las visto, inclusive, sendo transportadas intensamente pela "calçada do Lorena", caminho regular para quem subia de Santos em direção ao planalto. De qualquer forma, o que D'Alincourt percebeu, ainda que muito rapidamente, foi um trânsito significativo de mercadorias, o que definiu como atividades *assaz lucrosas*.

Ainda digno de nota é a descrição que faz dos itens de infraestrutura da cidade (pontes, ruas, conventos, tipologia das construções etc.) e o comentário a respeito da adequação da mesma para receber uma Universidade. Retomando: D'Alincourt escreve seu texto em algum momento entre sua viagem – 1818 – e a publicação – 1825 –;

---

54   *Ibidem*.

55   PETRONE, Maria Theresa Schorer. *A lavoura canavieira em São Paulo: expansão e declínio (1765-1851)*. São Paulo: Difusão Europeia do Livro, 1968.

a implantação do curso de Ciências Sociais em São Paulo data de 1828, embora sua aprovação date de um ano antes e os debates a respeito da cidade para a implantação do mesmo se arrastassem desde 1823. Mas por que D'Alincourt haveria de fazer esse comentário tão singular no corpo de um texto que em nada tinha a ver com o assunto? Pode ser mera coincidência, pode ser que tenha flagrado na cidade ou mesmo em algum momento posterior a discussão e a disputa pela implantação de tal curso ou, finalmente, que ele próprio tenha sido solicitado como parecerista da questão, posto que era engenheiro militar encarregado de assuntos relacionados à infraestrutura. O fato é que o relato de D'Alincourt trata de modo inverso a lógica estabelecida posteriormente por boa parte da bibliografia – entre o final do século XIX e no decorrer do século XX, como veremos – a respeito da cidade de São Paulo: não foi a implantação do curso de Direito, em 1828, que dinamizou a vida na cidade, mas a cidade que possuía recursos, que se gabaritava para a incumbência de receber um dos cursos de Direito a serem criados no final da década de 1820.

Quase imediatamente após a passagem de D'Alincourt, em 1825, chegava a São Paulo a curiosa comitiva de pessoas que compunham a expedição do barão Langsdorff ao interior do Brasil. A passagem dos estrangeiros pela cidade foi ainda mais rápida do que a do engenheiro militar: quatro dias somente, para as preparações finais antes de se deslocarem para Porto Feliz, o ponto efetivo de partida das monções.[56] Dos membros da expedição nos restaram dois relatos a respeito da cidade de São Paulo, o do próprio barão (o qual tem pouco mais de um parágrafo) e o do segundo pintor da equipe, o francês Hercules Florence.[57]

A trajetória do texto de Florence é, no mínimo, muito curiosa, bem como a do próprio autor. Ao que parece, Florence tornou-se a reserva de sanidade na malfadada expedição Langsdorff. Depois de detectada a crescente demência do líder da expedição, Florence assumiu parte das responsabilidades que até então repousavam na figura do Barão. Vale lembrar que o francês também assumira o posto de pintor principal da

---

56 FLORENCE, Hercule. *Viagem fluvial do Tietê ao Amazonas, de 1825 a 1829*. São Paulo: Melhoramentos, 1941, p. 6-12.

57 Em verdade Florence havia sido contratado apenas como carregador de equipamentos para a expedição, contudo, com a deserção de Rugendas e a promoção de Aimee Adrièn Taunay a primeiro desenhista, foi-lhe oferecida a oportunidade de ocupar o cargo de segundo pintor. TAUNAY, Alfredo D'Escragnole (Visconde de). *A cidade do ouro e das ruínas*. Cuiabá: Instituto Histórico e Geográfico do Mato Grosso, 2001, p. 22-25.

expedição depois do trágico afogamento de Aimèe Adrien Taunay no rio Guaporé, bem em frente a Vila Bela da Santíssima Trindade.

Com o fim da expedição e a dispersão de seus antigos integrantes, Florence restou no Brasil. Contraiu casamento e passou a residir em Campinas, onde, anos depois, foi um dos pioneiros na arte da impressão de imagens com luz. Seu texto, *Viagem fluvial do Tietê ao Amazonas*, na realidade um diário, foi presenteado por ele à família de seu companheiro Aimèe Taunay e permaneceu esquecido no casarão da família, no Rio de Janeiro, de 1829 (quando Florence passou de retorno ao Rio de Janeiro e presenteou a família desejosa de saber como seu parente havia desaparecido no Guaporé) até 1874 (quando numa mudança de residência Alfredo D'Escragnole Taunay, o Visconde de Taunay, sobrinho do pintor, deparou-se com o diário).[58] Traduzido pelo mesmo, o diário de Hercules Florence tomou sua feição definitiva como *Viagem fluvial do Tietê ao Amazonas*. O texto integral traduzido, acrescentado dos desenhos de Florence, somente veio à luz na década de 1920, por iniciativa pessoal de Washington Luís (no cargo de prefeito da cidade de São Paulo) e Afonso D'Escragnole Taunay (no cargo de diretor do Museu Paulista, filho do Visconde e sobrinho neto de Aimèe Taunay).

Não é ocioso comentar que o texto de Florence encontrou maior fortuna entre os estrangeiros que exploraram o centro-oeste e o norte do Brasil no início do século XX do que entre os próprios brasileiros.[59] De qualquer modo, o relato de Florence, ainda que breve e baseado em pouco tempo de estadia na cidade de São Paulo, nos é interessante. Escreveu o pintor:

> No dia seguinte, chegamos, com uma légua de marcha, a São Paulo, cidade que tem 12.000 habitantes e algumas ruas não são feias. O palácio da presidência é um edifício insignificante; a cadeia vasta, mas mal construída e tão pouco sólida que não é raro dela fugirem os presos. É capital da província, residência de um presidente, de um comandante de armas e sede do bispado. Tem um ouvidor e juiz de fora da comarca de São Paulo. A guarnição

---

58 TAUNAY, Alfredo D'Escragnole (Visconde de). "A expedição do cônsul Langsdorff ao interior do Brasil". In: FLORENCE, Hercule. *Viagem fluvial do Tietê ao Amazonas, de 1825 a 1829*. São Paulo: Melhoramentos, 1941, p. XIX-XXXVI.

59 O texto de Florence foi recorrentemente empregado por estrangeiros que se aventuravam pelo centro-oeste ou norte do território brasileiro, entre eles Karl Von Den Steinen e Theodor Koch-Grunberg.

sobe a 900 praças de caçadores, todas nascidas na província e que dela não saem, senão em caso de guerra.

Os habitantes de São Paulo, como em geral os de toda a província, são tidos entre os brasileiros por valentes e rancorosos. Com efeito o são comparativamente. Há exemplos de atos atrozes praticados por paulistas para saciarem a sede de vingança, sendo quasi sempre mulheres a causa dessas desordens. Hospitaleiros, francos e amigos dos estrangeiros, são em extremo sóbrios, bebem muito pouco vinho, e mantêm a mesa simples, mas agradável. As principais comidas são frango, leitão assado ou cozido e ervas, tudo porém acepipado com um condimento que excite o apetite. Não comem pão: em seu lugar usam da farinha de milho ou de mandioca que sabem preparar com perícia, alva como o leite, e muito boa ao paladar.

Fui hospedar-me em casa de um parente dos meus dois companheiros de viagem, primeiro teto brasileiro em que fruí as doçuras da hospitalidade e daí por diante tive sempre ocasião de reconhecer os cuidados afetuosos e tocantes com que o povo brasileiro exercita este dever de caridade.[60]

Florence, bem como D'Alincourt, não parece ter dado muita importância à leitura de textos anteriores a respeito da cidade de São Paulo. Até mesmo pela própria natureza de seu texto – um diário –, a presença de referências a textos anteriores não é imprescindível, assim como São Paulo não era o centro nem da expedição Langsdorf nem de sua narrativa. Por isso, se é que Florence leu algum texto sobre a cidade de São Paulo enquanto esteve nela – lembremos que seu diário foi entregue *in natura* após o término da expedição aos Taunay, não merecendo qualquer acréscimo ou revisão do autor –, não deixa entrever isso em seu diário.

Se sua descrição da cidade de São Paulo não é exatamente elogiosa, também passa longe de ser extremamente negativa; Florence oscila entre uma percepção pouco favorável das estruturas da cidade e a simpatia aos modos (a maioria, ao menos) e à mesa. Em verdade sua má impressão se estabeleceu muito mais no campo dos costumes do que na constatação de qualquer estado da economia, da cidade ou das riquezas pessoais.

---

60 FLORENCE, Hercule. *Viagem fluvial do Tietê ao Amazonas, de 1825 a 1829*. São Paulo: Melhoramentos, 1941, p. 6-7.

De uma missão científica às dinâmicas dos textos

Com a chegada da princesa Leopoldina, arquiduquesa da Áustria, para o seu casamento com D. Pedro de Alcântara (futuro D. Pedro I do Brasil e D. Pedro IV de Portugal), em 1817 desembarcou no Rio de Janeiro uma missão de "sábios" a fim de acompanhar tão bem nascida princesa.

No grupo encontravam-se os naturalistas Johann Christian Mikan e Johann Von Natterer,[61] Emmanuel Pohl, pintor e discípulo de Mikan, Thomas Ender, Franz Joseph Frübeck, Johann Buchberger, todos pintores, Rochus Schuch, bibliotecário e curador das coleções, Heinrich Wilhelm Scott e Giuseppe Raddi, botânicos, Johann Baptiste Von Spix, zoólogo, e, finalmente, Carl Friedrich Von Martius, também botânico, todos eles selecionados pessoalmente por E. Schreiber, diretor do Museu de Viena, e separados em três grupos distintos.[62]

Nenhuma outra missão científica ou artística trouxe de uma só vez tantos nomes que se tornariam extremamente relevantes para tantas áreas, nem mesmo a missão francesa. Além dos pintores Pohl e Ender, responsáveis pela confecção de algumas das representações visuais mais conhecidas sobre o Rio de Janeiro do início do século XIX, também os naturalistas Raddi e Natterer alcançaram grande importância dentro de sua área de conhecimento.

Obviamente que deixaríamos para citar em último, mas não com menor importância, os dois membros da missão que nos interessam especificamente: Spix e Martius. Carl Friedrich Von Martius, sobretudo, foi cientista profícuo; interessado em botânica e em antropologia, preocupava-se em registrar, sistematizar cada espécie ou grupo humano com os quais travava conhecimento. Deve-se a Martius o plano de mapeamento fitogeográfico brasileiro, o qual, com ligeiras alterações, permanece em uso ainda hoje.[63]

Mas para nós historiadores, Martius ganhou notoriedade por outro trabalho, mais especificamente por conta do concurso promovido pelo Instituto Histórico e Geográfico Brasileiro, intitulado *Como se deve escrever a história do Brasil,* ao qual o naturalista apresentou uma proposta.

---

61 STRAUBE, Fernando Costa. "Johann Von Natterer (1787-1843): naturalista maior do Brasil". *Revista Nattereria,* n° 1, mar. 2000. Disponível em: <http://www.nupelia.uem.br/ciclo/Natterer3.pdf>.
62 *Ibidem.*
63 FERRI, Mario Guimarães. "Prefácio". In: SPIX, Johann Baptiste Von & MARTIUS, Carl Friedrich Phillipp Von. *Viagem pelo Brasil,* vol. 1. São Paulo/Belo Horizonte: Edusp/Itatiaia, 1981, p. 10-11.

Embora a estada deles no Brasil tenha se estendido de 1817 até 1820, a primeira edição de *Reise in Brasilien* demorou ainda três anos para ter seu primeiro volume impresso. Em 1826 Spix faleceu e os dois volumes restantes, publicados em 1828 e 1831, ficaram a cargo apenas de Martius.

Exatamente pelo fato de que o critério que adoto para a cronologia destes relatos transitar, entre o momento de produção e divulgação das obras (considerando que cada uma delas possui uma história específica de constituição e difusão), *Viagem pelo Brasil* aparece aqui depois de Florence, embora o conteúdo de seu diário tenha vindo à luz somente muito tempo depois, ao chegar às mãos da família Taunay.

Os textos possuem cada qual uma trajetória particular a qual é tão importante para a compreensão da história de uma ideia quanto as informações sobre seus autores e mesmo sobre as apropriações que deles se fizeram.

Descreve-nos a cidade de São Paulo o texto dos naturalistas, embora, mais provavelmente, tenham restado os ofícios da pena a cargo de Von Martius:

> Acha-se a cidade de São Paulo situada numa elevação na extensa planície de Piratininga. A arquitetura de suas casas amiúde com sacadas de gradil, que ainda não desapareceram aqui, como no Rio, indica mais de um século de existência; contudo, as ruas são muito largas, claras e asseadas, e as casas têm, na maioria, dois pavimentos. Aqui raramente se constrói com tijolo, ainda menos com cantaria; levantam-se as paredes com duas filas de fortes postes ou varame entrelaçado, entre os quais se calca o barro (casas de taipa), sistema muito parecido com o pise francês. O palácio do governador, antigamente Colégio dos Jesuítas, é de belo estilo, mas, agora ameaça ruína; também o palácio do bispo e o mosteiro dos carmelitas são edifícios grandes e imponentes; a catedral e algumas outras igrejas são grandes, embora ornamentadas sem bom gosto; no mais, a feição da arquitetura é insignificante e burguesa. Possui a cidade três conventos de frades: franciscano, carmelita e beneditino, dois claustros de freiras e dois hospitais. O Sr. Tenente-Coronel Muller tem construído, fora da cidade, um circo de madeira para touradas, ao que parece de boa categoria, e merece elogio pela construção de três

pontes de alvenaria sobre os riachos Tamaduataí e Inhagabaí, que se juntam abaixo da cidade.⁶⁴

E continuavam, mais adiante:

> Entre os moradores de São Paulo, o gosto pelo luxo europeu nem de longe se desenvolveu tanto como entre os ricos baianos, pernambucanos e maranhenses. Cuida-se mais do asseio e do conforto na disposição da casa do que de elegância e suntuosidade, e, em vez do mobiliário leve americano e dos espelhos franceses daquelas províncias, encontram-se nas salas cadeiras pesadas, enfileiradas, que datam de longos decênios, e um espelho pequeno com sua moldura da manufatura de Nüremberg, no qual um alemão imaginará reconhecer um compatriota. Em vez de lâmpadas de vidro ou castiçais com velas de cera, campeia no meio da mesa um lampião de latão, no qual se queima, em geral, azeite de mamona (Ricinus communis). No tom da sociedade, nota-se igualmente, ainda pouca influência da Europa. Mais raro do que nas demais capitanias, o jogo de cartas é aqui o animador do entretenimento, sendo, porém, um tanto mais alta a conversa, alternada com danças e cantigas.⁶⁵

Da cidade de São Paulo os dois naturalistas rumaram para Sorocaba, a fim de conhecer a Fábrica de Ferro de Ipanema e, depois, se enveredaram pelo Vale do Paraíba (Taubaté, Guaratinguetá), entrando no Rio de Janeiro, novamente, pela Serra da Bocaina, atravessando a vila de São João Marcos. A respeito da cidade, o texto de Spix e Martius insiste em alguns aspectos: as ruas são largas e asseadas, a arquitetura, embora tenha elementos que lhes parecia remeter ao século anterior, é sólida e feita com técnica que lhes lembrava outra comum na França (a taipa). As igrejas são imponentes, mas decoradas com mau gosto, as noites iluminadas com lampiões queimando óleo de mamona, nos hábitos pouca presença europeia e o gosto difundido pelo carteado, pelas danças e cantigas. Definindo o perfil dos paulistas, diziam ser o seu gosto pelo luxo menos desenvolvido do que entre as famílias do nordeste, o que justificaria muito

---

64 SPIX, Johann Baptiste Von & MARTIUS, Carl Friedrich Phillipp Von. *Viagem pelo Brasil*, vol. 1. São Paulo/Belo Horizonte: Edusp/Itatiaia, 1981, p. 137-138.
65 *Ibidem*, p. 140-141.

da feição da cidade e de seus habitantes. Apesar da reprimenda à ornamentação dos edifícios religiosos, o texto dos naturalistas não menciona qualquer desagrado mais acentuado, nem qualquer aspecto que pudesse sugerir uma cidade sem vida, sem atividade econômica, estática. Pelo contrario, é significativo que tenham indicado uma motivação cultural para explicar o perfil de São Paulo, comparando sua população com as de outras cidades. Para eles era essencialmente uma questão de gosto.

Talvez, pelo fato da proposta para a escrita da história do Brasil ter vencido a disputa e ter sido, também, alvo de debate intenso na historiografia brasileira, o texto da viagem de Spix e Martius – ao menos no que tange à sua passagem por São Paulo – foi pouco explorado e referido nas obras que tratam a respeito da cidade no começo do século XIX.

Muito mais empregado pela bibliografia que trata da história de São Paulo (o que não significa que tenham sido fiéis as suas impressões sobre a região) foram os textos escritos por Auguste de Saint-Hilaire, botânico que passou pela província antes de D'Alincourt e de Florence com a expedição Lansgdorf, e quase simultaneamente a Spix e Martius, mas cujo texto seria publicado somente anos depois; também os processos de confecção desses textos foram mais complexos, o que exige mais atenção. Vejamos o texto:

> Não somente é encantadora a localização de São Paulo, como aí se respira um ar muito puro. O número de casas bonitas é bastante grande, as ruas não são desertas como as de Vila Rica (Ouro Preto), os edifícios são bem conservados, e o visitante não se vê afligido, como na maioria das cidades e arraiais de Minas Gerais, por uma aparência de abandono e de miséria. [...] Achei as moradas dos habitantes mais graduados de São Paulo tão bonitas por fora quanto por dentro. O visitante é geralmente recebido numa sala muito limpa, mobiliada com gosto. As paredes são pintadas de cores claras, e as das casas antigas são ornadas com figuras e arabescos. Nas recentes, as paredes são lisas, com cercaduras e lambris, à semelhança do nosso estilo europeu. Como não haja lareiras, os objetos de enfeite são colocados sobre as mesas, como, por exemplo, castiçais, frascos de cristal, relógios de pêndulo etc. Comumente, também, as salas são ornadas de gravuras, as quais, entretanto, são constituídas pelo refugo das lojas européias. Era tão pouca

noção de arte do povo do lugar, à época de minha viagem, que eles nunca deixavam de me chamar para admirar suas obras-primas.[66]

Auguste de Saint-Hilaire, francês de Orléans, nascido em 1779, veio ao Brasil em 1816 e compunha a missão científica organizada pelo Conde de Luxemburgo com vistas a resolver os problemas territoriais que envolviam a Guiana.[67] Botânico atencioso, catalogou durante os seis anos que aqui se deteve um número impressionante de espécies vegetais – algo em torno de 4.500, sem contar as animais – existentes em território brasileiro. Igualmente atencioso aos aspectos geomorfológicos dos locais de suas viagens, à história – ainda que canonicamente informada pelos seus anfitriões, no mais das vezes figuras proeminentes e abastadas como Rafael Tobias de Aguiar[68] –, às pessoas e aos seus núcleos de ocupação.

Contudo, mesmo nos quadros de um cientista do início do século XIX, o mundo natural era seu grande objeto de interesse. Diga-se de passagem que Saint-Hilaire viajou muito pelo Brasil: passou pelas nascentes do rio São Francisco, por São Paulo, Rio de Janeiro, Minas Gerais, Espírito Santo, Goiás, Santa Catarina, pela região da 5ª Comarca de São Paulo (que, emancipada, tornou-se Paraná), Rio Grande do Sul. Em São Paulo e Minas Gerais esteve duas vezes: em 1819 e em 1822, ano de sua partida do Brasil, em virtude da necessidade de repor parte de suas coleções de espécimes vegetais, as quais se degradaram devoradas por traças e outras pragas. Dessa viagem restou um diário, o único publicado dos produzidos por Saint-Hilaire no Brasil: *Segunda viagem do Rio de Janeiro a Minas Gerais e a São Paulo*.[69] Na Europa tratou de tornar em livros o resultado de suas viagens, mais de nove volumes, entretanto, *Viagem à província de São Paulo*, trabalho do qual extraí o trecho acima, guarda interesse específico.

---

66 SAINT-HILAIRE, Auguste de. *Viagem à província de São Paulo*. São Paulo/Belo Horizonte: Edusp/Itatiaia, 1976, p. 127-128.

67 KURY, Lorelai. "Auguste de Saint-Hilaire, viajante exemplar". *Revista Intellectus*, ano II, nº 1. Em retaliação à invasão do Reino de Portugal pelas tropas napoleônicas, a Coroa Portuguesa decidiu pela tomada da Guiana, colônia francesa localizada a norte do território português nas Américas. Findo o período napoleônico e iniciada a Restauração, a Guiana tornou-se um dos pontos a serem tratados no acordo pós-guerra entre Portugal e França, afinal o reestabelecimento das fronteiras tal como eram antes das Guerras Napoleônicas era um dos elementos acordados no Congresso de Viena de 1815.

68 SAINT-HILAIRE, Auguste de. *Segunda viagem do Rio de Janeiro a Minas Gerais e a São Paulo*. São Paulo/Belo Horizonte: Edusp/Itatiaia, 1974, p. 83.

69 *Ibidem*.

De modo geral, Saint-Hilaire foi bastante simpático à cidade de São Paulo em seus trabalhos, mas nesse excerto, especificamente, demonstra com alguma intimidade o quanto lhe agradaram seus aspectos materiais, ainda que revelasse o intento de alguns paulistas mais abastados de imitar padrões de gosto europeus, o que garantiu alguma diversão íntima ao naturalista. Inclusive, comparando São Paulo às Minas Gerais, achou a cidade sem qualquer aspecto de abandono ou miséria. Bem como para Martius, o que negativamente chamou a atenção de Saint-Hilaire foi a ausência de gosto estético mais apurado (como Martius desgostou da decoração das igrejas).

Ao se retirar do Brasil – o que fez um tanto a contragosto, motivado pelo estado de saúde de sua mãe –, Saint-Hilaire não se distanciou, ao menos intelectualmente, da nova nação. É equivocado invocar 1822, ou 1819, como base para a narrativa do francês, como o revela justamente *Segunda viagem do Rio de Janeiro*.... Entre esses dois trabalhos há uma relação que revela muito da composição da obra de Saint-Hilaire.

Editado mais de vinte anos após a morte de Saint-Hilaire, esse diário, muito provavelmente, não constava em seus planos de publicação; lançado depois, porém escrito antes dos demais livros sobre o Brasil. Em retorno à França e vislumbrando a publicação de suas experiências sobre o Brasil, Saint-Hilaire empenhou-se em ler diversos outros visitantes do Brasil naquele começo de século XIX, como John Mawe (de 1808 a 1811), Eschwege (1810-1821), Spix e Martius (1817-1820), Daniel Parish Kidder (1837 a 1840), alguns dos quais haviam passado por estas bandas após 1822 e outros que publicaram suas obras após esse mesmo ano.

Ao longo de sua narrativa, Saint-Hilaire deixa entrever que lera relatos até do começo da década de 1840 e confrontara as conclusões de outros escritores com as notas de sua memória. *Viagem à província de São Paulo* é um livro constituído parcialmente pelas anotações do botânico, parcialmente pelos registros de sua memória, parcialmente pela confrontação – positiva, negativa ou complementar – com o que outros escreveram. Embora Saint-Hilaire tenha começado a publicar suas observações e anotações no início da década de 1830[70] – parte por incentivo de Antoine Laurent

---

70 Ao apresentar sua candidatura à Academie des Sciences de Paris, Saint-Hilaire disse: "Vinte e cinco anos consagrados à botânica, duas grandes obras começadas; uma longa seqüência de memórias, das quais muitas submetidas à Academia; seis anos de viagem no Brasil, na República Cisplatina e nas Missões, os dois primeiros volumes dessas viagens atualmente no prelo: estes são, Sr., meus títulos à cadeira vaga". Portanto, se a candidatura de Saint-Hilaire foi apresentada em 1830 à Academia e, na ocasião, os primeiros volumes de sua obra se encontravam no prelo, temos uma ideia aproximada

de Jussieu[71] da Academia de Ciências de Paris[72] – ocupou-se quase até o fim de sua vida desse trabalho. Neste sentido Saint-Hilaire se aproximou – talvez mesmo por inspiração – de Alexander Von Humboldt, que logo após seu retorno das Américas tornou-se verdadeira celebridade nos salões parisienses, chegando a disputar atenções com o próprio Napoleão Bonaparte.

Humboldt passou cinco anos viajando pelas Américas (1799-1804) e começou a publicação de sua coleção – planejada inicialmente para ter 11 volumes – em 1807. Em verdade suas obras sobre as Américas, trabalho coletivamente denominado *Viagem às regiões equinociais do Novo Continente, realizada em 1799-1804,* chegaram a 30 volumes e ocupou o restante da vida do cientista, desaparecido em 1858.[73] Humboldt[74]

---

do tempo do qual o botânico dispôs para escrevê-la. KURY, Lorelai. "Auguste de Saint-Hilaire, viajante exemplar". *Revista Intellectus,* ano II, nº 1.

71 Antoine Laurent de Jussieu (1748-1836), botânico de extrema importância, aperfeiçoando as classificações de Lineu sobre vegetais, pertencia a uma família tradicionalmente ligada à ciência na França. Seu aval ao trabalho de Saint-Hilaire era duplamente importante: como cientista proeminente e como botânico, portanto par científico de Saint-Hilaire. HELFERICH, Gerard. *O Cosmos de Humboldt: Alexander Von Humboldt e a viagem à América Latina que mudou a forma como vemos o mundo.* Rio de Janeiro: Objetiva, 2005.

72 Jussieu recomendou em comunicação oral na Academia de Ciências de Paris a publicação dos trabalhos de Auguste Saint-Hilaire (em verdade Augustin François César de Prouvensal de Saint-Hilaire), os quais, para ele, eram de natureza "exata" do longo território pelo qual viajara durante seis anos. A vinda de Saint-Hilaire fora condicionada à remessa de materiais e informações à Academia, visto que sua inclusão na Missão organizada pelo Conde de Luxemburgo fora obtida graças à intervenção de sua família. Durante os seis anos que esteve no Brasil, o botânico pode contar com recursos enviados da França, primeiramente de 3.000 francos, elevados depois a 6.000, entregues anualmente. Dessa forma, Saint-Hilaire estabelecera um vínculo com a Academia de Ciências de Paris que foi formalizado em 1819 com sua eleição como correspondente e, posteriormente, em 1830 como membro permanente. Em 1835 Saint-Hilaire atingiu o topo de sua carreira assumindo a presidência da Academia. KURY, Lorelai. "Auguste de Saint-Hilaire, viajante exemplar". *Revista Intellectus,* ano II, nº 1.

73 HELFERICH, Gerard, *O Cosmos de Humboldt: Alexander Von Humboldt e a viagem à América Latina que mudou a forma como vemos o mundo.* Rio de Janeiro: Objetiva, 2005, p. 330 e seguintes.

74 Os sucessos de Humboldt nas Américas alcançaram tal notoriedade que por décadas a fio seus escritos tomaram não somente a feição de estudos científicos – e sobre tantos e tão variados assuntos – bem como se tornaram modelo possível para o trabalho científico. Sua notoriedade pode ser medida pela quantidade de cientistas que o leram, independentemente da concordância com suas conclusões. No rol de leitores, além de Auguste de Saint-Hilaire, figuram cientistas da envergadura de Charles

exerceu sobre a persona de Saint-Hilaire grande fascínio, o que, ademais, ocorria com muitos: além de desfrutar do contato com ele, teve seus escritos lidos pelo eminente naturalista. Frente ao modelo, acabou o botânico francês por seguir trajetória análoga.

A edição francesa da *Viagem à província de São Paulo* data de 1851, apenas dois anos antes da morte do autor – na mesma cidade em que nascera – quase trinta anos após sua partida do Brasil. De certa forma, a geração de cientistas europeus da qual Humboldt e Saint-Hilaire fizeram parte inaugurou uma concepção inovadora de ciência e do trabalho do cientista, o que explica, parcialmente, as similitudes nos métodos e mesmo nas trajetórias. Inclusive por esse fator configura-se um equívoco lançar Saint-Hilaire na vaga categoria de viajante.

Saint-Hilaire desejava mais do que publicar um relato de viagem. Se este fosse seu ensejo, porque esperar tanto tempo e confrontar tanto suas observações com a de outros homens que tiveram contato com os mesmos objetos, ainda que em tempos diversos? Talvez o francês esperasse estabelecer também em suas conclusões referentes às populações e aos lugares o mesmo caráter científico com o qual quisera recobrir seu trabalho sobre o mundo natural. Talvez desejasse rebater conclusões de outros escritores, tal como Kidder, que o citara em seu livro.[75] O certo é que, bem como Kidder (como veremos), Saint-Hilaire escreveu seu trabalho após sua estada no Brasil, algo em torno de duas décadas, o que implica em duas conclusões: não sendo um simples diário de viagem, nem sendo uma compilação de escritos de campo, Saint-Hilaire constituiu lentamente seu texto, lapidou-o, usando da memória e da confrontação com outros autores, fugiu da impressão imediata, do juízo estabelecido dentro da circunstância, diferentemente de outros trabalhos que ou não resultaram dessa ordem de confecção ou não receberam um tratamento a *posteriori* que modificasse seus juízos e impressões, como no caso de Hercule Florence.

Entre *Segunda viagem do Rio de Janeiro...* e *Viagem à província de São Paulo* há indicações interessantes sobre a trajetória da constituição da narrativa de Saint-Hilaire

---

Darwin, Carl Gauss, Louis Agassiz, além de uma ampla e variada gama de políticos. Certamente, no campo da ciência, poucos foram tão influentes quanto Humboldt em sua época e às gerações posteriores. *Ibidem*.

75 KIDDER, Daniel P. *Reminiscências de viagens e permanências nas províncias do Sul do Brasil*. São Paulo/Belo Horizonte: Edusp/Itatiaia, 1980, p. 200. Kidder não só se refere à Saint-Hilaire nesse livro como comenta que se hospedou acompanhado de Antoine Guillemin numa mesma propriedade na qual o naturalista francês houvera passado quase duas décadas antes.

sobre o Brasil e, particularmente, sobre São Paulo. No diário, a marcação temporal, elemento crucial e definidor desse tipo de escrita, é diversa dos demais livros do botânico, tem caráter de impressão e não de conclusão sobre os temas; existe menos relação entre indicações distintas, embora recorrentemente lembre-se de pessoas e de lugares quais passou nos anos anteriores a 1822. Não há menção a outros autores, mesmo os que já haviam escrito suas obras na época em que esteve aqui, tal como Mawe (1812) ou D'Alincourt (1818), o que indica que ou não estava preocupado na ocasião com este tipo de associação ou, mais provável, não os lera até então. Isso reforça a ideia de sua preocupação nos anos posteriores ao seu retorno à França em se informar, confrontar opiniões, subsidiar seu texto, constituir uma narrativa mais preocupada com a consistência e com o caráter comprobatório – daí a confrontação entre escritores.

No mais, além de ter contado com a concorrência desses fatores, Saint-Hilaire passou por São Paulo depois de ter visitado uma gama bastante ampla de outras cidades brasileiras, o que lhe ofereceu parâmetros sincrônicos para a comparação e para o juízo; da mesma forma se deteve na cidade do planalto por mais tempo do que outros escritores e em duas ocasiões distintas. Tempo, parâmetro, familiaridade certamente são elementos que podem favorecer – posto que não é regra – a compreensão e a descrição de uma cultura, ainda mais sendo alheia.

Contudo, embora o botânico se valesse de parâmetros locais para avaliar e escrever, em última instância, seu parâmetro final ainda é a França, tal como nesta passagem na qual mede o grau de hospitalidade de seu anfitrião:

> Entretanto, nem mesmo me convidou a subir até a varanda, parecendo fazer-me grande favor com a permissão de dormir no moinho. Entre as pessoas abastadas, sobretudo, encontra-se na capitania do Rio de Janeiro pouca hospitalidade. Na Europa, onde aliás nenhuma há para com desconhecidos, nenhum homem abastado mandaria dormir, na sua granja, um estranho cujo nome ignorasse, mas acerca de quem soubesse que, como amigo, fora recebido numa das melhores casas da vizinhança. Sobretudo se, além do mais, se apresentasse decentemente vestido, mostrando, pelas maneiras e delicadezas do trato ser homem de boa estirpe.[76]

---

[76] SAINT-HILAIRE, Auguste de. *Segunda viagem do Rio de Janeiro a Minas Gerais e a São Paulo.* São Paulo/Belo Horizonte: Edusp/Itatiaia, 1974, p. 21.

Ora, ainda que se preocupe em comparar a má vontade de seu anfitrião com a dos moradores da capitania do Rio de Janeiro, de modo geral, é em face ao europeu, em última instância, que tece seu juízo final. Mas estamos tratando aqui do diário, não dos livros escritos com vagar por Saint-Hilaire. Nesses houve alguma preocupação com juízos tão rigorosos, com condenações severas, uma decantação mesmo dos entusiasmos, raivas e frustrações que no momento turvam ainda mais as interpretações.

Anos depois, logo nos primeiros dias de 1839, mais um estrangeiro rumava em direção a São Paulo, acompanhado, casualmente, de um antigo companheiro de viagem de Auguste Saint-Hilaire. Depois de passar aproximadamente dois anos na capital do Império, o missionário estadunidense Daniel Parish Kidder decidira visitar a província de São Paulo. Em sua viagem – no vapor *Paquete do Norte* – e, depois, na subida até a cidade de São Paulo, pôde contar com a companhia do botânico Antoine Guillemin, o qual houvera acompanhado Saint-Hilaire em sua estada na mesma região. Caso curioso, sem dúvida, se considerarmos que entre a viagem de Saint-Hilaire e a de Kidder decorrem aproximadamente vinte anos.[77]

Kidder chegara ao Brasil em 1837, optando pelo país após ver frustradas suas pretensões de ir à China. Acabara de aceitar o trabalho oferecido pela *American Bible Society* e trazia para o Brasil, além de sua esposa Cynthia H. Russel, um carregamento de Bíblias a serem distribuídas àqueles que as quisessem. Demorou-se no Rio de Janeiro algo em torno de dois anos e, em 15 de janeiro de 1839, partiu do Rio de Janeiro num navio com diversos estrangeiros como ele. Depois de fazer paradas nos portos de Angra dos Reis, Parati e São Sebastião, o *Paquete do Norte* finalmente aportou em Santos no dia 17 de janeiro.

De Santos, Kidder tomou exatamente o caminho de outros tantos antes dele, como Mawe e o próprio Saint-Hilaire: deslocaram-se os estrangeiros até Cubatão, ao pé da serra alugaram mulas para transportar a eles e a suas bagagens, e começaram a subida então da obra pública mais significativa da província de São Paulo, a chamada Calçada do Lorena.

---

77   Apenas a título de lembrança: Saint-Hilaire esteve em São Paulo pela primeira vez em 1819, sendo obrigado a retornar em 1822. Foi na primeira ocasião que esteve com Guillemin. Da mesma forma Kidder, embora houvesse chegado ao Brasil em 1837, somente se deslocou a São Paulo em 1839, logo quase duas décadas separam os dois, mas os fazem compartilhar da companhia do botânico Guillemin.

Calçado durante a gestão do Governador da Capitania de São Paulo Bernardo de Lorena, o caminho que ligava Cubatão ao planalto aproveitou a secular trilha, depois estrada, constituída desde a época pré-colonial. Quando de seu calçamento – o que exigiu também adequações, cortes no terreno com o objetivo de tornar menos íngreme a subida, construção de pontos de descanso – a estrada já era largamente utilizada tanto pelas tropas que subiam e desciam empregadas no tráfico entre São Paulo e o resto do Império Português quanto no tráfego de viajantes. Mesmo antes da introdução dos muares, o caminho era percorrido regularmente pelos indígenas empregados no trânsito de mercadorias[78] e, às vezes, mesmo de pessoas, carregadas em cadeirinhas, liteiras e afins.[79]

O Caminho do Mar (ou Estrada Real, como a chamou Kidder, ou Calçada do Lorena, como passou a ser conhecida após as obras do governador Bernardo de Lorena) era suficientemente imponente a ponto de impressionar pessoas com experiências tão distintas como John Mawe e Daniel Kidder, os quais teceram elogios à obra. Ao que parece, a situação do caminho pouco mudou na primeira metade do século XIX, visto que os dois estrangeiros concordaram na adequação do calçamento, no bom estado de preservação, mas também nas voçorocas que surgiam em alguns pontos, processo desencadeado pela retirada da cobertura vegetal natural, agravada graças à pluviosidade da Serra do Mar, à topografia e à composição dos solos da região. Discordaram, contudo, na vista do litoral obtida a partir do alto da serra.

Já na borda do campo Kidder decidiu buscar um melhor pouso com um companheiro, visto que os demais viajantes e os condutores da tropa haviam optado por um rancho de tropeiros de uso recorrente. Para o azar do missionário, encontrar uma opção ao rancho não era das tarefas mais fáceis e por muito pouco escapou de dormir ao relento. Encontraram uma casa cujos donos os receberam e lhes ofereceram pousada, casa localizada às margens do Rio Grande.[80] No dia seguinte, 24 de janeiro de 1839, enfim, chegou à cidade de São Paulo, cruzando os campos do Ipiranga e buscando rapidamente hospedagem no estabelecimento de um francês que atendia pelo nome de Charles.

---

78 MONTEIRO, John M. *Negros da terra: índios e bandeirantes na formação de São Paulo*. São Paulo: Companhia das Letras, 1995.

79 ZANETTINI, Paulo Eduardo. *Calçada do Lorena: o caminho para o mar*. Dissertação de mestrado. São Paulo, FFLCH/USP, 1998. MENDES, Denise. *A Calçada do Lorena: o caminho de tropeiros para o comércio do açúcar paulista*. Dissertação de mestrado. São Paulo, FFLCH/USP, 1994.

80 KIDDER, Daniel P. *Reminiscências de viagens e permanências nas províncias do Sul do Brasil*. São Paulo/Belo Horizonte: Edusp/Itatiaia, 1980, p. 179 e seguintes.

Dia seguinte, comemoração da conversão de São Paulo e, portanto, dia de festividade nas igrejas, ocupou-se Kidder de conhecer a parte da cidade "montada a cavaleiro" na elevação que se ergue entre o Tamanduateí e o Anhangabaú, ou seja, a São Paulo urbanizada e antiga. As primeiras impressões do visitante:

> Passemos agora à descrição de São Paulo. A cidade está situada entre dois riachos e a cavaleiro de uma elevação cujo topo é bastante irregular. Suas ruas são acanhadas e constituídas sem um traçado geral. Os passeios são estreitos e a pavimentação é feita com uma rocha arenosa vermelha, velha, diferindo porém, a que se usa em S. Paulo, em que contém mais fragmentos de quartzo.
> Alguns edifícios são de pedra, entretanto, o material geralmente empregado na construção de casas é a terra que, depois de levemente molhada pode constituir sólida parede. O sistema consiste em cavar uma vala com alguns pés de profundidade, como se fosse para uma fundação comum, de pedra; depois vão deitando terra e socando-a bem. Quando a parede excede o nível do chão, constroem uma forma de tábuas, para manter as mesmas dimensões iniciais, armação essa que vai sendo transferida para cima, até que a parede atinja a altura desejada. As paredes assim constituídas são geralmente muito espessas, principalmente nos grandes edifícios. Prestam-se, contudo, para receber um bom acabamento tanto interno como externo e são, em geral, cobertas com amplos telhados que as protegem contra a chuva. Conquanto seja razoável essa precaução, sabe-se de muros assim construídos que permaneceram intactos durante mais de um século, sem qualquer cobertura. Sob a ação do sol eles se tornam impermeáveis à água, como um único e sólido tijolo, e, a ausência de geadas aumenta-lhes a estabilidade.
> As casas da cidade são geralmente de dois pavimentos, dotadas de sacadas que às vezes levam rótulas. As sacadas são os lugares prediletos, tanto dos homens como das mulheres que aí vão gozar do frescor da manhã e da noite ou assistir a passagem de procissões ou ainda qualquer ocorrência que desperte atenção.
> No Brasil, em geral, quer sejam as casas construídas de pedra ou de terra (taipa) são comumente revestidas e caiadas. A brancura dos prédios contrasta admiravelmente com seus telhados vermelhos, e, uma das principais vantagens que tal pintura oferece é que pode ser facilmente renovada. Em São

Paulo, a cor da pintura, das casas varia em alguns casos entre o amarelo palha e o rosa pálido. No geral, o aspecto externo das casas é alegre e asseado.[81]

Daí para adiante o estadunidense passa a descrever sua incursão no dia 25 de janeiro pelas igrejas de São Paulo – das quais identifica apenas a da Sé, a qual acha bastante grande, mas mantém o péssimo hábito de manter o púlpito na lateral esquerda da nave central, dificultando assim o trabalho do pregador e a recepção do som pelos fiéis. Da mesma forma agradou bastante a Kidder o Jardim Público que, embora estivesse um tanto abandonado pelo poder público por falta de recursos para sua manutenção, lhe pareceu bastante elegante e aprazível, prometendo tornar-se um bom logradouro. De fato isso já ocorria, com o avizinhamento do Jardim por largas mansões que começavam a tornar a região do antigo Guaré, nessas décadas de 1830, 1840, uma área mais urbanizada e não somente habitada pelas religiosas do Convento da Luz, erguido em 1774 pelo Frei Galvão com autorização do governador Luis Antonio Botelho de Souza Mourão.[82]

É difícil precisar o tempo exato em que Daniel Kidder hospedou-se em São Paulo, pois abandona a contagem cronológica pouco depois das anotações sobre o 25 de janeiro. Ao se referir a Rafael Tobias de Aguiar, Kidder o chama de Presidente da Província, contudo, Tobias de Aguiar somente assumiu o cargo a cinco de agosto de 1839, ou seja, aproximadamente seis meses após a chegada do missionário. Mas Kidder poderia ter tomado essa informação depois também. O certo é que foi tempo suficiente para empreender duas excursões: a uma fazenda localizada aos pés do pico do Jaraguá, propriedade de certa D. Gertrudes,[83] e outra às cidades de Sorocaba e Itu, passando então por São Carlos (atual cidade de Campinas). Ainda que fale com propriedade das regiões mais ao sul – como Curitiba, Paranaguá, Santa Catarina e Rio Grande –, jamais as visitou pessoalmente.

---

81 *Ibidem*, p. 206 e 207.

82 ARROYO, Leonardo. *Igrejas de São Paulo*. Rio de Janeiro: José Olympio, 1954, p. 23-42. BRUNO, Ernani da Silva. *História e tradições da cidade de São Paulo: arraial de sertanistas 1554-1828*. Rio de Janeiro: José Olympio, 1953, p. 132, 197, 230, 278, 283, 386.

83 KIDDER, Daniel. *Op. cit.*, p. 212 e seguintes.

Terminadas as excursões, Kidder ainda se deteve alguns dias na cidade de São Paulo, tempo o bastante para poder se reunir com figuras importantes na política do Império, como Rafael Tobias de Aguiar e o Padre Diogo Feijó.[84]

Retornou ao Rio de Janeiro pelo mesmo caminho que chegara, aliás, até no mesmo vapor *Paquete do Norte* e com diversos de seus companheiros de viagem de ida. Pela infelicidade que o destino lhe reservava, o missionário perdeu a esposa pouco tempo depois, o que lhe animou a retornar ao seu país natal.

Dedicou-se até o fim de seus dias à vida religiosa: além de pastor foi secretário e administrador religioso. Casou-se novamente em 1842 com Harriet Smith, e três anos depois do novo enlace publicou *Sketches of residence and travel in Brazil* ou, se preferirmos, *Reminiscências de viagens e permanências nas Províncias do Sul do Brasil (Rio de Janeiro e São Paulo), compreendendo notícias históricas e geográficas do Império e das diversas Províncias*. Antes disso já houvera traduzido para o inglês, questão de interesse doutrinário e regulamentar, o panfleto do Padre Diogo Feijó contra o celibato eclesiástico. Depois de *Reminiscências* publicaria ainda *Brazil and Brazilians*, em parceria com outro missionário, J. G. Fletcher.[85]

É possível que tenha publicado *Reminiscências* após a tradução do texto de Feijó tanto pela natural demora em se escrever um livro completo quanto por um interesse do público despertado pela própria publicação do panfleto. Seja como for, Kidder leu diversas obras sobre o Brasil publicadas em língua inglesa, como as de Robert Southey[86] e John Mawe, com os quais estabelece diálogo ao longo de seu texto. De modo geral, Kidder inclina-se mais a citar Southey sem reparos e contrapor Mawe, talvez pela própria natureza de suas obras. O historiador inglês não escreveu um relato pessoal, um diário ou alguma memória, mas um livro que, de alguma forma, possuía pretensões de ser histórico, ao passo que o nosso já conhecido John Mawe preocupava-se muito mais em relatar o Brasil de modo pragmático; mas com a utilidade desse pragmatismo de Mawe ou do historicismo de Kidder retomamos uma questão crucial sobre a constituição dessas narrativas todas, que é a perspectiva e o interesse do leitor, afinal a literatura apenas se completa quando é lida.

---

84 *Ibidem*, p. 264 e seguintes.
85 MORAES, Rubens Borba de. "Daniel Parish Kidder". In: KIDDER, Daniel. *Op. cit.*, p. 15-16.
86 SOUTHEY, Robert. *História do Brasil*. São Paulo: Melhoramentos, 1977.

Ainda que seja bastante arriscado definir qual era exatamente a apropriação que os leitores pudessem fazer desses livros – e veremos que isso se processa entre a vasta morfologia de escritores, incluídos diversos historiadores –, algumas prerrogativas são úteis.

Tratando dos textos dos chamados "viajantes", Miriam Moreira Leite insistiu na existência de um público ávido por leituras que tratassem de lugares distantes, exóticos, que alimentassem as almas com seu manancial de prazeres imaginativos.[87] Esse público respondia pela demanda de certo tipo de escrita, a qual, junto com os conjuntos epistolares, as memórias, os diários, os relatórios científicos, acabou por compor uma única categoria empregada exaustivamente na historiografia brasileira: *a literatura de viajantes*.[88]

Mas, além dos leitores interessados em travar contato com realidades distantes através da literatura, os próprios indivíduos em deslocamento – pelos mais diversos motivos – se nutriam das narrativas anteriores, o que fica explícito nos comentários e nas citações – não muitas – que uns fazem dos outros. Às vezes os autores, no momento de uma possível reedição de seus textos, faziam incursões pelos textos a respeito do mesmo tema que haviam sido publicados desde a primeira edição de sua obra. Noutras oportunidades, os autores tinham chance de tomar contato com os textos de outros através de comentários de terceiros ou de versões manuscritas. Esse vaivém de referências promovia dentro de determinados campos de interesse, dentro de determinados temas, verdadeiros debates ou relações íntimas de intertextualidade. O texto de Kidder é um exemplo interessante, tanto das relações estabelecidas entre vários autores quanto dos usos que os leitores podiam fazer dos livros.

Na mesma noite em que passeara com Rafael Tobias de Aguiar nos jardins de uma de suas propriedades na cidade de São Paulo (provavelmente a casa de Tobias de Aguiar localizada na ladeira de Santa Efigênia, visto que a residência sua e da Marquesa de Santos, que ocupava a ponta da rua do Carmo, nas imediações do Largo do Palácio, não possuía espaços para largos jardins), Kidder ouvira o comentário seguinte do seu anfitrião:

> O Sr. Rafael relatou-nos curioso caso que lhe fora contado por St. Hilaire. Um inglês de poucos recursos, lendo o livro de Mr. Mawe, entusiasmou-se tanto com as riquezas minerais e vegetais do Brasil que, para se transportar ao país, sujeitou-se à condição de criado. Chegando ao Rio de Janeiro,

---

[87] LEITE, Miriam L. Moreira. *Livros de viagem: 1803-1900*. Rio de Janeiro: Editora UFRJ, 1997. p. 9-26.

[88] *Ibidem*, p. 11.

conseguiu, de alguma forma atingir as serras do interior onde as suas atividades foram bem sucedidas, tendo-o encontrado, o grande botânico, já senhor de regular fortuna.[89]

Algumas informações deste pequeno trecho nos são interessantes: em primeiro lugar que Saint-Hilaire tivera a fortuna de encontrar um patrício de John Mawe que a partir da leitura de *Viagens ao interior do Brasil* decidira se aventurar por estas terras. Também notara que esse tal aventureiro nem era homem de posses – pois, em caso contrário, não teria se empregado como serviçal a fim de obter a transposição do Atlântico – nem era um cientista, preocupado com as informações naturalistas ou humanas do livro; tornou-se explorador em busca de riquezas por sedução da narrativa de Mawe. Ora, tal acesso a esses procedimentos – tanto a leitura da narrativa quanto a possibilidade da transposição de tão larga distância – seria infinitamente mais difícil noutro momento da história da Europa em geral, e da Inglaterra em específico.

Embora o livro de Mawe, como vimos, fosse a narrativa de um comerciante de pedras preciosas, parece que no caso relatado por Rafael Tobias de Aguiar a Daniel Kidder, *Viagens ao interior do Brasil* chegou às mãos não de leitor genérico, interessado apenas em uma literatura de um mundo supostamente exótico, chegou às mãos de alguém disposto a enriquecer, mudar de condição social, mas, sobretudo, de alguém que não estava lendo o livro de Mawe sem alguma predisposição à aventura, a explorar riquezas no Brasil (ou em qualquer outro lugar do mundo, dificilmente o saberemos). É claro que se constituiu também nos séculos XVIII e XIX um estilo literário próprio, dedicado a esta sorte de experiência particular que é a viagem, e também parece certo que esta literatura atraiu um grupo significativo de leitores (muitos dos quais, por sua condição social, não o seriam há não muito tempo). Robert Darnton, tratando das aquisições de um francês – Jean Ranson –, do último quartel do século XVIII o qual definiu como um *leitor comum* – alguém que não era naturalista, filósofo ou mesmo oriundo das elites econômicas –, encontrou em seus registros de aquisições literárias, ao longo de onze anos, uma diversidade significativa de temas e autores.[90] Literatura que, devemos reconhecer, em muito se aproxima de *Viagens ao interior do Brasil, Viagem à Província de São Paulo, Reminiscências de viagens e permanências nas Províncias do sul do Brasil* etc. Contudo, se de um lado

---

89 KIDDER, Daniel. *Op. cit.*, p. 255.

90 DARNTON, Robert. "A leitura rousseauniana e um leitor 'comum' no século XVIII". In: CHARTIER, Roger (org.). *Práticas da leitura*. São Paulo: Estação Liberdade, 2001, p. 145.

há a constituição dessa morfologia literária e de um público para ela, de outro – e esse aspecto menos explorado – há a diversidade das leituras e dos leitores, das motivações e das apropriações desses textos. E é nisso que insisto particularmente na constituição das narrativas a respeito da cidade de São Paulo. Ou seja, nas múltiplas possibilidades de apropriações dos textos elaborados ao longo do tempo, mas, sobretudo, aqueles tomados como documentos, relatos da cidade de São Paulo nos finais do século XVIII e começo do XIX. Tão importante quanto o que o texto pode dizer é o que o leitor busca ou encontra nele, o que não necessariamente coincide.

Assim, entre os leitores de uma única obra e ao lado desse curioso aventureiro que fez fortuna à custa da leitura de um livro de John Mawe, está gente tão diversa quanto o próprio Saint-Hilaire e Kidder.

Saint-Hilaire interessava-se, enquanto botânico, nas observações do mundo natural feitas por Mawe; Kidder, missionário, estava mais atento às descrições do país e de seus habitantes. Interesses próximos, é verdade, entretanto não idênticos. Parece que a apropriação das narrativas constituídas pelos estrangeiros que viajaram pelo Brasil é bastante mais complexa e múltipla do que se habituou a considerar.[91]

É razoavelmente arriscado apostar naquilo que cada narrador quisera executar, mas é certo que, no que se trata sobre as narrativas a respeito do Brasil, e aqui especificamente a respeito da cidade de São Paulo, esses autores constituíram ao longo do tempo um conjunto de narrativas que foram continuamente apropriadas e reapropriadas, criando um campo de interesse, um debate no qual se remetiam uns aos outros.

Junto às obras de Mawe e Southey – Saint-Hilaire, como vimos, ainda não havia publicado seu trabalho sobre a Província de São Paulo em 1839, na chegada do missionário à região –, as de outros dois estrangeiros foram leitura de referência de Kidder: Von Martius[92] e Langsdorff.[93] Enquanto ao referir-se a Saint-Hilaire Kidder diz ter escutado falar, ou que lhe contaram, Martius, Southey, Langsdorff e Mawe são indicados sempre através de seus livros.

---

91 LEITE, Miriam L. Moreira. *Livros de viagem: 1803-1900*. Rio de Janeiro: Editora UFRJ, 1997. p. 9-26.
92 *Ibidem*, p. 243-244.
93 *Ibidem*, p. 246.

Mais difícil é precisar quando Kidder os leu. Quando chegou ao Brasil contava com apenas 22 anos de idade,[94] ao partir, 25, ao publicar *Reminiscências,* 30. Em sua formação como missionário, nos Estados Unidos da América, me parece pouco provável que tenha tido tal oportunidade, mesmo porque teve de se ocupar de outras tarefas da formação de alguém que pretendia inicialmente ir ao extremo oriente.

Talvez tenha os lido aqui, hipótese que não é de toda inviável, contudo, considerando que escreveu seu livro nos anos que se seguiram ao seu retorno ao país natal e seu texto não é em absoluto a publicação de um diário direto, não poderia ter estabelecido a ordem de referências tal como as faz caso não contasse com as obras para consultar. É claro que Kidder poderia ter passado algum tempo de suas "permanências" no Brasil em bibliotecas ou mesmo com livros emprestados pelos tão bem relacionados senhores e senhoras com os quais se relacionou. Em São Paulo poderia contar com algumas bibliotecas particulares, não tão raras quanto se imaginou, ao menos entre os mais abastados da cidade,[95] além, é claro, do curso de Ciências Sociais em São Francisco, tão famoso por seu acervo. Considerando que em bibliotecas particulares na cidade poderiam ser encontradas, em 1838, por exemplo, obras como os 12 volumes de *Plantas equinociales,* tradução para o espanhol do texto de Alexander Von Humbolt e Bompland, *Elementos de botânica* de Félix da Silva Brotero, *Differentes obras de botânica* de Lineu,[96] não é de se surpreender que também fossem encontradas, com o decorrer do tempo, as obras de estrangeiros que escreveram sobre São Paulo, como Mawe e Saint-Hilaire.

Ainda em São Paulo, no Rio de Janeiro ou mesmo já nos Estados Unidos da América, Kidder pôde consultar os livros de outros estrangeiros que passaram antes dele pela região, contudo não dá nenhum indício de ter lido qualquer autor brasileiro ou aqui residente que tivesse se ocupado da mesma tarefa. Kidder leu, e dá recorrentes informações sobre isso, as obras de cunho teológico de Diogo Feijó, pode ser que tenha lido mais, contudo seria apenas uma especulação. Diferentemente de Mawe, o qual leu Frei Gaspar da Madre de Deus, entre outros.

---

94 Daniel Parish Kidder nasceu a 18 de outubro de 1815 na cidade de Darien, Nova Iorque. *Ibidem*, p. 15.

95 ARAÚJO, Maria Lucília Viveiros. *Os caminhos da riqueza dos paulistanos na primeira metade do oitocentos.* São Paulo: Hucitec/Fapesp, 2006, p. 171-178.

96 Biblioteca referida no Inventário de Genebra de Barros, esposa em segundas núpcias do político paulista Costa Carvalho, processo registrado em 1838. *Ibidem*, p. 178.

Embora aqui ou acolá tenha divergido de Mawe ou de Saint-Hilaire (ao menos daquilo que lhe disseram sobre o francês), Kidder tende a reproduzir o essencial das obras deles a respeito da cidade de São Paulo (limpeza, o espaço bem urbanizado, as casas caiadas de tabatinga e coloridas suavemente, os bons ares, a ausência de tantos miseráveis pelas ruas como no Rio de Janeiro etc.), que no geral também lhe agradou.

É claro que o ano de 1839 já se distanciava em quase oitenta anos do período tomado por muitos autores – Frei Gaspar e outros que veremos adiante – como o mais decadente da vida da capitania e cidade de São Paulo, contudo era também bem anterior à chegada da economia cafeeira com toda sua força, antes do momento visto recorrentemente pela bibliografia que trata a respeito de São Paulo como ponto de inflexão na história social e econômica da região, e, também, apenas onze após a implantação do curso de Ciências Sociais no convento dos franciscanos.

Qual das ordens de representações será mais útil? As dos diários, compostas cotidianamente, gravando as impressões imediatas, ou, as dos livros, compostos anos depois, decantadas as paixões e subsidiadas as informações? Pergunta cuja resposta simples implicaria a admissão de que, nesse caso, um registro é mais confiável do que outro, que um registro é mais verídico do que outro, ou mesmo de que algum dos dois é menos representação do que outro. Embora sejam duas ordens distintas de texto, com construções e características diversas, ambos são úteis, considerando-se que ambos são representações. Assim como outrora chamou-se às artes visuais da Renascença de "naturalistas", habituou-se tomar os registros dos estrangeiros que aqui estiveram e escreveram sobre o Brasil como manifestação textual incorruptível do real, valendo--se deles para comprovar qualquer proposição, seja para louvar, seja para depreciar. Embora poucos se atrevam ainda a tomar qualquer arte como "natural", ainda é frequente chamar-se estes homens todos pelo título de "viajantes" e tratar seus textos como "descrições fiéis". Tratamentos como o que Miriam L. Moreira Leite[97] deu aos textos dos estrangeiros (embora chamando-os de "viajantes"), identificando as clivagens através das quais cada um deles produziu suas obras, não são os mais comuns. Implica em conhecer mais profundamente a vida de cada um, sua trajetória, seu local de origem, seu repertório de referências culturais, em suma.

Auguste de Saint-Hilaire nasceu em Órleans, na França, em 1779, John Mawe nasceu em Derbyshire, Inglaterra, em 1764, Carl Friedrich Phillipp Von Martius veio ao

---

97 LEITE, Miriam L. Moreira. *Op. cit.*

mundo em Erlangen, Baviera, a 17 de abril de 1794, Johann Baptiste Von Spix em Höchstaedt, a 18 de fevereiro de 1781. De modo geral foram homens que compartilharam um tempo na Europa, compreendido pelo turbulento período pré e pós-revolucionário, vivenciaram ou, ao menos, vislumbraram a restauração após as Guerras Napoleônicas e escreveram suas obras nesse ambiente. Da mesma forma foram homens que, embora alguns nascidos em cidades pequenas e rurais – como Derbyshire ou mesmo Erlangen –, viveram urbanamente, tornaram-se cidadãos das cidades. O fato de terem se deslocado para regiões extremamente isoladas ou rurais nas Américas não muda o fato de que eram homens das cidades.

John Mawe era proveniente de uma região rural, localizada a oeste da Inglaterra. O condado de Derbyshire, composto de florestas e conjuntos de colinas e montanhas, ao longo do século XVIII viu desenvolver em seu território a exploração do minério de ferro e o surgimento de indústrias têxteis ocupadas com a manufatura do algodão. Entretanto, ontem e hoje, Derbyshire manteve-se majoritariamente rural e agrícola, apresentando uma ocupação humana desigual de seu território. A presença de uma cadeia montanhosa em Derbyshire torna parte significativa do condado menos atraente à ocupação humana, além do mais, mesmo as áreas planas são ocupadas por florestas ou parcamente povoadas, padrão que se manteve ao longo do tempo. O condado de Derbyshire, berço de John Mawe, é composto por um conjunto de cidades, pequenas e médias, incrustadas em meio a montanhas, áreas agricultáveis e florestas; embora dedicado às atividades agrícolas, é certo que a maioria da população comungava de uma experiência urbana. Mais uma vez mostra-se complexa e não excludente a relação entre a cidade e as atividades rurais. Mas, nascido nessa região, foi em Londres que Mawe construiu sua vida e foi para lá que voltou quando de retorno das Américas. Claro que à experiência de Mawe, tanto em seu condado de origem quanto em Londres ou nas cidades americana devemos ainda somar os anos a serviço do rei da Espanha, coletando amostras minerais, que o levaram a diversas regiões das ilhas britânicas.

Antes mesmo de correr o mundo atrás de riquezas minerais, Mawe já acumulara experiência de viagem. Na adolescência se empregara como marinheiro em navios mercantes ingleses. Anos depois, em 1794, Mawe casa-se com a filha de um comerciante de pedras e entra para o ramo da mineralogia. No ano seguinte já estava em Londres, abrindo uma casa de negócios com minerais chamada *Browm, Son and Mawe,* próxima ao Covent Garden. Em 1802, antes de vir para as Américas, Mawe publicou *The mineralogy and geology of Derbyshire whit a description of the most interesting mines in the north...*,[98] livro no qual, além das características mineralógicas do condado e mesmo da Escócia, o autor inventariava frases e termos utilizados pelos mineiros da região, bem como hábitos e outros aspectos culturais. Quando escreveu *Viagens ao interior do Brasil*, em 1812, Mawe já tinha toda essa larga experiência referente aos diversos modos de ocupação humana e uma vivência não desprezível em Londres, bem como já tornara em texto suas incursões pelas ilhas britânicas. Mawe foi um desses homens na Inglaterra do século XVIII que compunham uma massa de indivíduos de condição social bastante móvel e em vias de definição.[99] Nascido em uma região de cidades médias, a caminho da constituição das indústrias cotoníferas e de áreas de mineração, transitou entre a condição de marinheiro de poucos recursos para a de pequeno proprietário, de trabalhador mecânico à comerciante.

A Orléans de Saint-Hilaire, por outro lado, era uma cidade florescente desde o alvorecer do século XVIII. Sua economia se agitava graças às inúmeras casas comerciais – entre 30 e 40 grandes estabelecimentos por volta de 1786 – que operavam fazendo a intermediação entre os traficantes que buscavam as mercadorias nas Américas, nas margens do Mediterrâneo – como na Itália – ou na Ásia, e as regiões do interior da França. Também nas viagens de torna volta os orleanenses controlavam o comércio ocupando estrategicamente as margens do Loire. Durante a Guerra de Independência dos Estados Unidos da América, navios e mais navios partiam de Orléans carregados de armas, madeiras, chá, farinha para abastecer as áreas em conflito nas Américas. Além do comércio estavam implantadas em Orléans fábricas de chapéus de feltro (apenas uma delas ocupava 1500 trabalhadores), de porcelanas reais, de faianças, além de indústrias açucareiras. Como região de comércio internacional, gente das mais diversas nações transitavam pela cidade, sobretudo em sua área portuária. Quando Auguste de Saint-Hilaire nasceu em Orléans, em 1779, esta era uma cidade cosmopolita, mercantil e manufatureira.

---

98   MAWE, John. *The mineralogy of Derbyshire with a description of the most interesting mines in the north of England, in Scotland, and in Wales: and an analysis of Mr. Williams's work, intitled "The mineral kingdom": subjoined is a glossary of the terms and phrases used by miners in Derbyshire*. Londres: W. Phillips, 1802.

99   THOMPSON, Edward P. *A formação da classe operária inglesa, vol. 2: A maldição de Adão*. Rio de Janeiro: Paz e Terra, 2001, p. 11-38.

Hercules Florence (em verdade Antoine Hercule Romuald Florence) nasceu em Nice, a 29 de fevereiro de 1804, e quando chegou ao Brasil tinha completado seus vinte anos a poucos meses.

Afinal, onde estes homens poderiam tornar-se cientistas e pintores no final do século XVIII senão nas cidades, sobretudo nas maiores e mais urbanizadas? E quem proveniente da classe operária ou do campesinato teria efetivas chances de poder tornar-se cientista senão com muita sorte e esforço? Esses homens não eram somente indivíduos das cidades, mas, mesmo nesse universo urbano, o eram de um modo muito distinto; não compunham o numeroso conjunto de trabalhadores, artesão e gente sem ocupação que se aglomerava nos séculos XVIII e XIX nas grandes cidades europeias (Londres, Manchester[100] e Paris,[101] principalmente), enchendo toda sorte de habitação nos bolsões de pobreza, vivendo precariamente, sofrendo toda sorte de ameaça, fossem elas de ordem natural (o frio, as doenças, as epidemias), fossem elas de ordem social (a pressão policial, os cobradores de impostos, as reformas urbanas), sendo que muitas das vezes os terrores naturais eram agravados pelos sociais. Esses homens já haviam passado pelo filtro da alfabetização e de uma formação técnica ou científica que os distinguia no conjunto social. Quando vieram para a América certamente conheciam essa realidade de suas grandes cidades, embora não a vivenciassem senão como espectadores.

Tomados ponto a ponto, na tessitura do bordado narrativo a respeito da cidade de São Paulo na viragem do século XVIII para o XIX e pouco além, não há como dizer que o que estes estrangeiros presenciaram foi um quadro de desolação, de estagnação, de pobreza generalizada.

Suas percepções da cidade variaram muito, tanto de um autor para outro quanto em uma única representação. Saint-Hilaire percebia a cidade como bela, sólida e agradável, mas repugnou o comércio de alimentos na rua das Casinhas; Mawe sentiu-se à vontade na cidade, mas com restrições a seus habitantes, os quais – desconfiados – em alguns momentos lhe negaram hospitalidade; Florence viu uma cidade de edifícios rústicos, mas com algumas ruas belas, com população hospitaleira e com mesa simples, mas agradável, e assim com cada uma das representações.

---

100 THOMPSON, Edward P. *Costumes em comum, estudos sobre a cultura popular tradicional.* São Paulo: Companhia das Letras, 2005; e THOMPSON, Edward P. *A formação da classe operária inglesa.* 3 vol. Rio de Janeiro: Paz e Terra, 2001.

101 ROCHE, Daniel. *O povo de Paris: ensaio sobre a cultura popular no século XVIII.* São Paulo: Edusp, 2004.

A experiência pregressa de cada indivíduo lhe fornecia os parâmetros com os quais julgava a cidade; experiências formadas tanto pelas suas vidas em suas terras de origem quanto pelos grupos sociais nos quais nasceram e se formaram, nas atividades que exerceram leem como quanto pelas suas experiências em terras brasileiras (ou mesmo além, como no caso de Mawe).

Percepção que, inclusive, devia alterar de acordo com o referencial em suas próprias terras, afinal de contas julgar o espaço europeu, ou mesmo estadunidense, de modo homogêneo é equívoco severo. Mesmo no Velho Continente o cenário mudava significativamente, inclusive quando se tratava de uma comparação entre as grandes cidades e as vilas do interior, ou mesmo entre a parte urbanizada das grandes cidades, sobretudo aquelas ocupadas pela burguesia ou pela nobreza, e os subúrbios, habitados por trabalhadores e outros grupos de parcos recursos.

O seguinte comentário de Saint-Hilaire a respeito do comércio na cidade de São Paulo é significativo:

> Em São Paulo não se vêem negros percorrendo as ruas, como do Rio de Janeiro, carregando mercadorias na cabeça. Os legumes e outros pequenos produtos são vendidos por mulheres negras, que se agrupam numa rua chamada Rua da Quitanda, nome que recebeu por causa do comércio que nela se faz. Quanto aos mantimentos de consumo indispensável, tais como farinha, o toucinho, o arroz, o milho e a carne-seca, são vendidos por comerciantes estabelecidos na Rua das Casinhas. De fato, cada loja dessa rua fica instalada numa pequena casa separada das outras. Não devemos esperar encontrar nessas lojas a limpeza e a ordem. São todas escuras e esfumadas. O toucinho, os cereais e a carne ficam ali atirados de qualquer jeito, misturados uns com os outros, e os lojistas ainda estão muito longe de possuir a arte de nossos comerciantes em Paris, que sabem dar uma aparência apetitosa até aos mantimentos mais grosseiros.[102]

Um leitor de Saint-Hilaire poderia tomar essa afirmativa como um "retrato fiel" da precariedade presente na cidade de São Paulo ainda em início do século XIX, dando-lhe, inclusive, cores mais proeminentes, como fez Ernani da Silva Bruno em 1953:

---

102   SAINT-HILAIRE, Auguste de. *Op. cit.*, p. 132-133.

> Entretanto o local mais importante da venda de gêneros, ainda na primeira parte do século passado, era representado pelas Casinhas – decerto reconstruídas no mesmo local primitivo – que o viajante Saint-Hilaire conheceu e descreveu em 1819. O toucinho, os cereais, a carne, tudo ficava jogado e misturado pelo chão – em compartimentos escuros, esfumaçados, sem nenhuma limpeza e sem nenhuma ordem.[103]

Porém, se o leitor persistir na leitura e der atenção às filigranas do texto do botânico francês, vai se deparar com a nota que fez questão de acrescentar a tal comentário sobre a rua das Casinhas e seu comércio de gêneros:

> Eu poderia citar, aliás, a sede de um departamento no sul da França onde, muito tempo antes de minha viagem a S. Paulo, as lojas de comestíveis não apresentavam um arranjo muito melhor do que nessa cidade, entre 1818 e 1822.[104]

A questão não é defender os comerciantes da rua das Casinhas dos implacáveis (às vezes nem tanto) fiscais da Câmara de São Paulo, não é dizer que seus estabelecimentos e a disposição das mercadorias eram mais limpos e mais organizados do que certamente foram, trata-se, por outro lado, de inserir a situação no contexto no qual ela se produziu. Embora o comércio de gêneros na rua das Casinhas estivesse longe de ser um primor, também deviam estar longe de ser uma exceção ou uma aberração para a época, mesmo considerando o universo europeu popular.

Era nesse contexto que Saint-Hilaire podia apreender a realidade e interpretá-la, ou seja, às luzes de seu próprio tempo.

Tão importante quanto entender o quão variada, eram aa representações da cidade de São Paulo no início do século XIX é notar que, embora alguns desses autores, notadamente Saint-Hilaire e John Mawe,[105] tenham lido os textos dos autores paulistas do final do século XVIII (Pedro Taques e Frei Gaspar da Madre de Deus), não compartilharam da percepção de uma cidade estagnada ou com problemas graves no que diz respeito à sua vitalidade.

---

103 BRUNO, Ernani da Silva. *Op. cit.*, vol. 1, p. 307.
104 SAINT-HILAIRE, Auguste de. *Op. cit.*, p. 133.
105 MAWE, John. *Op. cit.*, p. 74.

Enquanto Frei Gaspar da Madre de Deus e Pedro Taques estavam diretamente envolvidos na vida da cidade de São Paulo no final do século XVIII, e seus textos refletem e constituem essa relação, os autores que os seguiram, sobretudo os estrangeiros de passagem pela região, mantiveram uma relação mais distante com o tema. A escrita desses estrangeiros participava de um outro universo de preocupações, de relações, ainda que, pontualmente em suas estadas, tenham composto a realidade local e, ao longo do tempo, seus próprios textos tenham se tornado significativamente influentes na realimentação das narrativas a respeito da cidade.

Mas o lugar da História (como ciência, como campo de preocupações, de práticas que compõem a "escrita da História") não é o mesmo em cada um desses textos, e isso é a um só tempo um tema complexo e delicado. É inevitável, ou muito desejável, que atentemos minimamente para essa questão, visto que em alguma medida ela norteia todos os textos pelos quais transito.

Há o lugar que a História ocupa em cada texto e há as apropriações dela. Uns se valeram mais dela do que outros e isso, talvez, porque além de suas preocupações imediatas há, subjacentes, concepções diversas a respeito do lugar e das "funções" da História como conhecimento.

É claro que os estrangeiros, por um afastamento original com o objeto e com o tema, ou mesmo pelas suas formações pessoais, se aproximaram menos da História da cidade de São Paulo (aqui como "narrativa") como para construírem seus textos. Todos eles recorreram a ela de alguma forma, mas nenhum deles é invocado como testemunho significativo sobre o tema. De modo geral, a história serviu como preâmbulo para suas narrativas, para suas experiências no presente, e é como "testemunhas oculares" que em geral foram citados ao longo do tempo. O aspecto do observador, o sentido visual, foi ressaltado para que os escritores posteriores escrevessem suas obras: "Saint-Hilaire viu...", "Mawe observou...", "Kidder esteve...".

Muito diferente dos escritores anteriores, os quais muitos dos estrangeiros leram, como observamos. Para Taques e Madre de Deus, a observação do presente valia como comparação, desvantajosa, há que se dizer. A história era tomada como processo, como fator explicativo da realidade, mas, sobretudo, como exemplo.

Curiosamente os estrangeiros que leram os textos de Pedro Taques e Frei Gaspar da Madre de Deus se apropriaram das informações, mas não das formas nem das interpretações, a não ser muito pontualmente. É lícito aventar que não se apropriaram das fórmulas e das interpretações justamente porque não estavam envolvidos num universo de relações no qual a apropriação da história atendia a outros procedimentos, a outras motivações, eminentemente políticos. É certo que os estrangeiros não escreviam dentro de um corpo de relações no qual seus textos tivessem o mesmo peso político que o dos autores locais. Em suma, a cidade de São Paulo e sua história entre o final do século XVIII e começo do século XIX ocupam lugares distintos nas obras dos autores paulistas setecentistas e nas dos estrangeiros oitocentistas.

Da mesma forma, aspectos morfológicos ou biográficos dos textos[106] balizaram suas possibilidades de disseminação. Os textos de Mawe e Saint-Hilaire, escritos originalmente em inglês e francês, puderam se disseminar com mais facilidade do que aqueles escritos em alemão, como o de Spix e Martius. Também pesou a influência cultural que cada país exerce no universo da cultura letrada ocidental e as habilitações dos autores, o que explica, ao menos parcialmente, o fato de alguns terem sido tardiamente traduzidos para o português – como Kidder que, além de estadunidense, era pastor presbiteriano – enquanto outros o foram pouco tempo depois, como no caso de Mawe.[107] Reflexos da influência francesa e inglesa, e ao mesmo tempo procedimento de manutenção dessa influência, no século XIX e começo do XX.

Alguns textos ainda sofreram infortúnio maior, como o diário de Hercules Florence (*Viagem fluvial do Tietê ao Amazônia...*), o qual foi, literalmente, esquecido em algum lugar da casa. Portanto, apenas tardiamente passou a compor o repertório de referências sobre a cidade de São Paulo, e ainda assim muito pontualmente por tratar da localidade tão pouco.

De certo modo o texto de Saint-Hilaire encerra, no momento de sua publicação, o período de produção dos textos mais influentes de estrangeiros a respeito da cidade de São Paulo. Obviamente que depois da segunda metade do século XIX diversos outros escreveram "relatos de viagem" nos quais descrevem a cidade, como Augusto Zaluar e Thomas Davatz (em verdade alguns tratando mais da província do que da cidade propriamente dita), mas nenhum deles veio a ser tão influente quanto Mawe e Saint-Hilaire.

Em 2003, Odilon Nogueira de Matos publicou breve artigo dedicado ao texto produzido por Gustavo Beyer, outro estrangeiro, sueco, que se deteve em São Paulo entre

---

106 Aspectos biográficos dos textos compreendidos aqui como elementos componentes da história de cada texto, de sua produção às apropriações que dele fizeram, passando por suas edições e reedições.

107 Ver tabela em anexo sobre as edições das obras em questão.

1812 e 1813.[108] O próprio título do artigo indicava o conteúdo e a ideia central do trabalho: "Uma visão diferente de São Paulo no início do século XIX".

Toda argumentação de Matos fundamenta-se na ideia de que Beyer, por ter sido simpático à São Paulo, distancia-se dos demais intérpretes do mesmo período. Diz o autor:

> São Paulo, como é sabido, não foi das regiões mais visitadas pelos viajantes estrangeiros do século XIX. Poucos aqui estiveram e estes poucos não permaneceram muito tempo na então minúscula urbe paulistana. Outras regiões do Brasil – Rio, Minas, Bahia – tiveram muito mais que oferecer aos seus olhos perscrutadores e indagadores. É verdade que Saint-Hilaire e o Reverendo Kidder gostaram muito de São Paulo, mas, na realidade, são exceções, pois, de fato, a capital paulista tinha pouco para ser apreciado, comparada com outras cidades brasileiras.[109]

Em seguida, Matos cita Beyer e sua visão "positiva" da cidade:

> O tempo passa depressa num país onde se gozam de tantas finezas como em São Paulo. Passamos uma semana inteira em divertimentos, entre os quais, além de bailes e teatros, devo mencionar um passeio organizado pela Marquesa de Alegrete (esposa do governador) no outro lado do rio Tietê. Onde nos divertimos o dia inteiro. Muitas senhoras casadas e moças bonitas compunham a comitiva que, toda unida, partiu da cidade acompanhada por um enxame de ordenanças e criados.

E logo depois:

> Finalmente soou a campainha do refeitório do convento e os convidados foram conduzidos por um extenso corredor até a sala de jantar, onde todos se acomodaram ao longo de uma imensa mesa que quase vergava sob o peso do que podia haver de superior e melhor nesta terra. Em todos os cantos da sala havia mesas para os trinchadores. O serviço era feito exclusivamente

---

108 MATOS, Odilon Nogueira de. "Uma visão diferente de São Paulo no início do século XIX". *Notícia bibliográfica e histórica*, Campinas, ano XXXV, nº 188, jan.-mar. 2003, p. 3-9.
109 *Ibidem*, p. 3.

por noviços e bebiam-se os melhores vinhos europeus como se estivéssemos em qualquer capital do velho continente.[110]

Não há diferença essencial entre a descrição de Beyer e as de Mawe, Florence, Spix e Martius, Saint-Hilaire e Kidder, grupo o qual, devemos reconhecer, é bastante diverso em origens, formações, perfis etc.

Portanto, não se trata de um "relato diferente", bem como parece estar equivocada a percepção de que a cidade de São Paulo, no contexto brasileiro do início do século XIX, apresentava-se aos estrangeiros de modo particularmente negativo. Obviamente que o Rio de Janeiro, por ser, inclusive, sede da Corte desde 1808 atraia mais visitantes do que São Paulo, mas já teria receio em afirmar o mesmo, e de forma tão categórica, com relação às demais regiões. Parece, também, ter sido essa a percepção de Sérgio Buarque de Holanda, embora não tenha insistido na questão: uma cidade simples, sem as ostentações de Salvador, Recife ou Rio de Janeiro, mas limpa, asseada, espaçosa, clara com seus prédios caiados de tabatinga, robusta em sua arquitetura de taipa,[111] de modo algum "feita para não durar".[112]

Dessa incursão pelos textos selecionados de Pedro Taques até Daniel Kidder algumas conclusões são importantes para levarmos ao segundo movimento: os textos de Taques e Frei Gaspar da Madre de Deus foram compostos dentro de relações sociais, políticas e culturais profundamente intrincadas com suas figuras e suas obras. No texto do beneditino encontramos o primeiro registro da interpretação que toma São Paulo como decadente ao longo do século XVIII. Nos textos de estrangeiros que passaram pela cidade no período posterior – e que recorrentemente foram invocados pela bibliografia que trata do tema como "testemunhas oculares" da pobreza e da rusticidade de São Paulo – vimos que suas interpretações, construídas em grande medida de modo

---

110 BEYER, Gustavo. "Ligeiras notas de viagem do Rio de Janeiro à Capitania de São Paulo, no Brasil, no verão de 1813, com algumas notícias sobre a cidade da Bahia e a ilha Tristão da Cunha, entre o Cabo e o Brasil e que há pouco foi ocupada". *Revista do Instituto Histórico e Geográfico de São Paulo*, vol. XII, 1907. *Apud* MATOS, Odilon Nogueira de. *Op. cit.*, p. 5.

111 HOLANDA, Sérgio Buarque de, "São Paulo". In: HOLANDA, Sérgio Buarque de (org.). *História geral da civilização brasileira*. Tomo II, vol. 4: Dispersão e Unidade. Rio de Janeiro: Bertrand Brasil, 2004, p. 483-487.

112 MARCILIO, Maria Luiza. *A cidade de São Paulo: povoamento e população 1750-1850*. São Paulo: Pioneira/Edusp, 1974, p. 10.

autônomo (embora pontualmente tenha havido alguma troca de ideias e percepções), não insistem veementemente em qualquer aspecto que possa ser tomado como pejorativo. Na realidade, pelo contrário, tendem a ser elogiosos com a cidade, a qual descreveram quase unanimemente como limpa, asseada, clara, espaçosa. Por fim, parte desses relatos deixados por estrangeiros (Saint-Hilaire, Mawe, Martius) insinua que as diferenças entre São Paulo e outras regiões do Brasil são parcialmente justificadas por uma dimensão cultural e não de riqueza, sobre a qual raramente se propuseram a discutir.

CAPÍTULO II

A institucionalização dos discursos: a transição da história de São Paulo dos cronistas aos institutos históricos

ENQUANTO OS ESTRANGEIROS produziam seus relatos de viagem, as relações políticas e mesmo a estrutura toda do antigo regime[1] se alteravam radicalmente, com severas implicações para o Brasil.[2] Certamente essas transformações não passaram despercebidas pelos estrangeiros, mas, para o caso da cidade planaltina e nas descrições que fizeram dela, pouco ou quase nada se alterou, ao menos de imediato.

Os comentários feitos pelos estrangeiros dão conta muito mais de uma alteração de ânimo da população, de seus sentimentos políticos no âmbito das turbulências que vão da chegada da família real[3] até os anos após a Independência, ou das posições das elites regionais (como nos comentários de Kidder a respeito de conversas privadas com

---

1 NOVAIS, Fernando Antonio. *Portugal e Brasil na crise do antigo sistema colonial (1777-1808)*. São Paulo: Hucitec, 1995.

2 MALERBA, Jurandir. *A corte no exílio: civilização e poder no Brasil às vésperas da Independência (1808-1821)*. São Paulo: Companhia das Letras, 2006, p. 125-194.

3 MAWE, John. *Viagens ao interior do Brasil*. São Paulo/Belo Horizonte: Edusp/Itatiaia, 1978, p. 74 e seguintes.

políticos da província de São Paulo),[4] do que de alguma mudança no caráter da cidade de São Paulo.

Entretanto, no plano das representações da história de São Paulo, o mesmo parecer deve se submeter a uma série de senões, muitos dos quais estão associados à criação do Instituto Histórico e Geográfico Brasileiro, em 1838, e da participação de alguns de seus membros, paulistas ou não, na longa tarefa de construção da história pátria ao qual o Instituto se propunha e vocacionava.[5]

Diferentemente do quadro da capitania de São Paulo no final do século XVIII, ou mesmo das percepções dos estrangeiros – mediante, é claro, suas tão diversas formações e clivagens –, a construção das interpretações a respeito da história de São Paulo ao longo do século XIX teria outro lugar de observação e de construção das narrativas. Tanto quanto as interpretações elaboradas por Madre de Deus, Taques ou os estrangeiros, as interpretações escritas ao longo do dezenove estiveram associadas profundamente ao lugar ocupado pela província de São Paulo, e também de suas elites, no concerto do Império, os quais diferiam significativamente daqueles ocupados pelos escritores do setecentismo em São Paulo.

No interior do IHGB, no trânsito de suas atividades, não podemos nos iludir com a ideia de uma tarefa intelectual, científica, do universo das letras, descolada das claras implicações políticas e ideológicas, dadas desde seu nascimento, e reformuladas parcialmente ao longo do tempo.

Os homens que compuseram o Instituto e que com ele colaboraram não somente tinham uma tarefa a cumprir na construção da história nacional – estabelecida na criação da instituição – mas também da inserção de suas regiões de origem no concerto da nação em construção.[6] Neste concerto das coisas, sobretudo na capital do Império, nas primeiras décadas após a Independência, a interpretação a respeito da história de

---

4 KIDDER, Daniel P. *Reminiscências de viagens e permanências nas províncias do sul do Brasil*. São Paulo/Belo Horizonte: Edusp/Itatiaia, 1980, p. 255-268.

5 GUIMARAES, Manoel L. Salgado. "Nação e civilização dos trópicos: o Instituto Histórico e Geográfico Brasileiro e o projeto de uma historia nacional". *Estudos Históricos*. Rio de Janeiro, vol. 1, s/n, 1988, p. 5-27.

6 *Ibidem*. GUIMARAES, Lucia Maria Paschoal. *Debaixo da imediata proteção de sua majestade imperial: o Instituto Histórico e Geográfico Brasileiro (1838-1889)*. Tese de doutorado. São Paulo, FFLCH/USP, 1994. WEHLING, Arno. *Estado, história e memória: Varnhagen e a construção da identidade brasileira*. Rio de Janeiro: Nova Fronteira, 1999, p. 23-46.

São Paulo passava a ter uma dimensão diversa da que tivera para Frei Gaspar ou Pedro Taques, ainda mais em relação à parcela majoritária dos textos de estrangeiros. A cidade de São Paulo talvez não tivesse mudado significativamente ou bruscamente, mas o mesmo não se podia dizer a respeito do concerto político, bem como o ambiente da escrita da história do Brasil.

Embora o autor que analisarei a seguir, José Joaquim Machado D'Oliveira, membro da primeira geração do IHGB, não tenha legado obra que gozasse da fortuna crítica de *Memórias para a história da Capitania de São Vicente,* ou *Nobiliarquia...,* ou *Viagem a São Paulo,* em termos de difusão, a participação dele, e escrita de seus textos no corpo do Instituto são indicativos das mudanças que ocorriam.

O primeiro dos Machados: a história de São Paulo no Rio de Janeiro

No ano de 1867 faleceu o Brigadeiro José Joaquim Machado D'Oliveira, militar de longa e profícua carreira, político de igual currículo e membro do Instituto Histórico e Geográfico do Brasil. Ao contrário da praxe do IHGB, de acordo com a qual o elogio fúnebre ao falecido sócio se dava na sequência de seu desaparecimento, J. J. Machado D'Oliveira teve de aguardar praticamente um ano para que, pela voz do escritor Joaquim Manuel de Macedo, sua memória fosse lembrada aos sócios do Instituto em sessão solene.

Na ocasião, Macedo lembrou aos sócios da longa carreira do Brigadeiro: nascido na cidade de São Paulo em 1790, filho de pais pertencentes a famílias tidas como tradicionais na cidade.[7] Aos 17 anos tornou-se cadete, dois anos depois alferes, outros dois,

---

7 Há que se tomar muito cuidado com essa ordem de afirmação no que diz respeito à província de São Paulo em meados do século XIX. Depois da restauração administrativa da capitania de São Paulo, em 1765, e da reestruturação econômica que a fez acompanhar, muitas figuras novas surgem. Comerciantes portugueses atrás de bons negócios, gente vinda de outras capitanias ou mesmo oriundos de grupos sociais menos abastados que granjearam alguma fortuna passaram a compor o cenário paulista. Muitas dessas figuras trataram de se ligar por casamento, sociedade ou outros negócios às famílias "tradicionais". Para os recém-chegados, tais acordos implicavam em obtenção de poder político e acesso a redes de influência que lhes estavam interditas até então, enquanto "estrangeiros", às famílias tradicionais, muitas delas em permanente crise econômica (em parte por não terem conseguido se inserir numa nova economia regional), interessava se associar a senhores de cabedais tão interessantes. Portanto, no decorrer do século XIX e começo do seguinte algumas figuras trataram de "inventar" um passado nobre, distinto, enraizado nas antigas famílias da capitania. Ver ABUD, Kátia Maria. *O sangue intimorato e as nobilíssimas tradições*. Tese de doutorado. São Paulo, FFLCH/

tenente, capitão aos 23 anos, e assim por diante até tornar-se Brigadeiro. Machado D'Oliveira participou de inúmeras campanhas no sul, região para a qual foi destacado, entre elas São Borja, Passos do Uruguay, Arapehy, Taquarembó, Passo do Rosário e Ibicuhy, ora como oficial de infantaria, ora de artilharia.

A partir de 1830 passou aos cargos políticos, primeiro como membro do governo provisório do Rio Grande do Sul, depois como comandante de armas do Sergipe (1830), presidente da província do Pará (1832), das Alagoas (1834), de Santa Catarina (1837) e do Espírito Santo (1840). Foi ainda deputado da assembleia geral pelo Rio Grande do Sul na primeira legislatura, por São Paulo na oitava, membro da assembleia provincial de Santa Catarina em uma ocasião e em duas na de sua província de origem. Em 1843 foi tornado cônsul geral do Brasil junto ao Peru e a Bolívia e nos anos seguintes assumiu tarefas específicas – algumas técnicas – para o Império: compilar o mapa hidrográfico dos rios Paraguai e Paraná, inspecionar a Fábrica de Ferro de Ipanema, ser Inspetor dos Índios da província de São Paulo.[8]

Nesse ínterim, Machado D'Oliveira ocupou-se da fundação do IHGB, em 1838, do qual fez parte até sua morte em 1867. Nesse período o Brigadeiro colaborou regularmente com a revista do Instituto, onde publicou uma série de trabalhos que compilados deram origem à coletânea póstuma da qual me vali aqui. Escreveu o Brigadeiro em uma de suas conferências:

> *Emquanto os paulistas ajuntavam às possessões portuguezas a vastíssima e mui rica região, da qual se formaram as capitanias de Minas, Goyaz e Matto-Grosso, deslocando-as da de São Paulo; ao tempo que, com sobrada razão se ufanavam elles da prestança de relevantes e importantíssimos serviços ao Estado, e por virtude do que havia a esperar,* não compensação, porque era isso offensivo aos seus brios, mas, uma manifestação de reconhecimento desses serviços, como houvera no termo da guerra dos emboabas e paulistas. Estes serviços, pois, siquer, esquecidos pelo governo da metrópole, como se infere do seu acto de mandar novamente reunir à capitania do Rio de Janeiro a de São Paulo sob o governo daquella, que desde 1709 e por

---

USP, 1985; BORREGO, Maria Aparecida de Menezes. *A teia mercantil: negócios e poderes em São Paulo colonial (1711-1765)*. Tese de doutorado. São Paulom, FFLCH/USP, 2006.

8 MACEDO, Joaquim Manuel de. "J. J. Machado D'Oliveira". In: D'OLIVEIRA, Brigadeiro José Joaquim Machado. *Obras escolhidas*. São Paulo: Typ. Brasil de Carlos Gerke & Cia, 1897, p. V-XI.

> quarenta annos teve-o especial e independente dos das outras capitanias, sujeitando-a a uma administração subalterna e submissa ao governo do Rio.
> [...]
> Infelizmente prendia-se também a prosperidade da capitania de São Paulo a escravidão dos índios, e os maiores estabelecimentos ruraes bem como a própria mineração dependiam dos seus braços para o seu custeamento. Em 1758 o rei D. José por uma inspiração providencial fez promulgar um decreto, que honrará sempre a sua memória, e serve de maior padrão de glória no seu reinado. Por esse decreto deu-se liberdade definitiva aos índios do Brasil, qualquer que fosse o motivo que os sujeitava ao captiveiro, e era elle tão preciso quanto tinha sido illudida constantemente e tergiversada a legislação anterior sobre a liberdade dessa infeliz raça.
> [...]
> Um grande numero de famílias abastadas, que só tinham como riqueza escravos indígenas, com a libertação destes ficaram inteiramente arruinadas, e muitas reduzidas a indigência. "A capitania de São Paulo, dizia um de seus governadores que soubera reconhecer a situação a que tinha chegado nessa epocha, é uma formosa sem dote".[9]

A essa breve explanação a respeito das origens e do processo de "declínio" econômico da capitania de São Paulo, o Brigadeiro José Joaquim Machado D'Oliveira fazia seguir a descrição dos sucessos que levaram à recuperação da mesma, ao seu "renascimento".

Nesse mesmo discurso o Brigadeiro demonstrava sua simpatia pela figura de D. José e seu ministro Marquês de Pombal, e alguma dívida de gratidão, afinal, havia sido pelas mãos deles que São Paulo recuperou seu status de capitania independente – 1765 – e restaurou sua administração. Da mesma forma atribuía ao trabalho diligente do Morgado de Mateus, enquanto governador da restaurada capitania de São Paulo, o início de sua recuperação material. Em verdade mais do que isso, Machado D'Oliveira via a chegada do Morgado de Mateus e a restauração administrativa da capitania de São Paulo como o ponto de partida de uma retomada ampla: econômica, social, política, demográfica.

---

9 D'OLIVEIRA, Brigadeiro José Joaquim Machado. *Obras escolhidas*. São Paulo: Typ. Brasil de Carlos Gerke & Cia, 1897, p. 143-146.

Machado D'Oliveira atribui a crise paulista da primeira metade do século XVIII a uma série de fatores, os quais mais ou menos incisivamente delineou em seu texto: a debandada de parcela significativa da população paulista para as Minas Gerais durante o "rush" do ouro, o abandono das propriedades por conta dessa corrida à riqueza, o endividamento dos proprietários necessitados de caixa para a transferência de suas famílias para a nova região, a desconfiança e a má vontade que a administração colonial – e mesmo a Coroa – tinha para com os paulistas, o que se desdobrava numa recorrente prática de ingratidão, a supressão da administração da capitania, agregando-a e subordinado-a à do Rio de Janeiro em 1748 e, por fim, *coup de grace*, a abolição do cativeiro indígena, a qual, embora tenha sido uma medida "sábia e gloriosa" de D. José, privara os paulistas de sua derradeira riqueza e motor de sua economia. Note-se que para o escritor a faina mineradora – sobretudo nas etapas iniciais de identificação das lavras e estabelecimento dos núcleos mineradores – havia sido mais terrível, perigosa e danosa aos paulistas e a São Paulo do que as correrias atrás de indígenas.

De modo mais claro: o autor reconhecia a existência de um estado de pobreza em São Paulo, sobretudo no período central da centúria, o qual coincide com a supressão administrativa da capitania. Vários fatores culminaram nesse estado, mas, especialmente, elementos relacionados à agricultura (braços para o trabalho, a atração das minas, o fim do acesso ao trabalho indígena).

Embora o Brigadeiro não indique claramente sua filiação interpretativa (não adiciona sequer uma nota – o que é compreensível dada a natureza dos textos, elaborados para a leitura nas sessões do IHGB –, coisa que faria apenas no trecho seguinte para indicar uma única obra de Saint-Hilaire), me parece bastante claro que seu discurso se afina profundamente com o de Frei Gaspar da Madre de Deus, inclusive na insistência na forma como a crise se abateu sobre as famílias tradicionais de São Paulo.[10]

A figura da "formosa sem dote", recuperada – talvez – do texto do beneditino, como vimos, ora é a filha de proprietários, sem posses pela decadência da capitania, ora é a capitania, sem posses pela decadência de suas famílias de proprietários. Recorrência de metáfora que indica a constituição de uma imagem, de uma interpretação a respeito de um momento na história de São Paulo.

Além do mais, as similaridades não cessam aí, embora Frei Gaspar insista muito mais na abolição do cativeiro indígena como causa das mazelas da capitania, o que é

---

10 MADRE DE DEUS, Frei Gaspar da. *Memórias para a história da Capitania de S. Vicente*. São Paulo: Livraria Martins, 1953, p. 29 e seguintes.

compreensível visto que o beneditino era um fiel defensor da economia agrícola, ancestral e ligada às famílias tradicionais de São Paulo (das quais pessoalmente descendia).

Mas, do texto de Frei Gaspar para o do Brigadeiro Machado D'Oliveira há uma diferença essencial: depois de assimilar a ideia de nascimento da capitania, crescimento e decadência, soma a esta sequência – no texto do Brigadeiro – uma nova etapa, a da recuperação.

Podemos, em diversos aspectos, encontrar as razões da ausência de menção à recuperação da capitania no texto de Frei Gaspar: seu envolvimento direto com as famílias que restaram prejudicadas pela crise de apresamento e da produção agrícola nas primeiras décadas do século XVIII, as mágoas por conta dos ocorridos com seu parente Pedro Taques, a interminável luta contra as autoridades coloniais para preservar os bens da Ordem de São Bento. Talvez, ainda mais efetivamente, porque no final do século XVIII, quando escreveu *Memórias para a história da capitania de São Vicente*, nem São Paulo mostrava-se claramente – pelo menos aos seus olhos – em estado de recuperação, nem havia ainda se consolidado o novo quadro da economia paulista, com a assimilação de novos atores e práticas. Em suma, para Frei Gaspar o final do século XVIII era seu tempo presente, para o qual a história da capitania confluía.

Mas, em meados do século XIX, quando Machado D'Oliveira escrevia a respeito da história de São Paulo, podia-se acrescentar um novo episódio à sequência histórica, de modo que ao surgimento, grandeza e decadência estabelecidos na época de Frei Gaspar, delineava-se, então, a recuperação. Esse modelo explicativo, veremos, será valiosíssimo.

Independentemente da veracidade ou não da pobreza da capitania de São Paulo ao longo do século XVIII, presente, por exemplo, na narrativa de Frei Gaspar da Madre de Deus, o que se observa em meados do século XIX, gravada no texto de Machado D'Oliveira, é uma alteração interpretativa. Na continuação de seu discurso, o sócio do IHGB descrevia como esse estado das coisas pertencia ao passado e o quanto os paulistas concorreram para a formação do Brasil.[11] Machado D'Oliveira, diferentemente do beneditino, tratava do século XVIII já como passado.

Se não tivéssemos outras fontes que nos dessem essa dimensão, poderíamos nos valer do não desprezível fato de que a insistência na decadência e na pobreza de São Paulo desaparece das narrativas constituídas no período – o coração dos oitocentos –, como a do Brigadeiro Machado D'Oliveira. A pobreza, a crise, a decadência, a rusticidade começam, em meados do século XIX, a migrar do campo da verificação de um estado

---

11   D'OLIVEIRA, Brigadeiro José Joaquim Machado. *Obras escolhidas.* São Paulo: Typ. Brasil de Carlos Gerke & Cia, 1897, p. 147 e seguintes.

(ou a percepção a respeito do estado das coisas) para o da memória. Falar da pobreza de São Paulo será, paulatinamente, permitido somente no tempo pretérito. Isso é um elemento que revela e insinua dimensões tanto no campo do estado das coisas, quanto na representação da história e dos tempos da então Província de São Paulo.

Machado D'Oliveira foi membro ativo do IHGB, mas jamais se tornou uma figura chave tanto na instituição quanto na constituição da historiografia brasileira. Mas isso não significa que não tenha dado sua contribuição à constituição de teses de força, compostas por outros autores, estes sim com enorme influência na constituição da historiografia brasileira no século XIX. Não é tarefa fácil conseguir acompanhar as dinâmicas internas do IHGB, sobretudo entre seus sócios menos proeminentes, como é o caso de Machado D'Oliveira, contudo, o texto dele aqui reproduzido sugere uma mudança na interpretação, ou o adicionamento de uma nova peça (a recuperação de São Paulo), que deve ter se tornado cada vez mais corrente no ambiente da instituição.

Embora Visconde de Porto Seguro não tenha sido contemporâneo de Machado D'Oliveira no IHGB, sua obra seja marcada pela ausência de referências bibliográficas e, ainda, sua presença física no Instituto fosse bastante pontual, seu trabalho de maior difusão (mesmo com certo atraso devido s rusgas que mantinha com outros membros do IHGB[12]) parte de pressuposto semelhante ao do Brigadeiro, apesar de empregar recurso interpretativo mais sutil. De Varnhagen, também com um intervalo temporal, vou a outro membro do IHGB que se tornou grande comentador e difusor da obra de Porto Seguro, ainda que, também, tenha se tornado um de seus grandes críticos. João Capistrano de Abreu, sem querer adiantar conclusões, teve papel chave na constituição das interpretações a respeito da história de São Paulo, e nesse movimento pretendo demonstrar o quanto trouxe das idèias e vertentes criadas pelos autores do final do século XVIII e do século XIX, os quais indico aqui.

Vale notar que esse processo de migração de ideias, de herança de interpretações, ressignificações, recusas, abandonos, não é linear e homogêneo, embora tenha algo acumulativo, ainda que errático. As passagens dessas ideias através das gerações e o "lugar" que elas tomam em cada época são distintos, mas, apesar disso, seguem constituindo um campo de referências e pontos essenciais que se fortalecem.

---

12 WEHLING, Arno, *Estado, história e memória: Varnhagen e a construção da identidade brasileira*. Rio de Janeiro: Nova Fronteira, 1999.

Varnhagen

Francisco Adolfo de Varnhagen nasceu na cidade de Sorocaba, efetivamente província de São Paulo, em 1816, quando seu pai, Ludwig Wilhelm Varnhagen, engenheiro alemão, trabalhava na Real Fábrica de Ferro de Ipanema.

Também filho da portuguesa Maria Flávia de Sá Guimarães, Francisco Adolfo partiu para Lisboa, estudou no Real Colégio Militar da Luz, de onde se engajou no exército de Dom Pedro IV, envolvido no imbróglio político e militar desencadeado por seu irmão Dom Miguel. Ainda na segunda metade da década de 1830 se formou engenheiro militar (1839) pela Real Academia de Fortificação e tornou-se sócio correspondente da Academia de Ciências de Lisboa, por conta dos trabalhos a respeito da história do Brasil que vinha produzindo há alguns anos.

Quando retornou ao Brasil, seguindo para o Rio de Janeiro, ingressou no Instituto Histórico e Geográfico do Brasil em 1841 e somente três anos depois tornou-se oficialmente brasileiro, o que lhe franqueou acesso à carreira diplomática do Império. Nos anos subsequentes, já como diplomata brasileiro, peregrinou por Portugal, Espanha, Países Baixos, Paraguai, Venezuela, Chile.

Em seu retorno a Lisboa, e durante permanências em Madri e nos Países Baixos, Varnhagen se ocupou da pesquisa nos arquivos locais, tomando contato com uma rica documentação histórica. Com esse arsenal publicou sua *História do Brasil*, entre 1854 e 1857.

Pouco mais fez Varnhagen em São Paulo além de nascer. Isso não é uma questiúncula de natureza bizantina, pois o ambiente intelectual na província de São Paulo e as motivações que permeavam a escrita da história eram profundamente diferentes daqueles que se estabeleciam no Rio de Janeiro, ainda mais após a criação do IHGB em 1838.[13] Também na formação Varnhagen era profundamente distinto de outras figuras "paulistas", como o próprio Brigadeiro Machado D'Oliveira, pois, mesmo sua formação tendo se dado nos quadros das academias militares do Reino, esteve desde muito cedo em contato com o universo intelectual português do início do século XIX.

---

13 GUIMARAES, Manoel L. Salgado. "Nação e civilização dos trópicos: o Instituto Histórico e Geográfico Brasileiro e o projeto de uma historia nacional". *Estudos Históricos*. Rio de Janeiro, vol. 1, s/n, 1988, p. 5-27. GUIMARAES, Lucia Maria Paschoal. *Debaixo da imediata proteção de sua majestade imperial: o Instituto Histórico e Geográfico Brasileiro (1838-1889)*. Tese de doutorado. São Paulo, FFLCH/USP, 1994. WEHLING, Arno. *Estado, história e memória: Varnhagen e a construção da identidade brasileira*. Rio de Janeiro: Nova Fronteira, 1999.

A proteção direta de D. Pedro II não foi suficiente para poupar a *História do Brasil* de Varnhagen de severas críticas, e mesmo uma recusa por grande parte dos membros do Instituto, o que lhe forneceu matéria-prima para recorrentes e magoadas cartas endereçadas ao Imperador.[14] Tanto quanto na proposta de Von Martius, a natureza das críticas feitas a Varnhagen repousa muito mais nos aspectos identitários contidos na obra do que nos procedimentos, métodos ou mesmo nos elementos mais amplos do texto do historiador.[15] Tema latente para os membros do IHGB, e ainda mais para políticos do Império. Mas essa dimensão da obra de Varnhagen transcende, e muito, meu interesse objetivo aqui, e, portanto, retorno à questão de como Varnhagen entendeu, interpretou e materializou em sua obra a questão da evolução histórica de São Paulo.

No texto do Visconde de Porto Seguro podemos ler:

> Pouco depois, em 1748, por provisão de 9 de Maio, resolveu a metrópole, concedendo a D. Luis de Mascarenhas a demissão que solicitava, reduzir São Paulo à capitania subalterna, e criar duas novas gerais, uma em Goiás, e outra no Cuiabá, devendo tudo ficar administrado pelo Capitão-general do Rio, Gomes Freire, até a chegada dos competentes governadores.
> Por outra provisão ficaram militarmente sujeitos ao governador da praça de Santos os distritos das comarcas de Paranaguá e Santa Catarina, e se declararam os limites das novas capitanias.[16]

É deste modo, sucinto, que Porto Seguro descreve a transição de São Paulo da categoria de Capitania independente para sua subordinação à do Rio de Janeiro, mesmo ato que encerra a criação das capitanias de Goiás e Mato Grosso, em 1748.

Duas críticas pesaram – e ainda pesam em grande medida – sobre a obra e o método adotados por Varnhagen, crítica que tem boa parte de sua gênese nas anotações e

---

14 AMED, Fernando José, *"Atravessar o oceano para verificar uma vírgula": Francisco Adolfo de Varnhagen (1816-1878) lido por João Capistrano de Abreu (1853-1927)*. Tese de doutorado. São Paulo, FFLCH/USP, 2007.

15 WEHLING, Arno. *Estado, história, memória: Varnhagen e a construção da identidade brasileira.* Rio de Janeiro: Nova Fronteira, 1999, p. 23-46.

16 VARNHAGEN, Francisco Adolfo de. *História geral do Brasil.* Tomo IV. São Paulo: Melhoramentos, 1956, p. 82-83.

leituras que Capistrano de Abreu realizou décadas após o surgimento da *História geral do Brasil*.[17]

A primeira dessas críticas – da qual teremos notícias adiante, em correspondência entre Capistrano de Abreu e Afonso Taunay – dizia respeito ao suposto excessivo apego à dimensão burocrática da história. Para Capistrano, a secura com a qual Porto Seguro descrevia os acontecimentos ao longo da história dava conta apenas da dimensão administrativa da mesma, não proporcionavam qualquer entendimento maior da vida das populações, da "civilização".

É claro que Varnhagen operava em quadros bastante específicos da escrita da história em meados do século XIX, sob influência de historiadores alemães e franceses, como esclarecem os trabalhos de Arno Wehling,[18] Lucia Guimarães[19] e Fernando Amed.[20] Apesar de Porto Seguro desejar superar a obra de Robert Southey,[21] não o excluiu de suas referências, viveu sob o peso e a aura do movimento romântico e esse conjunto de elementos conformou sua visão da história e sua tessitura. Mas há mais do que isso. Penso que por ser figura íntima do Imperador (mais do que a maioria de seus detratores dentro do próprio IHGB), diplomata, responsável por assuntos maiores e mais imediatos, a interpretação de Varnhagen reflete a difícil tarefa de quem percorre um itinerário sobre o fio da navalha entre a consciência e desejo seus e os do Estado. Sua obra não gozava da independência das de outros escritores, o que não significa, obviamente, que devamos ver em Varnhagen um modo de "pena de aluguel". Contudo, é justo reconhecermos, nele e em sua obra, tensões para além das discussões metodológicas, teóricas, ou das sutilezas retóricas.

Exatamente nesse aspecto há razão em lembrar que retórica e prova não são dimensões opostas ou contraditórias da e na escrita da história,[22] é necessário acrescentar que a seleção das provas e sua utilização no corpo da explanação não são operações assépticas, não estão imunes aos entraves que a classe, a ideologia e as mentalidades são

---

17   AMED, Fernando José. *Op. Cit.*, p. 146 e seguintes.
18   WEHLING, Arno. *Op. cit.*, p. 35 e seguintes.
19   GUIMARAES, Lucia Maria Paschoal. *Debaixo da imediata proteção de sua majestade imperial: o Instituto Histórico e Geográfico Brasileiro (1838-1889)*. Tese de doutorado. São Paulo, FFLCH/USP, 1994.
20   AMED, Fernando José. *Op. cit.*, p. 28 e seguintes.
21   SOUTHEY, Robert. *História do Brasil*. São Paulo: Melhoramentos, 1977.
22   GINZBURG, Carlo. *Relações de força: história, retórica e prova*. São Paulo: Companhia das Letras, 2002, p. 13-46.

capazes de lhe impor. De qualquer modo, a crítica de Capistrano estendia-se também a Varnhagen pelo seu suposto desprezo aos sertões do Brasil, justamente onde os braços administrativos da Coroa seriam menos perceptíveis.

Uma vez que Porto Seguro ateve-se a uma história burocrática, "de capitães generais", ele falhava nos terrenos onde essa burocracia era menos perceptível, logo os sertões, cuja obra de identificação e ocupação colonial fora, em boa medida, exclusivamente realizada por indivíduos quase que à revelia da Coroa, ou, pelo menos, sem qualquer apoio oficial.

A bem da verdade, Capistrano de Abreu ajuizou de modo bastante severo a obra de Varnhagen e sua suposta omissão a respeito dos interiores da colônia. Bastante se alongou o historiador na descrição dos sucessos ocorridos na busca de riquezas minerais pelos sertões, dedicando-lhe um longo capítulo denominado *Minas de ouro e diamantes*,[23] ainda que o fizesse a seu modo, com ênfase na dimensão econômica, administrativa, burocrática, das expedições e das descobertas.

Isso pode explicar parcialmente porque na obra de Varnhagen a descrição da evolução histórica de São Paulo seja referida com a velocidade de uma estrela cadente, resumida em pouquíssimas linhas, sem maiores atenções às condições internas da região, da cidade.

No excerto que indiquei acima, Porto Seguro não vai além de descrever uma situação formal da estrutura administrativa ("*reduzir São Paulo à capitania subalterna*"). Podemos atribuir ao verbo "reduzir" um caráter negativo, tal como fizera o Brigadeiro Machado D'Oliveira ao tratar da supressão administrativa da Capitania de São Paulo? Talvez, mas caso tenha essa conotação, é tão sutil que não seria capaz de indispor – por este aspecto – Porto Seguro com quem quer que fosse. Vale comparar outras sutilezas de Porto Seguro com as de Machado D'Oliveira.

Se um deles mal chega a se deter no tema das decisões políticas da Coroa Portuguesa com relação a São Paulo (Varnhagen), o outro (Machado D'Oliveira) o faz de modo a eximir de responsabilidade os monarcas ("*Estes serviços, pois, siquer, esquecidos pelo governo da metrópole, como se infere do seu acto de mandar novamente reunir à capitania do Rio de Janeiro a de São Paulo sob o governo daquella*" – perceba-se, "o governo", não exatamente os monarcas). Contudo, ao dar os créditos das boas medidas, entrega os méritos à Real Família ("Em 1758 o rei D. José por uma inspiração

---

23 VARNHAGEN, Francisco Adolfo de. *Op. cit.*, p. 95-116.

providencial fez promulgar um decreto, que honrará sempre a sua memória, e serve de maior padrão de glória no seu reinado"). Mais adiante, o Brigadeiro voltaria a louvar D. José e seu ministro, Marquês de Pombal, pela sapientíssima medida restauradora da Capitania de São Paulo, com a nomeação do Morgado de Mateus para sua administração direta.

Apesar de todos os danos materiais a grupos da capitania e da memória negativa que se imprimiu sobre o século XVIII (sobretudo após 1748 e em relação ao trato com a administração colonial), a composição das interpretações a respeito da história do Brasil e de São Paulo – cotejadas, evidentemente – necessitava de uma solução que deixasse as partes confortáveis na convivência nos quadros de uma "história nacional". A solução: encontrar uma fórmula conciliatória que, a um só tempo, conseguisse lembrar as tensões e "sacrifícios" históricos, mesmo diante da Coroa em tempos de colônia, atribuir essas à circunstâncias passadas, digeridas e superadas, projetar a culminância do processo na formação da nação e em sua independência, com a manutenção legítima da família de Bragança. Nisso o Brigadeiro e Porto Seguro se alinhavam, mesmo que a solução do segundo tenha sido uma elegante omissão do quanto o processo todo havia sido traumático para São Paulo.

Adiante prosseguia Varnhagen:

> Bem longe de anuir a tão injusta requisição, o vice-rei reforçava quanto podia o Rio Grande, ao passo que o governador de São Paulo, Luiz Antonio de Sousa, mandava, de seu próprio arbítrio, ocupar as cabeceiras do Iguatemi por trezentos paulistas, às ordens de João Martins de Barros, os quais aí, à margem esquerda do rio, fundavam a praça de Nossa Senhora dos Prazeres (Agosto de 1767). Quase ao mesmo tempo (1771) eram também por São Paulo explorados e ocupados os Campos de Guarapuava; ao passo que de Mato Grosso o governador Luis Pinto mandava por Matias Ribeiro da Costa ocupar no Paraguai a excelente posição do "Fecho dos Morros", o que se não realizou por se haver tomado por essa paragem a em que se fundou então a Nova Coimbra – e porventura também pela maior dificuldade que haveria de sustentar, com os poucos recursos de que se dispunha, aquela paragem mais longínqua.[24]

---

24 *Ibidem*, p. 190.

Simples deste modo, no texto de Porto Seguro, a capitania de São Paulo ressurge, sem avisos, sem explicações, envolvida já na defesa das fronteiras do sul durante o governo do Morgado de Mateus. Se o historiador dedicara sucinto espaço à descrição da supressão administrativa da capitania de São Paulo, nem ao menos isso dedicou à sua restauração, o que não deixa de ser curioso.

Vale salientar que tanto Varnhagen quanto Machado D'Oliveira tomaram a formação do Estado Nacional brasileiro como obra indissolúvel da ação do herdeiro da família de Bragança; a monarquia, nas figuras de Dom Pedro I e de Dom Pedro II, era o elemento que garantia a união do Brasil. Claro que cada um dos autores guarda suas peculiaridades, mas ambos buscaram conciliar o Império com a memória de um passado de embates entre São Paulo e a Coroa.

Uma característica dos procedimentos de Varnhagen, a qual lhe valeu a terceira grande crítica de Capistrano de Abreu,[25] bem como de muitos outros, é a quase completa ausência de notas, o que dificulta sobremaneira o rastreamento de suas referências, documentais e bibliográficas. Isso não significa, é claro, que seja impossível reconhecer ou identificar algumas de suas fontes, como num volume anterior de sua obra, Varnhagen sugere:

> Teve assim lugar a aclamação, alguns dias depois, nas vilas de Santos e São Vicente; a de São Paulo não se apressou, para o que bastaria terem-lhe sido as ordens comunicadas pelo governador Salvador Correia, com quem estava em guerra aberta. – Se acreditarmos na tradição, que no século passado recolheu um monge beneditino, filho da Província, houve até o pensamento de independência.[26]

O "monge beneditino, filho da Província" não pode ser outro senão Frei Gaspar da Madre de Deus (ainda que Varnhagen tenha cometido o lapso de trocar capitania por Província, à época, é claro, do religioso). Mas se Porto Seguro leu *Memória para a história da Capitania de São Vicente*, texto que reserva para a supressão e restauração da capitania de São Paulo lugar de destaque, por que deu atenção para um fato de menor importância no conjunto da paulista, como o indicado no excerto?

---

25 AMED, Fernando José. *Op. Cit*, p. 51.
26 VARNHAGEN, Francisco Adolfo de. *História geral do Brasil*. Tomo 3. São Paulo: Melhoramentos/MEC, 1975, p. 131.

Assim, mesmo tendo lido, ao menos, Frei Gaspar da Madre de Deus, Varnhagen não participou da construção das interpretações a respeito da história de São Paulo descrevendo seu atribulado século XVIII. Apesar de, com o tempo, a obra de Porto Seguro ter se tornado uma referência significativa nos estudos da história brasileira, no tocante à história de São Paulo enfatizou a atuação bandeirante e a participação paulista no processo de Independência; no restante prevaleceram as interpretações constituídas passo a passo pelas figuras que vimos até aqui.

Sobre o perfil de São Paulo no século XVIII e no começo do XIX não teceu qualquer comentário sistemático, que denunciasse sua interpretação a respeito do tema. Talvez por sua compreensão a respeito da História e do trabalho de escrevê-la, talvez por não crer serem oportunos tais comentários. Nem pobre, nem rica, nem simples, nem bela, não há uma descrição do estado de São Paulo no período indicado. Tanto ao descrever os sucessos dos bandeirantes quanto ao narrar o processo de Independência, Porto Seguro desloca a discussão da história de São Paulo dos quadros profundamente regionais, como havia sido feito até ali por figuras como Taques e Frei Gaspar, para dar relevo à presença paulista na construção do Estado e da Nação que culminavam com o momento presente, sob o reinado de D. Pedro II, seu protetor. Nisso revela-se um de seus traços marcantes, e apropriado por gerações futuras de historiadores: o papel dos Bragança como fiel do processo de Independência e aglutinadores da Nação.

Em verdade, não só o tempo passara e a situação interna de São Paulo se alterara (no que diz respeito ao perfil de sua economia e aos arranjos de seus grupos), mas o local e as preocupações da escrita da história mudavam profundamente dos autores do final do século XVIII para a primeira geração que compôs o IHGB.

Assim, na escrita da primeira geração do Instituto Histórico, a construção das interpretações teve seu primeiro movimento nos quadros institucionais, amenizando os rancores nutridos por parte dos paulistas ao longo do século XVIII (principalmente os afetados pelas transformações econômicas, como vimos), que fora alimento seguro para as considerações de Frei Gaspar da Madre de Deus. Nesse mesmo primeiro movimento, São Paulo reaparecia já distante da estagnação, do marasmo, que – diziam – havia caracterizado o século anterior. A miséria entrava definitivamente no território do passado.

Mas nem só no Instituto Histórico e Geográfico Brasileiro indivíduos se ocupavam do estudo e da escrita da história de São Paulo. O surgimento da instituição em 1838 não criou um monopólio da escrita, nem impediu a produção e circulação regional de ideias.

Para me ater ao caso do qual algo conheço: São Paulo. No século XVIII, em suas últimas décadas, houve uma produção não desprezível de textos (em grande medida "memórias") profundamente alinhados com a ilustração portuguesa do período, tal como Fernando Novais a descreveu.[27] Não havia uma aridez absoluta de livros, ideias e atividades intelectuais, considerando, obviamente, um cenário de esmagadora maioria de analfabetos em São Paulo, ou em outras regiões da colônia. De fato a questão é considerar cada caso dentro de seu contexto específico. A inexistência de academias, institutos e agremiações que reunissem sistematicamente homens de letras, não significa que houvesse um desconhecimento absoluto ou um despreparo para as atividades das luzes; elas tinham, sim, peculiaridades, particularidades, muito em função de necessidades e interpretações distintas daquelas do cenário português. Os próprios relatos de estrangeiros, no alvorecer do século XIX, contêm comentários a respeito de círculos de ilustrados que se reuniam para discutir problemas de ordem econômica e política. Saint-Hilaire e Kidder comentam de reuniões das quais participaram ou ouviram falar, nas quais estavam presentes figuras iminentes da província de São Paulo.

Em suma, apesar da criação do IHGB compor um movimento de organização e institucionalização da ilustração, da construção de ideias e do debate – sobretudo a respeito da história pátria –, ela nem substituiu, nem sufocou os ambientes regionais. Tampouco criou uma obrigatoriedade, uma condição essencial na qual ou se inseria no IHGB ou deixava de ter qualquer significância no campo das ideias.

Mesmo sendo um exemplo tardio, já do final do século XIX, Azevedo Marques, pela importância de sua obra, a qual se tornou referência para grande parte dos que escreveram a respeito da história de São Paulo após ele, desperta interesse e nos fornece mais algumas peças nessa construção da história.

Um exemplo significativo: Manuel Eufrásio de Azevedo Marques

Escreveu Afonso Taunay[28] que para se conhecer a história de São Paulo é necessário que se leiam três autores: Pedro Taques, Frei Gaspar da Madre de Deus e, por fim, Azevedo Marques. Esse comentário, escrito para a reedição da obra *Apontamentos*

---

27   NOVAIS, Fernando Antonio. *Portugal e Brasil na crise do antigo sistema colonial (1777-1808).* São Paulo: Hucitec, 1995, p. 213 e seguintes.

28   TAUNAY, Afonso D'Escragnolle. "Manuel Eufrásio de Azevedo Marques e seus preciosos 'Apontamentos'". In: AZEVEDO MARQUES, Manuel Eufrásio de. *Apontamentos históricos, geográficos, biográficos, estatísticos e noticiosos da Província de São Paulo seguidos da cronologia dos acontecimentos*

históricos, geográficos, biográficos, estatísticos e noticiosos da Província de São Paulo seguidos da cronologia dos acontecimentos mais notáveis desde a fundação da capitania de São Vicente até o ano de 1876, foi tecido em período posterior ao intenso contato entre Taunay e seu antigo professor e "orientador" Capistrano de Abreu.

Como veremos, o próprio Capistrano nutria interesse e admiração singulares pelos dois escritores setecentistas, e em mais de uma ocasião os recomendou enfaticamente aos seus discípulos e interlocutores. Não só Taunay retomou a obra desses três escritores – Taques, Frei Gaspar e Azevedo Marques –, mas diversos autores posteriores e, em verdade, os mais influentes.

O fato é que foi se construindo, também, junto com as próprias interpretações a respeito da história de São Paulo, uma "genealogia autoral", ou, em outras palavras, uma linhagem da produção sobre o tema que credencia ou não cada novo escritor, cada nova geração. Conhecer as obras desses autores – e, mais do que isso, em alguma medida se valer delas – se tornou paulatinamente uma marca distintiva, um procedimento na escrita da história essencial para que se adentrasse no exclusivo clube formado pelos estudiosos do tema. E, ao mesmo tempo, essa genealogia produzia a esperança em cada autor dele próprio, um dia, ser inscrito nesse seleto rol. É claro que essa dimensão fazia muito mais sentido dentro da província, e depois estado, de São Paulo. Nem Varnhagen, nem Capistrano, estavam preocupados com ela, embora o historiador cearense seja um dos avalistas desse princípio. Mas, para os que escreviam "histórias de São Paulo", essas afinidades eram essenciais.

Azevedo Marques inaugurou uma nova ordem de textos preocupados com a história de São Paulo, em seu caso a Província, mas sem deixarmos de notar que parte substancial dos dois volumes de seu *Apontamentos históricos, geográficos, biográficos, estatísticos e noticiosos da Província de São Paulo* é dedicada à cidade, capital da mesma província.

Funcionário da Secretaria de Governo da Província de São Paulo, depois escrivão de órfãos, Manuel Eufrásio de Azevedo Marques não era um erudito por formação, tal como um Frei Gaspar da Madre de Deus, nem mesmo um cientista como Auguste de Saint-Hilaire. Apesar de Affonso Taunay insistir no fato de ser o funcionário público oriundo de uma família de tradição intelectual, não creio ter sido isso preponderante em sua formação a ponto de ter alçado voos maiores ou com maiores pretensões.

---

mais notáveis desde a fundação da capitania de São Vicente até o ano de 1876, vol. 1. São Paulo/Belo Horizonte: Edusp/Itatiaia, p. 9-11.

Antonio Mariano de Azevedo Marques, seu tio, fora um dos fundadores do *Farol Paulistano*; mais três ancestrais de Manuel Eufrásio de Azevedo Marques haviam sido figuras proeminentes do exército nas campanhas do sul; seu avô, homônimo, formara--se em Coimbra e, na época, em São Paulo, figurava junto com Nicolau Vergueiro e Arouche Toledo Rendon como os únicos a poder em se valer de tal formação. Mesmo assim, Manuel Eufrásio, o neto, foi sim um funcionário enredado cotidianamente nos papéis dos arquivos paulistas. Daí sua intimidade com os eventos diários do passado paulista, manancial farto para seus "apontamentos históricos, geográficos, biográficos, estatísticos e noticiosos" da Província de São Paulo.[29]

Além do farto material documental, o autor se incumbiu de ler intensamente o que já havia sido publicado a respeito de São Paulo e sua história, bem como sobre o Brasil: Ferdinand Denis, Frei Jaboatão, Silva Lisboa, Visconde de São Leopoldo, Saint-Hilaire, Padre Simão de Vasconcelos.

Apontamentos históricos... de Azevedo Marques seria seguido de perto por duas outras obras que, embora tenham organizações e histórias de construção diversas, mantém o princípio de serem trabalhos de compilação de informações dispersas na documentação paulista, sob critérios axiológicos, teleológicos, etiológicos muito particulares: *Cronologia paulista* de José Jacinto Ribeiro, de 1899,[30] e *São Paulo antigo* de Antonio Egidio Martins, publicado sob formato de colunas de jornal entre 1905 e 1910 e depois reunido em livro de dois volumes entre 1911 e 1912.[31] As três obras foram compostas por funcionários públicos emaranhados na documentação do estado.

Essas obras, de caráter tão distinto das que se haviam produzido até então a respeito de São Paulo, contribuíram para subsidiar os trabalhos de intérpretes – como o próprio Afonso Taunay – ou para divulgar ao público não usual informações, curiosidades, notícias a respeito da cidade, como foi o caso de Antonio Egydio Martins. Em alguma medida, os três autores tiveram um papel significativo na ampliação do público leitor a respeito da história de São Paulo e o extravasamento para além dos círculos de ilustrados.

Mas, dos três, Azevedo Marques foi o que realmente granjeou maior reputação entre os estudiosos da história paulista e paulistana.

---

29 *Ibidem.*

30 RIBEIRO, José Jacinto. *Chronologia paulista: ou relação histórica dos factos mais importantes occorridos em S. Paulo desde a chegada de Martim Affonso de Souza a S. Vicente até 1898.* São Paulo: Diário Official, 1898.

31 MARTINS, Antonio Egydio. *São Paulo antigo: 1554-1910.* São Paulo: Paz e Terra, 2004.

Apontamentos... tanto quanto *Nobiliarquia...* de Pedro Taques (ou como viria a ser *São Paulo no século XVIII* de Afonso Taunay), é um trabalho fugidio no que diz respeito às posições pessoais de Azevedo Marques. A morfologia dessa ordem de escrita, fragmentada, com a aparente neutralidade dos apontamentos, dos compêndios de notícias, dos dicionários, é capaz de produzir logro maior do que os textos lineares e descritivos, ainda que, como vimos, Varnhagen também esteja distante de ser um autor explícito e assertivo.

Mas, obviamente, tanto quanto a interpretação de uma fotografia induz a um sentimento de objetividade que esconde por trás toda sorte de clivagens e filtros que imperam sobre seu autor, os textos sob forma de apontamentos, dicionários, cronologias, corografias somente tomam forma diante de uma série de critérios seletivos – e excludentes – que revelam o universo no qual o selecionador e organizador das informações compõe.

Mesmo assim, parcela significativa da obra de Azevedo Marques é dedicada a informações de ordem geográfica – que também revelariam determinados critérios seletivos, que, obviamente, transcendem a dimensão natural da geografia – ou genealógica, que não me interessa imediatamente aqui. Contudo, em alguns verbetes de seus apontamentos (que como apontamentos e não como dicionário se isenta da obrigatoriedade da completude, da exaustão) o autor nos oferece informações preciosas.

Creio que nenhum verbete poderia ser mais fértil do que *paulistas*:

> O capitão-general D. Luís Antonio de Sousa Botelho, nas informações prestadas ao Governo da metrópole em 11 de dezembro de 1766, exprime-se assim: "São os paulistas, segundo minha própria experiência, grandes servidores de Sua Majestade. No seu real nome fazem tudo quanto se lhes manda, expõem aos perigos a própria vida, gastam sem difficuldade tudo quanto têm, e vão até o fim do mundo sendo necessário. O seu coração é alto, grande e animoso, o seu juízo grosseiro e mal limado, mas de um metal mui fino; são robustos, fortes e sadios, e capazes de soffrer os mais intoleráveis trabalhos. Tomam com gosto o estado militar, e offerecem-se para accometter os perigos, e facilmente se armam e fardam à sua custa."
> Nas instruções dadas pelo vice-rei marquês de Lavradio ao capitão-general de São Paulo, Martim Lopes Lopo de Saldanha, a 27 de maio de 1775, lê-se o seguinte: "Tem sido a Capitania de S. Paulo o berço em que se crearam aquelles valorosos homens, que fizeram tão conhecido na Europa o nome

portuguez; elles com o seu valor accrescentaram muito os domínios d'El--Rei Nosso Senhor, já descobrindo terras que nunca tinham sido povoadas, já descobrindo nas mesmas terras os grandes thesouros que fazem a preciosidade dos domínios da América, já expulsando de alguns outros estabelecimentos differentes corporações de gentes, que por se refugiarem dos mais reprehensíveis delictos, continuaram a praticar o despotismo de seus maos costumes, estabelecendo-se e procurando fazer povoações em diversas paragens que por títulos nenhuns lhes pertenciam.
[...]

O sábio viajante A. de Saint-Hilaire assim se exprime em 1818, acerca dos paulistas:

> [...] Estes audaciosos aventureiros, como se verá detalhadamente mais tarde, penetraram varias vezes o Paraguay, descobriram a província do Piauhy, as minas de Sabará e as de Paracatu, internaram-se nos vastos desertos de Cuyabá e de Goyaz, percorreram a província do Rio Grande do Sul, chegaram pelo Norte do Brasil até o Maranhão e às margens do Amazonas, e, tendo escalado a cordilheira do Peru, atacaram os hespanhóes no centro de suas possessões.
> Quanto conhece-se por experiência quantas fadigas, privações e perigos perseguem ainda hoje o viajante que percorre esses longínquos paizes, e se tem lido em detalhes as excursões intermináveis dos antigos paulistas, sente-se uma espécie de estupefacção, e como que se é obrigado a reconhecer que estes homens pertenciam a uma raça de gigantes.'
> (A. de Saint-Hilaire. *Viagem a província de São Paulo*, vol. 1, p. 24 e seguintes).[32]

Azevedo Marques, neste excerto, invoca referências de justamente três "testemunhas oculares" do período que vai da restauração administrativa da Capitania de São Paulo à Independência (1765-1822), sendo que o trecho reproduzido do texto de

---

32 AZEVEDO MARQUES, Manuel Eufrásio de. *Apontamentos históricos, geográficos, biográficos...* Tomo II, vol. I. São Paulo: Livraria Martins Editora, 1953, p. 149-150.

Saint-Hilaire teria longa história ainda, tornando-se, inclusive, título da obra mais conhecida de Alfredo Ellis Jr.[33]

Mas o que é realmente significativo é que tenha resumido a "essência" dos paulistas, dado o caráter de sua obra, aos seus atos de bravura, arrojo e, sobretudo, fidelidade quase cega. Em nenhum instante Azevedo Marques, neste verbete ou em qualquer outro, insistiu nas diversas divergências entre os paulistas, ou parte deles, e a Coroa – em tempos de Colônia ou de Império –, as quais, diga-se de passagem, não foram poucas.

Assim como Varnhagen em sua *História geral do Brasil* e o Brigadeiro Machado D'Oliveira no compêndio de textos editado na década de 1860, Azevedo Marques preferiu falar dos sucessos dos paulistas e de sua importância para a expansão e consolidação territorial da América Portuguesa do que lembrar das sucessivas disputas entre os colonos de Piratininga e a administração colonial (que somente no tocante à administração dos indígenas já renderia inúmeras páginas), bem como de pobrezas ou riquezas de São Paulo.

Ao longo do período colonial, a presença dos paulistas no conjunto da colônia recorrentemente pendulou entre a extrema fidelidade e a rebeldia, assim como a insistência em sua riqueza ou pobreza dependia da conjuntura e nas disputas nas quais estavam envolvidos. Em um intenso jogo de representações e retórica, os paulistas podiam encontrar-se ora num extremo da balança, ora em outro.[34]

Vale notar que nos três autores, Varnhagen, Machado D'Oliveira e Azevedo Marques, o bandeirismo é ressignificado, não é tomado mais como flagelo, como sangradouro de homens para as Minas Gerais, como foi em Frei Gaspar da Madre de Deus, mas como glória, contribuição, sacrifício paulista – quase como ato consciente e caução da fidelidade – para a construção e afirmação de uma espécie de destino manifesto, que culmina com a independência e a formação do Império do Brasil. Império – como vimos – intimamente associado à ação dos Bragança e à manutenção da monarquia.

Assim, não me parece fortuito ou apenas um ato de generosidade que, postumamente, a obra de Azevedo Marques tenha sido publicada pelo IHGB por indicação direta do Imperador Pedro II. Assim como a obra de Machado D'Oliveira, *Apontamentos...* operava sutilmente uma reordenação da interpretação a respeito da história de São Paulo e de sua posição diante do Império.

---

33 ELLIS JR. Alfredo, *Raça de gigantes: a civilização no planalto paulista*. São Paulo: Hélios, 1926.

34 SOUZA, Laura de Mello e. *O sol e a sombra: política e administração na América Portuguesa do século XVIII*. São Paulo: Companhia das Letras, 2006.

E agora, João...

Enquanto isso, a obra de Varnhagen, que se mantivera algo abandonada na segunda metade do século XIX, era projetada novamente pelo historiador cearense João Capistrano de Abreu, o qual não somente se tornou grande comentador da obra de Porto Seguro, como foi figura chave na organização das ideias a respeito da trajetória de São Paulo que vinham desde o final do século XVIII, organizando-as num movimento coerente para ele.

A terceira edição da obra de Varnhagen não foi concluída por conta de seu falecimento; apenas com Capistrano de Abreu o projeto seria retomado. Sabe-se que desde 1902, pelo menos, representava um projeto pessoal e prioritário para o historiador cearense.[35]

Mas por que retomar Varnhagen quando me proponho a tratar de Capistrano de Abreu? Poderia dizer que é porque a "tradição historiográfica brasileira" assim o consagrou, mas, em verdade, é porque de fato as obras dos dois historiadores mantêm entre si nexos significativos e Capistrano de Abreu teve um papel fundamental na estruturação das interpretações a respeito da história de São Paulo, coisa que fez por considerar elemento chave em sua própria visão a respeito da história do Brasil e por essa estar tão ligada à obra de Porto Seguro.

Apesar das críticas que Capistrano de Abreu teceu á obra de Varnhagen, às quais já me referi e que ainda veremos na correspondência entre o historiador cearense e Afonso Taunay, ninguém fez mais pela reabilitação da *História geral do Brasil* do que ele. Sua edição do trabalho de Varnhagen, a terceira, emperrou cinco anos após o início, em 1907, por conta de um incêndio na Companhia Tipográfica Nacional, o qual consumiu anotações de Capistrano e a saúde financeira da instituição. Somente em 1928 a empreitada seria completada, por obra final de Rodolfo Garcia, ironicamente pouco após a morte de Capistrano de Abreu (1927).[36]

Capistrano, diferentemente de outros tantos homens de letras que nasceram e/ou foram criados em ambientes mais próximos à Corte, ou com maior intensidade na produção literária, provinha de fora da capital do Ceará (Maranguape), e sua formação foi espantosamente marcada pelo autodidatismo, tanto nas línguas estrangeiras quanto no conhecimento teórico e metodológico das ciências sociais. Com relação a isso parece sempre ter restado algum ressentimento – ou ressentimento devido a comentários

---

35 AMED, Fernando José. *Op. cit,* p. 15 e seguintes.
36 *Ibidem*, p. 16 e seguintes.

de outros – posto que, já consagrado, resistia ao título de "mestre" com o qual Afonso Taunay carinhosamente tratava o antigo professor de história do Colégio Pedro II, no Rio de Janeiro. Respondia em carta o professor ao ex-aluno: "Mestre, Afonso? Só se for formado pela academia de Xénxém".[37]

Mesmo com seu afastamento da cadeira de Corografia e História do Brasil, em 1899 (a qual ocupara desde 1883), o que o deixou na curiosa condição de "disponível", Capistrano fizera uma carreira efetivamente brilhante: de seus estudos primários dados em Fortaleza e no Recife partiu para o Rio de Janeiro, onde se empregou na Livraria Garnier atuando ainda como colaborador da *Gazeta de Notícias*. Da livraria passou ao serviço da Biblioteca Nacional (1879) e desta para a docência no Colégio Pedro II.[38]

Com a proclamação da República, em 1889, o ensino de história no Colégio Pedro II sofreu severa reformulação, por ordem expressa do novo governo. Recusando-se a adotar as mudanças exigidas, Capistrano de Abreu foi retirado do ofício da docência no colégio e colocado à disposição, situação na qual permaneceu até seu desaparecimento. Efetivamente essa condição significava que o historiador cearense permanecia recebendo seus vencimentos, porém sem poder se aproximar das atividades diretas no colégio. Essa disponibilidade inesperada, por outro lado, permitiu que Capistrano se ocupasse de diversas outras atividades, como a caça sistemática por recursos para reedições de textos há muito esgotados, estudos de linguística indígena, a escrita dos comentários à obra do Visconde de Porto Seguro e a farta correspondência com seus diversos interlocutores.[39]

Embora Capistrano de Abreu seja figura chave na historiografia brasileira, o interesse e a atenção que dou aqui a ele é em função de suas ideias lapidares a respeito da história de São Paulo e a influência que exerceu sobre o pensamento de Afonso Taunay e, mais adiante, Paulo Prado, entre outros que trataram do tema.[40]

---

37 "Carta de Capistrano de Abreu a Afonso Taunay, sem data". In: ABREU, Capistrano de. *Correspondência de Capistrano de Abreu*, vol. 1. Edição organizada e prefaciada por José Honório Rodrigues. 2ª ed. Rio de Janeiro: Civilização Brasileira, 1977, p. 349-350.

38 RODRIGUES, José Honório. "Introdução". In: ABREU, João Capistrano de. *Capítulos de história colonial (1500-1800)*. São Paulo: Publifolha, 2000, p. 1-29.

39 *Ibidem*. AMED, Fernando José. *Op. cit.*, p. 150 e seguintes.

40 AMED, Fernando José. *Op. cit.*, p. 163-166. ARAÚJO, Karina Anhezini. *Um metódico à brasileira: a história da historiografia de Afonso Taunay (1911-1939)*. Tese de doutorado. Franca, FHDSS/

Como Capistrano de Abreu concebeu uma história "brasileira", ou seja, pensando na integração das regiões pertencentes à América Portuguesa, as proposições a respeito da história de São Paulo compõem um conjunto, um todo lógico no qual dinâmicas "regionais" se influenciam mutuamente. Portanto, uma contemplação plenamente justa das interpretações de Capistrano de Abreu a respeito de São Paulo exigiria o estudo de sua interpretação da história geral da América Portuguesa e do Brasil, coisa que está muito além das possibilidades e do desejo deste trabalho. Sendo assim, e sabendo desta limitação, apenas indico elementos pontuais que diretamente tratam da história de São Paulo, sem me estender em considerações mais amplas a respeito da obra e do pensamento do historiador.

Uma das considerações que penso serem fundamentais é a da originalidade da organização interpretativa de Capistrano de Abreu, não em *Capítulos de história colonial*, mas em *Caminhos antigos e povoamento do Brasil*. Escreveu ele:

> Ao tempo em que conquistadores se batiam contra os índios de Paraguaçu e Ilheos, prosperava a volta de S. Paulo grande número de villas: Mogi das Cruzes, Parnahiba, Taubaté, Guaratinguetá, Itu, Jundiahi, Sorocaba, são todas anteriores a 1680, anteriores ao grande êxodo que assignalou o último quartel do século XVII. Cada uma das villas extremas demandava destino diverso: as villas do Parahiba do Sul apontavam para as próximas Minas Geraes, como Parnahiba e Itu apontavam para Mato Grosso, como Jundiahi apontava para Guaiaz, e Sorocaba para os campos de pinheiros em que surgia Curitiba.
>
> [...]
>
> Offereceu-se a Arthur de Sá para abrir communicação directa com o Rio um paulista, Garcia Rodrigues Paes, filho de Fernão Dias Paes, o governador das esmeraldas. Isto fez partindo dos descobertos já lavrados, beirando o Parahibuna até o Parahiba do Sul e transpondo a divisória deste até o rio Morobahi ou Pilar, traçado em parte coincidente com a via férrea que já não se chama Pedro II e com a de Melhoramentos a esta reunida. Data dahi a ruptura das matas, feita por mãos alheias (o fluminense é incapaz de dizer "sape" a um gato, escreve alguém que os conversou), o florescimento

---

Unesp, 2006. PRADO, Paulo. *Paulistica, etc.* São Paulo: Companhia das Letras, 2004. RODRIGUES, José Honório. *Op. cit.*

do Rio de Janeiro, que em 1711 já fornecia opimo espolio ao corsário Duguay-Trouin.

A obra anti-paulistica de Garcia foi continuada por seu cunhado Manuel da Borba Gato, que se estabeleceu no rio das Velhas.[41]

Note-se que Capistrano insiste na importância das atividades bandeirantes para a expansão e consolidação do território, porém, diferentemente de Frei Gaspar da Madre de Deus – que via nessas andanças uma desgraça para São Paulo, pois "sangrou" sua população –, entendia a "exaustão" paulista como o resultado de quem desenvolve tarefa hercúlea. Nisso presta tributo à interpretação elaborada por duas figuras que eram referências ao seu trabalho tanto quanto o beneditino e seu primo linhagista: Machado D'Oliveira e Varnhagen. Capistrano de Abreu, assim, se mostrava tributário dessas referências e, curiosamente, menos antagônico a Varnhagen do que se puderia imaginar, tomando suas próprias críticas como parâmetro. Uma diferença significativa, porém, há entre as interpretações criadas por Capistrano de Abreu, Varnhagen e Machado D'Oliveira: enquanto os dois últimos tenderam a amenizar ou mesmo omitir as inúmeras desavenças entre os paulistas e a administração colonial, Capistrano, por outro lado, faz questão de enfatizá-las, inclusive como nota da perseverança paulista, a qual foi capaz de, apesar da Coroa, realizar tarefa tão gigantesca.

Também é significativo o apreço que Capistrano de Abreu tinha pelas figuras de Pedro Taques de Almeida Paes Leme e Frei Gaspar da Madre de Deus, a qual se manifestava, inclusive, nas indicações de leitura aos "orientandos", como Afonso Taunay (o qual seria um dos maiores comentadores das obras dos paulistas setecentistas), Paulo Prado e Guilherme Studart, e até mesmo no batismo de projetos pessoais.

No começo da década de 1880, já funcionário da Biblioteca Nacional e profundamente frustrado com o ambiente do IHGB (a respeito do qual dizia que, dos 187 membros na ocasião não mais do que 26 seriam de alguma utilidade para a escrita de uma história do Brasil), Capistrano chegou a propor a criação de uma sociedade formada por aproximadamente 20 membros, dedicados à renovação historiográfica brasileira. A essa associação daria o nome de *Clube Taques* em homenagem ao linhagista paulista.[42]

---

41 ABREU, João Capistrano de. *Caminhos antigos e povoamento do Brasil*. Rio de Janeiro: Livraria Briguiet/Sociedade Capistrano de Abreu, 1930, p. 66-71.

42 GONTIJO, Rebeca. "História e historiografia na correspondência de Capistrano de Abreu". *Revista História*, Franca – Unesp, vol. 24, nº 2, 2005, p. 8-9.

Em carta a Antonio Joaquim de Macedo Soares, confidenciava Capistrano:

> Estou tratando da fundação de uma sociedade histórica, menos pomposa e menos protegida que o Instituto Histórico, porém quero ver se mais efetiva. Há de intitular-se Clube Taques, em honra de Taques Paes Leme, e deve ocupar-se quase que exclusivamente das bandeiras e bandeirantes, caminhos antigos, meios de transporte e história econômica do Brasil. O meu plano é começar pelo século XVI, tomando os impressos e manuscritos conhecidos e utilizáveis, e incumbindo cada sócio de examinar um ou mais.[43]

Bastante significativo o comentário do historiador cearense, então ocupado com as lides da Biblioteca Nacional e das publicações de documentos, mesmo a contragosto do diretor da instituição Saldanha da Gama. As recomendações feitas, anos depois, ao seu ex-aluno do Colégio Pedro II, Afonso Taunay, refletiam temas e preocupações que ocupavam a mente de Capistrano há décadas? Não deixa de ser impressionante a convicção e a persistência com que manteve determinadas diretrizes e preocupações com relação à pesquisa, à escrita e a divulgação da história do Brasil.

Comparando as obras de Capistrano de Abreu e de Varnhagen – depois o veremos em Afonso Taunay –, percebemos que a questão do destino manifesto na formação do Estado nacional brasileiro se mantém, com diferenças de estilo, de ênfase, mas com sua estrutura guardada. Ambos viram a formação do Brasil como um processo "natural", uma consequência dos eventos e processos que vinham sendo gerados há séculos, culminados na Independência do Brasil tendo um Bragança à sua frente. Mais uma vez, Capistrano de Abreu se mostra muito próximo e tributário das interpretações do Visconde de Porto Seguro.

Essa interpretação foi construída e se consolidou não sem inúmeras disputas dentro do IHGB ou em outras instâncias e instituições, mas, seja como for, manteve uma visão profundamente conservadora, a qual, talvez, tenha sido um dos motivos que levou Capistrano de Abreu a seu afastamento da docência no Colégio Pedro II quando da Proclamação da República.[44] A diferença essencial entre as obras de Capistrano de

---

43 ABREU, João Capistrano de. "Carta a Antonio Joaquim de Macedo Soares (1883)". In: *Correspondência de Capistrano de Abreu*, vol. 3. Edição organizada por José Honório Rodrigues. Rio de Janeiro: Civilização Brasileira, 1977, p. 2.

44 AMED, Fernando José. *Op. cit.*

Abreu e Varnhagen está na investigação que o primeiro operou na dimensão "cotidiana", popular da história, na ênfase que deu às movimentações das populações, sobretudo nos sertões da América Portuguesa.

Tanto é algo exagerada a insistência nas divergências entre Capistrano e Porto Seguro que, se não bastasse a verdadeira batalha que o historiador cearense travou para obter a reedição da obra do diplomata, poderíamos lembrar que em diversas circunstâncias, ao tratar dos rumos da pesquisa histórica a respeito do Brasil, o mesmo dizia que as estruturas gerais da história pátria já haviam sido construídas em *História geral do Brasil* e que o avanço no conhecimento poderia ser obtido com o investimento em "monografias conscienciosas" que se ocupassem de capítulos ainda obscuros das histórias regionais ou dos movimentos das populações pelo interior do território. Por isso recriminava Taunay quando este se metia a escrever uma história que considerava digna de um "Porto Seguro", e, ao mesmo tempo, incentivava o aluno e discípulo a estudar com afinco a história das bandeiras paulistas.[45]

Somando esse substrato todo, Capistrano de Abreu elaborou uma linha interpretativa para a história de São Paulo que se coadunava perfeitamente com os quadros da história do Brasil, tanto a de suas próprias convicções quanto as contidas na obra de Varnhagen.[46]

Esse esquema está explicitado em singela carta enviada a Paulo Prado, à guisa de "orientação". Nela Capistrano inseriu um desenho de uma única linha, formando uma onda na horizontal. O desenho começa em curva ascendente, seguido de uma curva descendente e, novamente, uma curva ascendente. As curvas representam os momentos da história paulista: o começo no planalto, com a fundação da vila de São Paulo e o contato com os indígenas, seguido de um progressivo avanço colonial – a curva ascendente – manifestado pelo bandeirantismo e seus inúmeros feitos. Após atingir o ápice tem início o declínio: a crise do apresamento no final do século XVII, o êxodo populacional em direção às Minas Gerais, a extinção administrativa da capitania, em 1748, a qual é o fundo da curva. Com a restauração administrativa, em 1765, ocorre o novo ponto de inflexão, com nova ascensão da curva, impulsionada pelo renascimento do comércio e da agricultura na capitania, com o açúcar, as novas obras. Essa nova curva ascendente culmina com o surgimento da cultura do café, momento que se envolve e

---

45 ARAÚJO, Karina Anhezini. *Um metódico à brasileira: a história da historiografia de Afonso Taunay (1911-1939)*. Tese de doutorado. Franca, FHDSS/Unesp, 2006, p. 44 e seguintes.

46 PRADO, Paulo. *Paulística, etc.* São Paulo: Companhia das Letras, 2004, p. 58 e seguintes.

se confunde com a Independência do Brasil e a participação paulista nesse movimento. Fim do desenho.

Curiosamente, Capistrano de Abreu não segue sua linha adiante, até porque no momento em que escreve para Paulo Prado, no começo da década de 1920, grupos paulistas estavam consolidados no poder federal, e – nos traços gerais – a curva ascendente traçada pelo historiador ainda não cessara de subir. Esse itinerário, aliás, é o que o historiador cearense adotara ele próprio na construção da narrativa em *Caminhos antigos e povoamento do Brasil*.[47]

Creio que possa dizer que os dois primeiros movimentos da "onda" explicativa de Capistrano são tributários profundos de Frei Gaspar da Madre de Deus – nascimento, desenvolvimento e declínio de São Paulo –, e o terceiro movimento, a curva ascendente, a recuperação e participação dos paulistas na construção do Império, ele deve muito a Varnhagen e Machado D'Oliveira, além de uma liberdade proporcionada pelo fato de ser uma testemunha ocular dos anos finais do regime monárquico.

De qualquer modo, Capistrano de Abreu sintetizou a linha evolutiva da história de São Paulo entre o final do século XIX e começo do XX, seja em seus textos ou na correspondência com seus discípulos e interlocutores, se valendo de elementos que se sedimentaram desde Frei Gaspar da Madre de Deus, no final do século XVIII, passando por Varnhagen e o Brigadeiro Machado D'Oliveira, em meados do século XIX. Essa estrutura seria ainda acrescida de outros elementos, como veremos adiante.

Mais uma vez a construção das interpretações a respeito da história de São Paulo oscilaria entre os interesses e disputas internas, como fora com Frei Gaspar e Pedro Taques, e outros interessados na inserção de São Paulo nos quadros do Império, sua relação com as demais regiões e com o poder imperial. O admirável é a plasticidade que essa matéria comum ofereceu para que tantos e tão diferentes interesses e contextos conseguissem se apropriar gradativamente dela.

---

47   ABREU, João Capistrano de. *Caminhos antigos e povoamento do Brasil*. Rio de Janeiro: Sociedade Capistrano de Abreu/Livraria Briguiet, 1930. Os artigos que compõem o livro apareceram um a um no *Jornal do Comércio* a partir de 1899.

Política e narrativa histórica: o final do século XIX em São Paulo e a formação do IHGSP

Voltando ao ambiente interno da província de São Paulo, no mesmo período em que Capistrano de Abreu desembarcava na capital federal, o cenário da produção literária passava por uma organização, uma aglutinação de escritores que seria de fundamental importância para a construção das interpretações a respeito da história paulista nas décadas seguintes.

Em 1876, José Maria Lisboa lançava seu *Almanach litterário de São Paulo,* o qual, ao longo dos nove anos seguintes, se tornou paulatinamente o centro atrator de escritores, políticos, intelectuais da província de São Paulo. Em grande medida o *Almanach* acompanhou em sua década de existência o grande salto da lavoura e da economia do café, com suas implicações na expansão das áreas agricultáveis, na construção de fortunas, na aceleração das alterações materiais na cidade de São Paulo, com o estabelecimento de novos bairros com novas populações.[48]

Apesar da publicação ter tido papel importante na organização da intelectualidade paulista, sobretudo por abrir espaço em suas páginas para assuntos que cabiam menos nos veículos de imprensa tradicionais, mais devotados aos temas políticos, o elemento que mais me interessa em sua trajetória é justamente o de ter criado um substrato, uma base sólida, formada por esses homens de letras (políticos, comerciantes de grosso trato, jornalistas, cientistas, fazendeiros ilustrados), que possibilitaria a criação sobre fundamento consolidado do Instituto Histórico e Geográfico de São Paulo em 1894.

Não somente o *Almanach litterário de São Paulo* foi importante, como o próprio José Maria Lisboa foi um dos responsáveis pela organização e adesão de inúmeros antigos colaboradores de seu almanaque para com o nascente IHGSP.

Na sessão de fundação do instituto, realizada na Faculdade de Direito do Largo de São Francisco – o que em grande medida definia e denunciava as origens de seus integrantes –, figuras oriundas do *Almanach*, como Manoel Ferraz de Campos Salles, Antonio Ribeiro de Andrada Machado e Silva, Martim Francisco Ribeiro de Andrada e Sobrinho, Augusto César Miranda de Azevedo, Manuel Ferreira Garcia Redondo, Prudente de Morais Barros, além do próprio José Maria Lisboa, compunham a lista dos vinte membros fundadores do IHGSP, dos 139 constantes, que colaboraram com a antiga publicação desaparecida em 1885.[49]

---

48 FERREIRA, Antonio Celso. *A epopéia bandeirante: letrados, instituições, invenção histórica (1870-1940).* São Paulo: Editora Unesp, 2002, p. 29 e seguintes.

49 *Ibidem*, p. 93.

Vale lembrar que, embora nas páginas do almanaque de Lisboa aparecessem textos absolutamente diversos – notícias geográficas, botânicas, cartográficas, curiosidades em geral, poemas, ditos populares, dados da província, eclesiásticos, discursos, orações etc. –, boa parte dos textos era de cunho histórico – biografias de paulistas, memórias, curiosidades históricas, documentos, estudos históricos, contos históricos –, os quais, reunidos, respondiam por aproximadamente 30% do conteúdo ao longo de seus nove anos de existência. Em percentagem, os trabalhos de orientação histórica ficavam atrás somente atrás das poesias, as quais respondiam, sozinhas, por aproximadamente 36,6% do conteúdo. Contudo, se as poesias apareciam em maior número, os textos históricos ocupavam certamente mais páginas do almanaque.

Assim, é bastante compreensível que, na fundação do Instituto Histórico e Geográfico de São Paulo, um grupo significativo de colaboradores do *Almanach Litterario de São Paulo* tenha aderido e afiançado a instituição dedicada plenamente à história paulista.

Manuel Salgado Guimarães indica alguns elementos, num texto seu a respeito da conformação do meio intelectual brasileiro no século XIX e começo do XX,[50] que nos são valiosos para a compreensão da questão do IHGSP.

Diferentemente de boa parte da Europa, no Brasil a intelectualidade, no século XIX e começo do XX, se organizou dentro dos Institutos Históricos e Geográficos, processo que tem inicio com a fundação do IHGB em 1838 e se estende até a década de 1940 quando da criação de Institutos Históricos em Minas Gerais, Goiás e Paraíba.[51] Estas organizações não somente tiveram um papel acadêmico e científico, como constituíram universos de sociabilidade de grande importância tanto para o reconhecimento do mérito pessoal (político, intelectual) quanto na projeção para alçar outras posições na sociedade. Fazer parte de um Instituto Histórico e Geográfico significava reconhecimento e acolhimento do indivíduo num novo grupo – agora de pares, unidos pelas letras e pela ciência –, dentro do qual se consolidava o perfil intelectual do membro, inseria-o em debates específicos e o colocava em contato ainda mais próximo com outras figuras proeminentes.

---

50 GUIMARÃES, Manoel L. Salgado. "Nação e civilização nos trópicos: o Instituto Histórico e Geográfico Brasileiro e o projeto de uma história nacional". *Estudo Históricos*, Rio de Janeiro, vol. 1, s/n, 1988, p. 5-27.

51 FERREIRA, Antonio Celso. *Op. cit.*, p. 110.

Boa parte dos debates que ocorriam no seio dos Institutos nos pareceria, hoje, filigranas bizantinas, mas, tanto quanto debates de conhecimento, essas disputas guardavam dimensões ideológicas e retóricas, desdobramentos da formação pregressa da grande maioria de seus sócios. Uma das disputas ocorrida no IHGSP por exemplo, a qual envolveu vários de seus sócios como Afonso de Freitas, Von Ihering, Ermelindo Leão, Washington Luís e Teodoro Sampaio, dizia respeito à real identidade étnica do grupo indígena que ocupava o planalto paulista à época da fundação da vila de São Paulo. Entre alegações de serem *guayanás, goyanás, goyás* ou algo semelhante, surgiam aqui e ali argumentos que tinham, por fim, dar aos paulistas uma genealogia nativa de perfil empreendedor, pacífico e não hostil, guerreiro, por fim, selvagem. Debate científico, endossado pelo linguista diletante Sampaio, mas que carreava todo um rol de elementos ideológicos.[52] Recorrentemente os debates denunciavam a formação dos contendores, dadas as longas argumentações cheias de recursos retóricos, réplicas, tréplicas e invocações de detalhes de ourivesaria.

Quando da formação do IHGSP, em 1894, o mundo das letras em São Paulo certamente não era dos mais variados, assim era razoável que no surgimento do instituto esses homens, oriundos das Arcadas da São Francisco (o número de mulheres durante décadas foi absolutamente diminuto, podendo ser contadas nos dedos, e em sua totalidade esposas ou filhas de outros sócios), se tornassem a base fundadora e o principal manancial de recrutamento de novos sócios.

De acordo com o levantamento realizado por Antonio Celso Ferreira, através da análise do perfil dos associados do IHGSP de sua fundação até a década de 1940, os egressos da Academia de Direito do Largo de São Francisco compunham a maioria esmagadora dos sócios do Instituto.[53] O curso de Ciências Sociais do Largo de São Francisco (depois com o nome alterado para de Direito) foi o primeiro em São Paulo a instituir oficialmente uma disciplina dedicada à história, ao qual despertava significativo interesse em seus alunos. Muitos dos egressos da São Francisco, tornados políticos, empresários, capitalistas de diversos modos, mantiveram aceso seu interesse pela matéria bem como alguma atuação na área, a qual não se organizava em torno de

---

52 *Ibidem,* p. 140 e seguintes.
53 *Ibidem,* p. 103.

profissionais com formação específica, mas dentro do imenso espectro da ilustração que caracterizava o período.[54]

Mais do que isso, tal formação demonstrava preparo, origem, tradição, raízes que indicavam a solidez de uma personalidade, ainda mais quando esta estava ocupada com assuntos públicos.

A consolidação do IHGSP a partir dessa significativa quantidade de oriundos da São Francisco, membros da hierarquia eclesiástica de São Paulo, médicos, jornalistas, militares e literatos (todos estes últimos em números reduzidos) denotava a importância que a instituição possuía como círculo de pares, de elementos que pertenciam majoritariamente às elites, que legitimavam uns aos outros, apesar de divergências, diferenças de formação, de envolvimento com o instituto. De certa forma, escrever a respeito da história de São Paulo, ou, ao menos, pertencer a uma instituição que se dedicava ao estudo dela atribuía distinção aos envolvidos.

Também, é claro, estavam envolvidas dimensões pessoais, genealógicas, com esses trabalhos históricos. Se nem todos os membros do IHGSP podiam se dizer oriundos de famílias tradicionais paulistas, os que não podiam tratavam de se associar a estes ou de criar para sua própria família ou grupo uma associação importante com a história de São Paulo. Deste modo, a participação, o envolvimento e a escrita da história no âmbito do Instituto Histórico e Geográfico de São Paulo compunham atos eminentemente políticos, de grande significância nas elites paulistas.

Os Institutos Históricos e Geográficos regionais surgiram com propostas de fazer frente ao IHGB não somente em termos de produção científica, acadêmica, mas, sobretudo, para construir interpretações regionais para a história do Brasil.[55] O próprio IHGSP no primeiro número de sua revista colocava como meta da instituição "escrever uma história do Brasil a partir de São Paulo", tarefa a que se dedicaram com afinco. Com isso, parece que os textos a respeito da história do Brasil que circulavam e que tinham maior influência não davam a São Paulo e aos paulistas a importância ou a dimensão que os membros do IHGSP desejavam.

Entre outras tarefas, como a de comemorar efemérides paulistas, desvendar mistérios regionais (como a localização do túmulo de Diogo Feijó), promover sessões

---

54 GUIMARÃES, Manuel L. Salgado. "Nação e civilização nos trópicos: o Instituto Histórico e Geográfico Brasileiro e o projeto de uma história nacional" *Estudos Históricos*. Rio de Janeiro, vol. 1, 1988, p. 5-27.

55 FERREIRA, Antonio Celso. *Op. cit.*, p. 110 e seguintes.

solenes, homenagens, o IHGSP se tornou um centro de produção e publicação bastante significativo entre 1896 e 1932, quando, após a derrota paulista no levante militar contra o governo de Getúlio Vargas, a subvenção estatal que mantinha a instituição foi cortada a título de punição pelo explícito apoio e incitamento à revolta. Durante essas três décadas o Instituto Histórico e Geográfico de São Paulo publicou ou colaborou para a publicação de diversas obras raras e pouco acessíveis (como textos de Anchieta, Manoel da Nóbrega, dos autores setecentistas etc.), além de sua revista, a qual inaugurou a publicação ainda no século XIX de inventários e testamentos de São Paulo, ação importante para incentivar a preservação e o estudo desses documentos, como veremos adiante.

No mesmo período o IHGSP se valeu fartamente do fato de inúmeros políticos paulistas terem composto seu quadro de sócios para obter recursos utilizados em suas atividades. Alguns desses políticos, como Prudente de Morais e Washington Luís, tiveram atuação real e efetiva dentro do instituto, refletindo sua formação na São Francisco e a ilustração que valorizavam. Por isso a participação desses homens no IHGSP era composta de duas relações de interesse muito intensas: não só proporcionavam recursos financeiros e materiais para a instituição como se nutriam de um aparato ideológico que era parte do conjunto de ferramentas que levavam para suas carreiras políticas.

Também dentro do instituto se sensibilizavam para demandas e necessidades da preservação, estudo e difusão da história paulista, como no caso da preservação dos citados inventários e testamentos durante a gestão de Washington Luís frente à prefeitura da cidade de São Paulo (1914-1917 e depois 1917-1919), a conclusão das obras internas do Museu Paulista e do Monumento à Independência ou a construção dos marcos e monumentos na Estrada Velha para Santos, quando o mesmo era governador do estado de São Paulo (1920-1924). Ainda enquanto prefeito de São Paulo encomendou a confecção do brasão e da bandeira da cidade, obras realizadas por José Wasth Rodrigues, o qual venceu o concurso aberto para tal finalidade. O mesmo Wasth Rodrigues, que se tornou a partir de então membro do IHGSP e figura presente em diversas ações, confeccionou os murais de azulejos que ilustram os marcos da Estrada Velha com cenas da participação paulista na Independência do Brasil. Note-se que sempre a história de São Paulo e a história do Brasil se entrelaçam nessas ações, de modo a enfatizar e externar a percepção de que São Paulo foi o berço da nação.

Mesmo depois do fim dos investimentos oficiais no instituto, sua produção e, ainda mais, sua influência na produção historiográfica a respeito de São Paulo permaneceu absolutamente relevante, em verdade quase hegemônica.

A criação da Universidade de São Paulo, em 1934, que poderia, num primeiro momento, sugerir a criação de um núcleo relativamente autônomo de produção de conhecimento, ou de emprego de métodos, teorias e pressupostos diversos daqueles correntes no IHGSP, exigiu a convocação de inúmeros intelectuais do instituto para compor seu quadro de docentes, o que proporcionou mais uma instância de atuação e difusão das ideias já consolidadas. E esse quadro se manteve ainda durante décadas.

Kátia Maria Abud, investigando a atuação e à escrita dos membros do IHGSP, identificou toda uma operação – a qual não se resumia a escrita textual da história – para a construção do que chamou de "mito do bandeirante"[56] e da exaltação das antigas linhagens familiares paulistas. Ilana Blaj, nos anos de 1990,[57] e Maria Aparecida Borrego, já nos anos de 2000, demonstraram uma animação econômica e, sobretudo, mercantil na cidade de São Paulo que em grande medida destoa da bibliografia tradicional, a qual observamos até aqui, e que demonstra dimensões muito mais dinâmicas do cotidiano paulistano nos século XVII e XVIII.

Antonio Celso Ferreira esmiuçou o ambiente de produção do instituto e a atuação de diversos de seus membros na escrita da história e na construção da memória a respeito do passado paulista.[58] Em tempos mais recentes, também a ênfase na suposta pobreza paulista tem sido posta em xeque, ainda que os trabalhos publicados não tenham avançado nos porquês dessa construção historiográfica.[59] Ou seja, inúmeros aspectos da vida paulista e paulistana nos séculos XVII a XIX vêm sendo revisados, demonstrando isoladamente, ou decorrentemente, uma imensa obra de construção da memória paulista. Contudo, seja por não ser o objeto principal da investigação ou por

---

56 ABUD, Kátia Maria. *O sangue intimorato e as nobilíssimas tradições. A construção de um símbolo paulista: o Bandeirante*. Tese de doutorado. São Paulo, FFLCH/USP, 1985.

57 BLAJ, Ilana. *A trama das tensões: o processo de mercantilização de São Paulo colonial: 1681-1722*. São Paulo: Humanitas/Fapesp, 2002. BORREGO, Maria Aparecida de Menezes. *A teia mercantil: negócios e poderes em São Paulo colonial (1711-1765)*. Tese de doutorado. São Paulo, FFLCH/USP, 2006.

58 FERREIRA, Antonio Celso. *Op. cit.*

59 MOURA, Denise A. Soares de. *Sociedade movediça: economia, cultura e relações sociais em São Paulo – 1808-1850*. São Paulo: Editora Unesp, 2005. ARAÚJO, Maria Lucília Viveiros de. *Os caminhos da riqueza dos paulistanos na primeira metade do oitocentos*. São Paulo: Hucitec/Fapesp, 2006.

se ater apenas a um aspecto (o bandeirante, a pobreza, a paisagem etc.), as pesquisas não identificam a dimensão essencial que une todos esses elementos esparsos.

Apesar de determinados símbolos, ou momentos, processos, eventos da história paulista concentrarem mais interesse dos homens que escreveram a história de São Paulo desde o final do século XVIII, mas com especial afinco entre o final do século XIX e começo do XX (diga-se, os membros do IHGSP), o fato é que todos eles compunham um grande épico paulista, com cada elemento possuindo importância na estruturação do todo.[60]

A glorificação da figura do bandeirante, das antigas famílias de São Paulo, a crise do século XVIII, o "renascimento" da capitania, entre outros, formavam um teatro da história, com seus protagonistas, cenários, tramas e dramas, confluindo para um presente de vitória, de grandeza, de apogeu. Apogeu, claro, interrompido em determinados momentos pela "incompreensão" ou "ingratidão" do restante da nação.

Os elementos que não se adequavam momentaneamente aos interesses políticos dos grupos que controlavam tanto o Estado quanto o IHGSP eram engavetados temporariamente (como os rancores de Frei Gaspar para com "filhos do nada", gente estrangeira que não pertencia às famílias tradicionais de São Paulo), para depois serem reinterpretados; desapareciam ou eram exorcizados, atenuados pelo distanciamento temporal (como no caso da extinção administrativa da capitania de São Paulo), mas passíveis de serem invocados a cada nova rusga entre grupos paulistas, entre elas com as de outras regiões, ou de todas ao mesmo tempo. Assim, enquanto no cenário nacional a manutenção dessas interpretações atendia a interesses múltiplos, no plano interno de São Paulo a escrita da história estava associada à manutenção e consolidação do poder, ascensão e inserção familiar ou pessoal em tão restrito grupo.

Veremos dois casos exemplares a respeito da inserção que tal procedimento proporcionava, o primeiro deles de um baiano e negro que utilizou também da escrita da história de São Paulo para se consolidar no meio da intelectualidade paulista entre o final do século XIX e começo do XX.

---

60   FERREIRA, Antonio Celso. *Op. cit.*, p. 267-352.

Teodoro Sampaio

Em 1855 nasceu em Santo Amaro da Purificação, na Bahia, Teodoro Fernandes Sampaio. Filho de mãe escrava e pai branco (padre, além do mais), Sampaio foi educado entre a Bahia, São Paulo e Rio de Janeiro. Em 1864 já estava em São Paulo e de lá se mudou ao Rio de Janeiro onde, anos depois, cursou engenharia no Colégio Central.

Formado, compôs a equipe de Orville Derby nas obras do rio São Francisco. Também a convite deste, Sampaio retornou a São Paulo em 1886 para cuidar da Comissão Geológica que mapearia o território da província. Quatro anos depois passou a compor a empresa Cantareira, responsável pelas obras de abastecimento da cidade de São Paulo. Entre 1898 e 1903 chefiou a Comissão de Saneamento do Estado de São Paulo, cujas principais tarefas eram a retificação dos rios da capital (Tietê e Tamanduateí) e a construção de obras de saneamento em Santos.

Apesar de sua intensa vida como engenheiro e geógrafo, não é esse aspecto que mais nos interessa aqui. Teodoro Sampaio foi figura crucial no meio intelectual de seu tempo; interessado por múltiplos aspectos da geografia e da história brasileira, se debruçou sobre a importância dos saberes indígenas na construção das culturas na América portuguesa, catalogou e estudou pinturas rupestres e artefatos indígenas e pré-históricos encontrados no território brasileiro, auxiliou no estudo dos rios do nosso território nacional, colaborou com Euclides da Cunha e foi influência chave na constituição de *Os Sertões*, sobretudo nos aspectos geográficos os quais conhecia bem, como baiano de nascimento e como colaborador de Derby.

Nesse entremeio, em 1894, ajudou a criar o Instituto Histórico e Geográfico de São Paulo, compondo sua primeira geração de pensadores. Foi nessa época que escreveu:

> Em 1807 (sic), quando Mawe a visitou e descreveu, a sua posição quase insular sobre a colina, e a sua extensão edificada pouco se modificaram do que foram no fim do século XVI.
> A população, de certo, estava aumentada, computando-se em 15 ou 20 mil o número dos seus habitantes.
> A cidade, porém, muito pouco mudara.
> Os melhoramentos iniciados em 1781 por Francisco da Cunha Menezes, como, por exemplo: o calçamento das ruas e praças com o limonito vermelho e duro, abundante nos campos vizinhos: o aterrado do Carmo com sua ponte de pedra através da várzea; a abertura da rua que depois se

denominou da Constituição, descendo para o Tamanduateí, tinham, é certo, encontrado continuadores prestantes em Chichorro da Gama, que manda abrir a rua de São José e construir em 1781 a ponte sobre o Anhangabaú, em Bernardo José de Lorena, que prossegue com os calçamentos, constrói o quartel da cidade, levanta um chafariz no Largo da Misericórdia, constrói a Ponte do Açu e, em 1794, manda construir de pedra a ponte que se denomina do Lorena e hoje do Piques; tais melhoramentos, repetimos, não tinham conseguido dar a cidade um impulso assinalado, porquanto em 1809, quando se cria a Paróquia de Santa Efigênia, para além do Anhangabaú, tão insignificante é o número das edificações, aliás dispersas por esse lado, que mais parece um subúrbio pobre do que um real prolongamento da cidade. Nas quintas e habitações que aí se contam isoladas, ou dispostas ao longo dos caminhos tortos e sem calçadas, não há senão pobreza, e, dentro dos amplos cercados que lhes constituem as dependências, não se vêem senão os vistosos laranjais com seus pomos amarelos, ruins, as formosas jabuticabeiras que dão a fruita por excelência, e os grupos pitorescos dos pinheiros araucária, sobre cujos galhos horizontais, retilíneos, pousam aves negras com as asas pandas ao sol.

[...]

No alto do espigão, ao sul, onde vai ter a colina sobre que se assenta a cidade, e donde descem as águas do Lava-pés, do Anhangabaú e de outros ribeiros que regam os subúrbios, observa-se ainda a mata primitiva com seus paus reais, propriedade que fora de Fernão Dias e de Pedro Taques, e que por tantos anos se tornara objeto de porfiado litígio entre esse notável cronista e o senado da câmara de São Paulo.

[...]

O interior é amplo, pouco iluminado e de aspecto monacal. O mobiliamento escasso e feio, feito de cedro e couro lavrado, ou de jacarandá, exibe peças de valor, mas sem elegância.[61]

Teodoro Sampaio inicia sua descrição da cidade de São Paulo invocando o testemunho de Mawe; comparando dois momentos da história da cidade – o século XVI e o começo do XIX –, conclui que "pouco mudara".

---

61 SAMPAIO, Teodoro. *São Paulo no século XIX e outros ciclos históricos*. Petrópolis: Vozes/Secretaria de Cultura, Ciência e Tecnologia do Estado de São Paulo, 1978, p. 69-72.

A opção de Teodoro Sampaio pelo testemunho do inglês justifica-se, entre outros motivos, por afinidades intelectuais. O geógrafo Sampaio certamente lera o comerciante de pedras preciosas não só por interesse histórico, mas geológico. Mas, se Mawe foi bastante atento às camadas geológicas da cidade de São Paulo, abstiver-se de fazer juízos a respeito de sua história e evolução, e mesmo quando se manifestou o fez de modo elogioso.

Também o geógrafo se vale de descrições encontradas nos textos do inicio do século XIX para descrever a feição material da cidade de São Paulo: suas casas de taipa, sua caiação a tabatinga, seus jardins e pomares, seu mobiliário. Mas a tudo acrescenta juízos que não se encontram nos testemunhos do século XIX: a rusticidade, a simplicidade, os frutos ruins. Os adjetivos, Sampaio acrescenta por conta, provavelmente influenciado pela bibliografia que lera e que ela própria havia estabelecido.

Tomando o texto de Sampaio, temos uma cidade pobre e que destoava de outras no Brasil – como Rio de Janeiro ou Salvador – à mesma época. Pelas datas que indica como as de "inícios das melhorias" (1781, 1794), podemos perceber que ele também toma o período subsequente à restauração administrativa da capitania de São Paulo (1765) como momento de retomada do desenvolvimento paulista, ainda que, ao tratar de Mawe, seja claro ao escrever que ainda no começo do século XIX o quadro pouco se alterara.

Além de seu convívio no ambiente do IHGSP, Sampaio recorreu, além do de John Mawe, aos relatos de estrangeiroscomo Saint-Hilaire, Eshwege (que por ser mineralogista o interessava particularmente), entre outros. Como ele indica no próprio excerto reproduzido acima, também Pedro Taques e Frei Gaspar da Madre de Deus foram lidos e empregados na construção de sua interpretação da história de São Paulo. Apesar da novidade de seu uso das informações geológicas a respeito do sítio da cidade de São Paulo, nos quadros gerais, Teodoro Sampaio não acrescenta ou propõe nada diverso em termos de periodização da história paulista ou da caracterização da capital frente ao que já houvera sido escrito até então. Muito pelo contrário, é na indicação de seus informantes, concordantes, que busca a confiabilidade, a veracidade de seu trabalho.[62] O fato é que, apesar dos aspectos da história e da personalidade de Sampaio que poderiam dificultar sua presença nos ambientes intelectuais de São Paulo, sua adesão ao que Afonso Taunay chamou de "bandeira do passado"[63] lhe proporcionou uma porta de

---

62   *Ibidem*, p. 95.

63   FERREIRA, Antonio Celso. *Op. cit.*, p. 93-148. ARAÚJO, Katina Anhezini de. *Um metódico à brasileira: a história da historiografia de Afonso de Taunay (1911-1939)*. Tese de doutorado. Franca,

entrada e o respeito de seus pares, sem diminuir a importância, obviamente, de sua memorável carreira de geógrafo. Isso, como veremos ainda mais adiante em outro autor fundamental para a construção das interpretações a respeito da história de São Paulo, sugere o quanto a dedicação a esses trabalhos possuíam implicações e motivações muito além do debate científico.

Mas, não era apenas no círculo de intelectuais, ou no círculo do IHGSP, que escritores se dedicavam à pesquisa e à escrita sobre a história paulista, como veremos em Antonio Egidio Martins.

Antonio Egidio Martins ou um Azevedo Marques nos jornais

Mesmo Afonso Taunay tendo insistido na influência da obra de Azevedo Marques na constituição dos estudos a respeito da história de São Paulo, um outro trabalho, de caráter bastante diferenciado, parece ter promovido maior interesse dos escritores das primeiras décadas do século XX. Enquanto as obras de Varnhagen, Capistrano de Abreu, Azevedo Marques Machado D'Oliveira transitavam num universo bastante restrito de letrados interessados pelo tema da história do Brasil em geral, e da de São Paulo em específico, outras morfologias da escrita da história tinham uma circulação razoavelmente mais ampla. Não que a leitura nos primeiros anos do século XX tenha se difundido espantosamente, mas o grupo de alfabetizados crescia sem a menor dúvida. Os jornais de São Paulo alimentavam suas páginas não somente com textos políticos ou sobre a economia, mas também de uma grande gama de variedades, entre elas a história da cidade de São Paulo. Essa morfologia de texto histórico foi fundamental para a difusão de ideias, interpretações, pressupostos que foram ao longo do tempo formando a opinião do cidadão comum, criando um imaginário a respeito do passado da cidade.

Entre os anos de 1905 e 1910, Antonio Egidio Martins, funcionário de carreira da Repartição de Estatística do Arquivo do Estado de São Paulo, assinou uma coluna no *Diário Popular* a respeito de peculiaridades da história da cidade de São Paulo. Foi José Maria Lisboa fundador tanto do *Diário Popular* – de 1884 – quanto do *Almanach Litterario de São Paulo* de 1876,[64] quem elaborou o convite a Martins, querendo aproveitar tanto o fascínio que o funcionário do arquivo tinha pela cidade de São Paulo

---

FHDSS/Unesp, 2006.

64 FERREIRA, Antonio Celso. *Op. cit.*, p. 35.

quanto seu profundo conhecimento das singularidades cotidianas da urbe. Anos depois, entre 1911 e 1912, Martins compilou suas colunas e as publicou sob formato de livro, em dois volumes, sob o título de *São Paulo Antigo 1554-1910*.[65]

Um pequeno trecho da obra de Antonio Egidio Martins nos ajuda a perceber seu estilo e sua forma de traduzir o dia a dia na cidade de São Paulo:

> A antiga Igreja da Misericórdia, que existiu no largo do mesmo nome e que era situada no local onde hoje estão os prédios de dois andares ns. 10 A, 10 B e 10 C da Rua Direita, foi, com licença do Bispo Diocesano D. Lino Deodato Rodrigues de Carvalho, demolida em 1888 e o respectivo terreno vendido, pela Irmandade da Santa casa de Misericórdia, pela quantia de 90 contos, a dois capitalistas desta Cidade, que mandaram construir aqueles prédios.
> A mesma Igreja da Misericórdia, que se ignora quem foi seu fundador, já existia em 1703, e nas escadarias de pedra de cantaria que em frente a ela existiam, era o lugar onde se estacionavam, antigamente, à noite, para vender a sua quitanda, as vendeiras de doces, biscoitos de polvilho, bolos de milho socado ou de mandioca puva, pastéis de farinha de milho ou de trigo, saborosos cuscuz de bagre ou de camarão de água doce, empadas de piquira ou lambari, peixe frito, pinhão quente, amendoim torrado, pequenos pedaços de quindungo (amendoim torrado e socado com pimenta comari e sal) e pé-de-moleque com farinha de mandioca e amendoim, os quais eram expostos à venda em pequenos tabuleiros de madeira forrados com alvas toalhas e no centro deles, para alumiar, era colocada uma lanterna de folha de Flandres com uma vela de sebo acesa.[66]

Provavelmente, Martins buscou as informações a respeito das atividades das vendedoras de comida em frente a Igreja da Misericórdia, em sua própria memória – de alguém nascido na própria capital paulista em 1863 – ou em algum documento regulamentando a atividade das mesmas, mas as demais informações – a venda do terreno pelo Bispo Diocesano, a compra por dois "capitalistas" da cidade, a construção

---

65 GASPAR, Byron. "Introdução". In: MARTINS, Antonio Egidio. *São Paulo antigo – 1554-1910*. São Paulo: Paz e Terra, 2003, p. 3-9.

66 MARTINS, Antonio Egidio. *São Paulo antigo – 1554-1910*. São Paulo: Paz e Terra, 2003, p. 285.

de prédios em três lotes – certamente as encontrou nos fundos nos quais trabalhava cotidianamente no Arquivo Estadual.

Desse trabalho diário de leitura, classificação, organização e referenciamento, o escritor adquiriu um conhecimento enciclopédico dos fatos da cidade. Seu texto, embora não seja totalmente despido de tendências e interpretações, prima mais pela "notícia" do que pela reflexão a respeito dela.

Selecionou para suas colunas no jornal ou os aspectos que julgava mais curiosos ou aqueles que diziam respeito aos marcos que acreditava serem os mais significativos da cidade (pessoas, lugares, edifícios, manifestações políticas, sociais ou religiosas). Ou seja, dos elementos que compõem as operações históricas, o mais perceptível no texto de Antonio Egidio Martins é o de natureza axiológica.[67]

Mesmo o tom saudosista que se insinua em seu texto não é suficiente para que o leitor decida a respeito da posição de Martins a respeito da história da cidade. Aliás, a própria organização dos livros, com a compilação de textos que, originalmente, eram autônomos e autossuficientes, não chega a configurar uma "história" da cidade de São Paulo, mas um mosaico de situações, de eventos que juntos constituem um cotidiano passado. Tal autodidatismo do escritor também se manifesta na pouca quantidade de obras históricas ou literárias às quais recorreu. Em seus capítulos aqui ou acolá surgem algumas indicações de leitura dos estrangeiros – Saint-Hilaire, sobretudo – ou algum escritor anterior, como José Jacinto Ribeiro, autor de *Cronologia paulista*,[68] obra editada entre 1899 e 1904. Diga-se de passagem que *São Paulo antigo* em muito se assemelha ao trabalho de José J. Ribeiro, ainda que este tivesse organizado seu trabalho sob forma de cronologia. Tanto as informações contidas em *Cronologia paulista* quanto a abordagem das mesmas foram, certamente, inspirações para Antonio Egidio Martins. Entretanto, ao contrário de *São Paulo antigo*, o livro de Ribeiro, mesmo contando com uma edição sob auspícios do Instituto Histórico e Geográfico de São Paulo, não atingiu grande repercussão na época de seu lançamento, embora com o tempo tenha se

---

67 PIRES, Francisco Murari. *Mithistória*. São Paulo: Humanitas, 1999, p. 147-276.

68 RIBEIRO, José J. *Cronologia paulista ou relação dos factos mais importantes accorridos em São Paulo desde a chegada de Martim Afonso a São Vicente até 1898*. São Paulo: Diário Oficial, 1899-1904 (3 volumes).

tornado livro de referência para quem estudava a cidade de São Paulo, como Spencer Vampré,[69] Richard Morse[70] e Ernani da Silva Bruno.[71]

Com tudo isso, Martins tornou-se uma fonte na qual cada escritor posterior pôde se apropriar livremente, organizando as informações colhidas do modo que estas compusessem a sustentação de suas interpretações. Esse procedimento, como vimos anteriormente na apropriação que Teodoro Sampaio fez do texto de John Mawe, tornou-se, no decorrer do tempo, prática recorrente entre aqueles que escreviam a respeito da história de São Paulo, tanto no trato dos autores estrangeiros do século XIX, como nos textos diversos de Azevedo Marques, José Jacinto Ribeiro e Antonio Egidio Martins. Voltaremos a ver isso nos autores adiante, mas, sobretudo, em Ernani da Silva Bruno.

Contudo, bem como na obra de Azevedo Marques, os textos de Antonio Egidio Martins dissimulam, sob a forma de uma aparente neutralidade e independência, uma seleção de quadros da história da cidade que enfatizam seu aspecto pitoresco, provinciano, quase rural às vezes. Talvez essa seleção, adequada ao jornal para o qual Martins escrevia, por ser de mais fácil difusão entre o público não especializado, tenha – pela ênfase no pitoresco, no curioso – ajudado a acentuar a ideia de rusticidade de São Paulo no século XVIII e boa parte – até meados, pelo menos – do XIX. Também é possível questionar o quanto as reformas na região central da cidade de São Paulo nas primeiras décadas do século XX, que determinaram a demolição de marcos seculares da arquitetura paulista (como a Igreja dos Remédios, a do Rosário dos Pretos, a antiga Sé, entre outros edifícios[72]), imprimiram uma sensação de desaparecimento e perda de identidade para algumas pessoas nascidas e/ou criadas na São Paulo da segunda metade do século XIX. Uma grande quantidade de edifícios remanescentes do século XVIII foi varrida em pouco mais de vinte anos, alterando significativamente a aparência do centro da cidade; tanto para o escritor Martins quanto para muitos leitores, suas colunas no jornal podiam ter uma importância significativa no campo da memória.

---

69 VAMPRE, Spencer. *Memórias para a História da Academia de São Paulo*. São Paulo: Livraria Acadêmica Saraiva & Cia. Editores, 1924.

70 MORSE, Richard. *Formação histórica de São Paulo, de comunidade a metrópole*. São Paulo: Difel, 1970.

71 BRUNO, Ernani da Silva. *História e tradições da cidade de São Paulo: Arraial de sertanistas – 1554-1828*. São Paulo: José Olympio, 1953.

72 ARROYO, Leonardo. *Igrejas de São Paulo*. Rio de Janeiro: José Olympio, 1954. BRUNO, Ernani da Silva. *Almanaque de memórias*. São Paulo: Hucitec, 1986.

Quando da publicação sob formato de livro das colunas de jornal de Antonio Egidio Martins, no início da década de 1910, um Afonso Taunay, recém-chegado a São Paulo, começava a despontar no universo da produção histórica. Sua conferência a respeito dos princípios do trabalho do historiador, proferida em 1911, seria apenas o início de uma carreira longa, profícua e que lhe garantiu lugar na "genealogia" de leituras a respeito do tema. Figura que sintetizava diversas referências, textuais, interpretativas (Taques, Frei Gaspar, Azevedo Marques, Varnhagen, Capistrano de Abreu) e institucionais (o IHGSP e o IHGB), pelas quais passamos ao longo do texto. Mas ele próprio construiu um lugar privilegiado para si nesse concerto, sendo figura chave para todo o período que lhe seguiu. Por isso o meu próximo movimento, e último nessa trajetória, inicia com ele.

CAPÍTULO III

Do IHGSP às comemorações do IV Centenário

ALGUNS AUTORES QUE ANALISEI até aqui, ou melhor, seus textos e estes em relação com seus autores e épocas, permitiram abordagens relativamente mais sucintas: produziram relativamente pouco a respeito da história da cidade de São Paulo (muitos dos estrangeiros), muito de sua produção se perdeu (como Pedro Taques), escreveram de modo bastante homogêneo (a exemplo de grande parte dos memorialistas).

É óbvio que foram indivíduos tão complexos quanto qualquer outro ser humano e seus trabalhos são dignos de investigação cuidadosa, porém existe uma ordem de autores que exige redobro de atenção, seja pela extensão de seu trabalho, pela duração ou permanência de seu pensamento, pela sua influência dentro de um ou de muitos debates, pelas suas múltiplas faces (ainda que guardando a coerência íntima de um indivíduo).

Afonso D'Escragnolle Taunay, certamente, encontra-se nessa segunda ordem de pensadores.

Taunay, o historiador, é uma figura que há muito me interessa e oferece um desafio à compreensão diverso de todos os demais. Também de tantos outros, Afonso Taunay mereceu atenção, porém, creio que mais a obra dele do que as operações históricas que envolveram sua produção atraíram estudos. Alguns trabalhos notáveis se detiveram na ação de Taunay enquanto diretor do Museu Paulista (como o trabalho de Ana Cláudia

Brefe[1]), como um dos "criadores" do imaginário bandeirante ou da "identidade paulista" (como Kátia Abud,[2] Paulo Oliveira Junior[3] e Danilo Ferretti[4]), ou análises de sua vida intelectual (como Odilon Nogueira de Mattos[5] e Antonio Celso Ferreira[6]). Em 2006, Karina Anhezini Araújo defendeu na Unesp de Franca o trabalho que mais se aproxima de um *tour de force* a respeito de Afonso Taunay, material de referência fundamental a respeito do historiador.[7] No entanto, como escreveu Michel de Certeau, atentou-se muito mais às dimensões interpretativas ou da leitura do que às da *fabricação* dos textos e ideias.[8]

A produção intelectual de Taunay a respeito da cidade de São Paulo se estendeu por mais de três décadas com o autor em posições distintas no cenário de produção ao longo do tempo. Dos anos de 1910 até seu falecimento, em 1958, Taunay passou pela Escola Politécnica de São Paulo (1904-1910), pela Faculdade Livre de Filosofia e Letras de São Paulo (1911), pelo Museu Paulista (1917-1945), pelo Instituto Histórico e Geográfico de São Paulo, pelo Instituto Histórico e Geográfico Brasileiro (de 1912 até seu falecimento), pela Academia Brasileira de Letras (de 1929 até seu falecimento), pela recém-criada Universidade de São Paulo (1934-1937, quando por decreto foi obrigado a abdicar de um dos cargos públicos que exercia, dedicando-se então somente à direção do Museu Paulista), além de dirigir, coordenar ou executar pessoalmente trabalhos em inúmeras comissões científicas, executivas ou de celebrações. Paralelamente

---

1 BREFE, Ana Cláudia Fonseca. *O Museu Paulista, Affonso de Taunay e a memória nacional*. São Paulo: Editora Unesp, 2005.

2 ABUD, Kátia M. *O sangue intimorato e as nobilíssimas tradições: a construção de um símbolo paulista: o Bandeirante*. Tese de doutorado. São Paulo, FFLCH/USP, 1985.

3 OLIVEIRA JUNIOR, Paulo Cavalcante. *Afonso de E. Taunay e a construção da memória bandeirante*. Dissertação de mestrado. Rio de Janeiro, Instituto de Ciências Sociais/UFRJ, 1994.

4 FERRETTI, Danilo José Zioni. *A construção da paulistanidade: identidade, historiografia e política em São Paulo (1856-1930)*. Tese de doutorado. São Paulo, FFLCH/USP, 2004.

5 MATTOS, Odilon Nogueira de. "Affonso Taunay e o Instituto Histórico e Geográfico de São Paulo". *Revista do IHGSP,* São Paulo, vol. 88, 1993, p. 47-52.

6 FERREIRA, Antonio Celso. *Epopéia bandeirante: letrados, instituições, invenção histórica (1870-1940)*. São Paulo: Editora Unesp, 2002.

7 ARAÚJO, Katina Anhezini de. *Um metódico à brasileiro: a história da historiografia de Afonso de Taunay (1911-1939)*. Tese de doutorado. Franca, FHDSS/Unesp, 2006.

8 CERTEAU, Michel de. *A escrita da história*. Rio de Janeiro: Forense Universitária, 2002, p. 9-11.

contribuiu com inúmeros institutos científicos brasileiros e estrangeiros, além de uma vida política, artística e social extremamente ativa. É impossível compreendê-lo como um homem unidimensional.

Contudo, se Taunay chegou ao Museu Paulista em 1917, desde o início da década de 1910 vinha publicando obras que passaram a ser referência para a historiografia que trata de São Paulo, como os estudos a respeito de Pedro Taques, publicada em 1914, e de Frei Gaspar da Madre de Deus, no ano seguinte, ambas no âmbito de sua atuação no IHGSP. Ao se tornar diretor do Museu Paulista, Taunay investiu pesadamente os esforços da instituição em reunir, copiar publicar coleções documentais inéditas, o que se refletiu em uma profícua produção ao longo das décadas seguintes.[9] Um dos marcos dessa nova fase, cercado de coleções documentais no Museu, é a publicação entre 1920 e 1921 de duas obras significativas: *São Paulo nos primeiros anos* e *São Paulo no século XVI*.[10]

Há que se lembrar que o ambiente no qual Taunay foi inserido na capital paulista reunia homens de vários misteres, mas que cultivavam mutuamente o interesse histórico. Engenheiros, escritores, jornalistas, pintores, escultores, homens das leis, políticos (com formações pregressas, claro) e outros tantos ofícios poderiam ser encontrados entre os participantes das reuniões do IHGSP ou em outras circunstâncias, debatendo a respeito da história de São Paulo, sobretudo da cidade de São Paulo.[11] Portanto, quando Afonso Taunay chegou à capital para trabalhar na Escola Politécnica, em 1904, encontrou já um campo de debates estabelecido, no qual busca seu espaço. A ocupação de postos condizentes com seu ofício, sua história familiar e suas ambições em São Paulo (materiais, sociais, como lhe recomendara o pai Visconde[12]) dependia profundamente de sua capacidade de entrar nesse conjunto de homens, de estabelecer laços, de conseguir verter relações fraternas em posições, cargos e oportunidades. Isso esclarece a personalidade profundamente polida e cautelosa de Taunay no que diz respeito ao trato pessoal e às oposições ideológicas, além, é óbvio, de sua educação no seio de uma

---

9   Para breve observação dessa produção ver a relação de fontes no final deste trabalho.

10 TAUNAY, Afonso D'Escragnolle. *São Paulo nos primeiros anos (1554-1601)* e *São Paulo no século XVI*. São Paulo: Paz e Terra, 2004.

11 FERREIRA, Antonio Celso. *A epopéia bandeirante: letrados, instituições, invenção histórica (1870-1940)*. São Paulo: Editora daUnesp, 2002, p. 93-124.

12 Segundo Karina Anhezini Araújo, e a partir da leitura das cartas pessoais de Afonso Taunay, o Visconde lhe recomendara insistentemente que fizesse jus à sua história familiar, e jamais se contentasse em ser um "homem comum". ARAÚJO, Karina Anhezini. *Op. cit.*, p. 168 e seguintes.

família acostumada aos tratos da Corte. Afonso Taunay, além de seus interesses pela disciplina, a qual havia aprendido com Capistrano de Abreu, utilizou da escrita da história de São Paulo para se inserir nos restritos espaços das elites paulistas, tarefa que não era nada modesta, mesmo para alguém que era branco, bem nascido e de sólida formação. Por isso, bem como vimos com Teodoro Sampaio, Taunay é um segundo exemplo dessa dimensão da produção histórica em e a respeito de São Paulo.

Mesmo assim, Taunay guardava algum ressentimento com relação a certos hábitos paulistas, os quais, percebia, concorriam em seu desfavor. Mesmo tendo se casado com moça de tradicional família paulista, isto não o credenciava plenamente a certas opiniões, a certas liberdades interpretativas. Costumava, nos momentos de indignação, à dizer que não o tomavam como "um deles".[13] Esse sentimento, expresso em meados da década de 1910, acentuava-se quando Taunay ensaiava tecer algum comentário mais crítico às questões de linhagem inauguradas com *Nobiliarquia paulistana*[14] de Pedro Taques. Com o passar dos anos, tanto Taunay se tornou mais complacente para com essas rusgas, quanto seus pares passaram a vê-lo como um deles, fato que fez suas críticas amainarem até o desaparecimento.

Mas, para além do círculo imediato de interlocutores, Taunay buscou referências de maior peso, ou mesmo orientações de caminho a seguir. Isso não significa, que fique claro, que tenha se aferrado a qualquer orientação de modo dogmático, ou que as tenha abraçado para toda a eternidade. Contudo, alguns pensadores, contemporâneos ou não, exerceram influência marcante no pensamento do historiador, mais até do que a dos homens do seu círculo de amizades (mesmo porque algumas destas referências incidiam também sobre os demais de seu círculo).

A primeira e mais indelével referência na formação e na interpretação de Taunay a respeito da história do Brasil e, mais especificamente, a respeito da história de São Paulo foi, sem dúvida alguma, Capistrano de Abreu.

Contratado pela mãe de Afonso, Cristina Teixeira Leite, o historiador cearense foi formador e interlocutor de Taunay durante décadas, e também seu mais sincero e direto crítico, como fica claro na correspondência dos dois.

Quando, no final da década de 1920, pouco antes de se candidatar à Academia Brasileira de Letras, Taunay se envolveu numa pendenga lexicográfica com Cândido

---

13 *Ibidem. Op. cit.*, p. 112-118.

14 PAES LEME, Pedro Taques de Almeida. *Nobiliarquia paulistana, histórica e genealógica*. Belo Horizonte/São Paulo: Itatiaia/Edusp, 1980.

de Figueiredo, enviou a Capistrano os artigos que escrevera e nos quais rebatia o lexicógrafo, verbete a verbete. Recebeu, então, do antigo professor a seguinte resposta:

> Afonso amigo,
> Voltou você ao vômito! Que pena! Nem compreendo como insista em gastar tanto e tão precioso tempo a discutir com o homem do chinó. Infeliz mania! Basta! Já você lembrou os casos do "florianista", da "sirena", do "guaxupé", do "aeroplano" e quejandas asnices. Para que mais? [...] Convença-se de que matou e enterrou o sujeito e, assim, recuperando a saúde mental, cuide de assuntos sérios. [...] Em todo o caso não me mande mais os seus artigos contra o homem de peruca, que não os lerei. Só servem para me irritar. [...] Livre-nos Deus de que você prossiga no espiolhamento de todo o dicionário! Será um nunca acabar! E quando tiver terminado, então aí avaliará o prejuízo que teve em tempo e serviço.
> Não gaste cera com tão ruim defunto e deixe em paz o sujeito dos postiços. Em todo o caso está advertido: nunca me mande mais novas provas da sua infeliz figueiridite.[15]

Somente alguém que gozasse de profunda intimidade e fosse alvo do mais extremado respeito escreveria tal coisa a Taunay, ou a qualquer outro. Mas nem toda a "maestria" reconhecida por Taunay em Capistrano verteu, necessariamente, em opções teóricas ou metodológicas. Taunay tomou suas próprias leituras e elaborou seus juízos a respeito da interpretação e da escrita da história. O que mais fortemente herdou de Capistrano de Abreu foi a estrutura da edificação, a coluna cervical na qual projetou sua história de São Paulo, uma história sertaneja, de alargamento do território, de desbravamento, e quase sempre uma "história da civilização" mais do que uma história política ou militar (tal como eram à época compreendidas).[16]

Capistrano de Abreu (e suas opções) não afastou Afonso Taunay das leituras de Varnhagen, embora tenha insistentemente indicado ao aluno o quanto acreditava que

---

15 "Carta de Capistrano de Abreu a Afonso Taunay, sem data". In: ABREU, Capistrano de. *Correspondência de Capistrano de Abreu*, vol. 1. Rio de Janeiro: Civilização Brasileira, 1977, p. 349-350.

16 ARAÚJO, Karina Anhezini. *Op. cit.*, p. 44 e seguintes. AMED, Fernando José. *"Atravessar o oceano para verificar uma vírgula": Francisco Adolfo de Varnhagen (1816-1878) lido por Capistrano de Abreu (1853-1927)*. Tese de doutorado. São Paulo, FFLCH/USP, 2007, p. 10-52.

a história escrita por Porto Seguro contemplava apenas e tão somente as franjas marítimas da experiência lusitana no Novo Mundo, e, ainda mais, em suas feições políticas, burocráticas e administrativas.[17] O historiador cearense jamais enfatizou a Taunay, ao menos textualmente, qualquer contrariedade sistemática a Varnhagen, nem jamais aconselhou que recusasse a leitura de sua *História do Brasil*, os reparos que fez – apesar das divergências pessoais que pudesse existir – foram no sentido dos objetivos, do olhar, dos interesses, uma complementação e não uma negação.

Com isso, Taunay se fez profundo conhecedor tanto de Capistrano de Abreu, pela tão íntima relação, quanto de Varnhagen, pela leitura intensa e atenta.

Apesar da intensa leitura que Taunay fez dos teóricos franceses e alemães, bem como de autores brasileiros, contemporâneos ou não, jamais omitiu o fato de que suas maiores influências, em termos interpretativos, residiam nas figuras dos dois membros do IHGB, fato que muito determinou sua interpretação a respeito da história de São Paulo.

Também era de significativa importância para o historiador o fato de pertencer a uma família cuja história se entrelaçava em certa medida com a do estabelecimento da Corte no Brasil e ao processo de independência. Tanto em sua entrada para o IHGB, em 1912, quanto na sua eleição para a ABL, em 1929, Afonso Taunay não se furtou em usar a imagem do pai, e recobrar a presença do mesmo na vida intelectual do Império.[18] Ser filho do Visconde de Taunay, apesar das mudanças ocorridas no IHGB por conta da Proclamação da República (em grande medida para garantir o afluxo de recursos que mantinham o instituto), era ainda uma boa referência para um jovem sócio.

Num universo intelectual bastante demarcado e restrito, como foi até os idos dos anos de 1920, na cidade de São Paulo,[19] e em parte também no Rio de Janeiro, era inevitável que as relações pessoais pesassem muito. Se as relações pessoais pesavam menos na liberdade que cada um tinha de produzir, escrever, propor, muito menos liberdade havia para publicar e, sobretudo, difundir e consolidar determinadas ideias.

Creio ser justo dizer que nenhum texto que tenha auferido algum sucesso ou obtido alguma difusão significativa propôs qualquer ideia que fosse diametralmente oposta ao que o grupo central de pensadores da história da cidade de São Paulo – Toledo Piza,

---

17   AMED, Fernando José. *Op. cit.*, p. 70 e seguintes. RODRIGUES, José Honório. *A pesquisa histórica no Brasil*. São Paulo: Companhia Editora Nacional, 1969, p. 44-48 e 95-96.

18   ARAÚJO, Karina Anhezini. *Op. cit.*, p. 94-97.

19   FERREIRA, Antonio Celso. *Op. cit.*, p. 29-92. SEVCENKO, Nicolau. *Orfeu extático na metrópole: São Paulo, sociedade e cultura nos frementes anos 20*. São Paulo: Companhia das Letras, 2003.

Eugênio Egas, Afonso de Freitas, Afonso Taunay, Washington Luís, Teodoro Sampaio, Alcântara Machado, entre outros – vinha propondo e difundindo. Isso não significa, obviamente, que não houvesse rusgas ou divergências pontuais, mas, no corpo, no conjunto da obra, os textos somavam-se, fortaleciam-se, sustentavam-se. E não só os textos.

Também foi posto na conta de Afonso Taunay a criação de todo um imaginário sobre o bandeirismo paulista,[20] muito por conta das obras para a conclusão da decoração do Museu Paulista empreendidas no final dos anos de 1910, tão logo Taunay assumiu a direção da instituição, às vésperas da comemoração do primeiro centenário da Independência.[21]

Independentemente da paternidade, ou do grau dela, que possamos atribuir a Taunay, um dos fatos mais provocadores de sua atuação enquanto historiador, diretor do Museu Paulista e intelectual engajado em diversas atividades foi o da associação de inúmeras formas de linguagem e de suportes para a construção de uma narrativa poderosa e amplamente difundida.[22] Sua incrível habilidade em perceber aquilo que era capaz de tocar a alma das pessoas e se consolidar como um imaginário coletivo o colocaria certamente na condição de brilhante propagandista.

Sua ação, e de muitos de sua geração, na construção de narrativas a respeito da história de São Paulo e de sua gente contemplava, desde o começo dos anos de 1920, o binômio desejo/necessidade de torná-la "visível". Numa geração que viu o início da explosão da cultura e das linguagens visuais no Brasil para as massas era necessário e desejável fornecer imagens que pudessem alimentar as "imaginações". Mais do que isso, implicava em oferecer parâmetros de cores, formas, dimensões, texturas, expressões, materiais com os quais os leitores, ou os visitantes dos museus, monumentos e exposições pudessem compor mentalmente o mundo o qual estavam tratando.

A ação de Taunay frente ao Museu Paulista, sobretudo em sua dimensão "popular", implicava num desafio diverso daqueles que vinha enfrentando desde o início dos anos de 1910. Até então debatera e dialogara com outros conhecedores do assunto, com "especialistas", mesmo com toda a polidez que lhe era peculiar, mesmo com as opiniões mais diversas. Com a transição de um Museu de História Natural com uma seção histórica – dos tempos de Von Ihering – para um Museu Histórico, com diversas salas e

---

20 ABUD, Kátia M. *Op. cit.* FERRETTI, Danilo José Zioni. *Op. cit.* BREFE, Ana Cláudia Fonseca. *Op. cit.*
21 ARAÚJO, Karina Anhezini. *Op. cit.*, p. 129 e seguintes.
22 BREFE, Ana Claudia Fonseca. *Op. cit.*

uma decoração específica, Taunay enfrentava o dilema de ter de se fazer compreender por um público muito diferente daquele que lia seus artigos ou ouvia seus discursos na sede do IHGSP.

Parte de suas atividades no Museu Paulista, adquirindo coleções documentais, insistindo em novas publicações para obras há muito esgotadas, copiando plantas, mapas, obtendo coleções de objetos, publicando textos[23] etc., se dava num universo de preocupações e tarefas muito mais próximas às que vinha desenvolvendo. As demais atividades surgiam como desafios bastante novos, apesar de ter atuado como professor de jovens alunos no Colégio São Bento. De qualquer modo, não creio que haja uma contradição ou autonomia plena entre as atuações de Taunay como historiador, pesquisador e diretor do Museu Paulista. Como historiador que acreditava fundamentalmente na necessidade de subsídios documentais para o aperfeiçoamento e para a ampliação do conhecimento histórico,[24] as atividades coligindo documentação e produzindo textos eram etapas fundamentais para que se expusesse um conhecimento mais amplo e sólido.

Era razoavelmente claro o caráter pedagógico que seu novo desafio assumia. Além do mais, poucos anos restavam até a comemoração do Centenário da Independência, data maior que exigia esforços condizentes.

Para isso Taunay – e outros tantos, como Washington Luís – convocou um time de artistas – escultores, pintores, arquitetos – para materializar seus desejos.[25] Sob sua recomendação e orientação atenta, escultores, pintores, arquitetos moldaram um conjunto singular de objetos que passaram desde então a compor as referências visuais a respeito da história de São Paulo.

O caso das estátuas dos bandeirantes, do Monumento à Independência, da decoração do Museu Paulista já foram investigados com adequada correção, justamente pelos trabalhos que se debruçam sobre a figura de Taunay ou sobre a construção do imaginário bandeirante.[26] Mas, no que me cabe indicar, é particularmente interessante e revelador da engenhosidade a relação entre a produção intelectual de Taunay com a construção das imagens de São Paulo – pessoas, objetos, espaços, edifícios. Não só o

---

23 RODRIGUES, José Honório. *A pesquisa histórica no Brasil*. São Paulo: Companhia Editora Nacional, 1969, p. 98-99.

24 ARAÚJO, Karina Anhezini. *Op. cit.*, p. 23-46.

25 FERREIRA, Antonio Celso. *Op. cit.*, p. 270-303,

26 BREFE, Ana Claudia Fonseca. *Op. cit.* ABUD, Kátia. *Op. cit.*

conjunto de ideias tomou corpo nos textos, nos objetos e imagens, como estas voltaram para os textos, reforçando uma mútua referência às ideias.

Uma das figuras centrais nesse processo foi o jovem pintor José Wasth Rodrigues. Não só foi arregimentado e apadrinhado no começo do século XX pelas figuras políticas e intelectuais mais proeminentes de São Paulo, como dele fizeram um elemento da frente de combate da construção de um imaginário paulista.

O começo de carreira difícil, apadrinhado por Monteiro Lobato, foi seguido de uma crescente influência no cenário paulista, equiparada a poucos outros pintores, ao menos no que diz respeito à relação com o Estado e seus políticos. Nos anos que se seguiram, Wasth Rodrigues venceu sistematicamente os concursos para elaboração dos brasões da cidade de São Paulo (1917) e do estado de São Paulo. Na sequência, com os laços pessoais estreitados com Washington Luís (político e historiador), executa a decoração do conjunto de marcos comemorativos ao longo da estrada de Santos (a estrada velha, a qual cruza com trechos da antiga calçada do Lorena, conjunto de monumentos inaugurado em 1922)[27] e o monumento da Ladeira da Memória.

Já artista consolidado, ocupa-se paralelamente do estudo da história, parte graças à influência das relações, parte graças à demanda de mercado. Escreve e, sobretudo, desenha a coleção de uniformes históricos do exército brasileiro (o que inclui os uniformes que as tropas portuguesas usaram na colônia), a qual se tornou referência para os que estudam história militar brasileira. Paralelamente produz telas de episódios da história brasileira como a da Guerra dos Farrapos e estudos a respeito do mobiliário colonial (como o da evolução das cadeiras no Brasil).[28]

Entretanto, não é nenhuma dessas obras que o liga especialmente à figura de Afonso Taunay, mas a encomenda da série de pequenas telas retratando "São Paulo Antigo". Atualmente estas telas podem ser observadas pessoalmente no Museu Paulista ou em inúmeras reproduções disponíveis em meios digitais, em totens no centro velho da cidade de São Paulo, em coleções de postais e afins. O pequeno conjunto tornou-se,

---

27 FERREIRA, Antonio Celso. *Op. cit.*, p. 280-284. Antonio Celso faz uma minuciosa explanação a respeito da simbologia buscada pelos proponentes do conjunto de monumentos do Caminho do Mar, bem como da sua cerimônia de inauguração, acompanhada de uma "representação" da história de conquista da Serra do Mar.

28 MARTINS, José de Barros. "Introdução". In: RODRIGUES, José Wasth. *Tropas paulistas de outrora*. São Paulo: Governo do Estado de São Paulo, 1978, p. IX-XXIX.

bem como os estudos de vestimentas militares, referência a respeito da cidade de São Paulo, mas com uma pequena diferença.

Enquanto os estudos de Wasth a respeito de uniformes, cadeiras e igrejas coloniais atingiam – e tinham como foco – um público relativamente restrito, as telas tornaram-se parâmetro para quem desejava "ver" a cidade de São Paulo em seus períodos colonial e imperial.

Curiosamente não foram as telas de Debret, Florence, Ender – todos eles efetivamente "testemunhas oculares" – retratando a cidade de São Paulo no começo do século XIX a se tornarem referência, mas as de alguém que nasceu na última década da mesma centúria. Se o objetivo era "ilustrar" a história da cidade de São Paulo, porque não se valer das representações produzidas na própria época?

Talvez pudéssemos lembrar das ressalvas que Taunay fez ao uso dos testemunhos de estrangeiros como "descrição fiel" para justificar sua opção pelas telas de Wasth Rodrigues, compostas a partir de suas recomendações diretas. Mas não foi isso que ele próprio, o historiador, fez em *Non ducor, duco* e tantos outros textos, nos quais se valeu quase literalmente dos textos dos estrangeiros.

Wasth foi solicitado a representar pontos considerados chave na área urbanizada da cidade de São Paulo até meados do século XIX. Ou seja, a solicitação era justamente para que se pintasse o que passava a ser conhecido como "triângulo histórico".

Pátio do Colégio, antiga Catedral da Sé, São Francisco, Rua Direita, Misericórdia, e alguns pontos para além do triângulo, como a ladeira do Piques (depois da Memória), receberam suas representações visuais realizadas pelo pintor paulista e sob orientação direta de Afonso Taunay.

As imagens, para o público leigo, devem ter soado quase como um ato mediúnico, como uma perfeita experiência nova de se transportar para o passado da cidade "tal como ele foi". Experiência análoga, aliás, à que se dizia ser proporcionada pelas estátuas dos bandeirantes ou pela *Maquete da Cidade de São Paulo em 1842*.

Entretanto, para um observador algo mais familiarizado com os documentos disponíveis a respeito da cidade de São Paulo no século XIX, as imagens soariam bastante familiares. Impressão que se confirmaria se o observador se desse ao trabalho de conferir a série de aproximadamente três dezenas de fotografias realizadas por Militão Augusto de Azevedo a respeito da cidade de São Paulo no início da década de 1860.

Todas as cenas pintadas por Wasth Rodrigues eram praticamente sobreposições a fotografias de Militão.[29]

Mas então temos a mesma pergunta que se faz às telas, estudos, bicos de pena de Debret, Florence e Ender: se há imagens originais da cidade de São Paulo, pelo menos, desde as primeiras décadas do século XIX, porque solicitar a um pintor contemporâneo que fizesse telas representando justamente as mesmas cenas e lugares?

A resposta encontra-se no campo do discurso.

Expor imagens já compostas permite manipulação e controle significativamente menor do discurso, oferecendo o risco adicional de surgirem itens contraditórios. As telas executadas não são "exatamente" iguais, elas são manipulações das reais fotografias de Militão de Azevedo. Adicione-se talvez uma resistência de Taunay em usar da fotografia como suporte, mas isso é apenas uma suposição, a qual se explica parcialmente pelo fato de nas primeiras décadas do século XX ainda haver forte presença da pintura histórica bem como a percepção da fotografia como "suporte" de menor valor.

Sob orientação de Taunay, Wasth Rodrigues "adaptou" suas telas aos desejos narrativos do historiador, reforçando determinados aspectos e omitindo outros, das imagens originais. A foto tirada por Militão Augusto de Azevedo do Largo da Sé a partir da Rua Direita, ao qual aparece a antiga Catedral da Sé (onde hoje se encontra a estátua de Anchieta) acompanhada pela Igreja de São Pedro dos Clérigos (hoje desaparecida e com o local ocupado pelo edifício da Caixa Econômica Federal), mostra uma cidade urbanizada, com linhas de casarões e prédios comerciais num labiríntico centro. O Largo surge na foto estreito, se esgueirando entre as igrejas e os edifícios comerciais que dominavam todo seu entorno. Mas na tela de Wasth Rodrigues não era a mesma situação que aparecia.

A cena pintada representa um largo mais espaçoso (embora todo o enquadramento da cena e a disposição dos edifícios tenha sido mantido), de chão batido, quase vazio. A linha de edifícios comerciais, à esquerda do observador, foi inteiramente retirada para dar mais espaço e permitir a visão da Igreja de São Pedro, quase escondida na foto de Militão.

Wasth Rodrigues deu destaque à presença dos edifícios religiosos – elemento que já era tido como definidor do núcleo histórico da cidade de São Paulo – e acentuou a

---

29 LIMA, Solange Ferraz; CARVALHO, Vânia Carneiro de. "São Paulo antigo, uma encomenda para a modernidade: as fotografias de Militão nas pinturas do Museu Paulista". *Anais do Museu Paulista: História e Cultura Material. Nova Série,* vol. 1, nº 1, 1993, p. 147-174.

percepção de uma cidade supostamente "colonial", com mais espaço, menos população, quase um terreiro de fazenda.

E assim o pintor operou com as demais cenas do cotidiano paulistano, criando todo um universo de referências visuais tidas como desejáveis, e mesmo necessárias, para que a população soubesse exatamente "como ver" a história da cidade e de suas populações.

Além disso, Wasth Rodrigues passou a ilustrar livros a respeito da história de São Paulo, referendando seus conteúdos através das imagens e as imagens através dos conteúdos.

Quando, em 1929, o pintor ilustrou *Vida e morte do bandeirante* de Alcântara Machado,[30] completava o conjunto de construções visuais a respeito da história da cidade de São Paulo: as telas das cenas da cidade tomavam a dimensão espacial e pública da vida, os brasões e a azulejaria desenhados para o monumento da Ladeira da Memória e para os monumentos da estrada de Santos contemplavam a dimensão da história política da Independência, na qual São Paulo e os paulistas teriam tido papel chave. As ilustrações ao livro de Alcântara Machado, bem como seus estudos de mobiliário, completavam o universo imagético de São Paulo ao contemplar o microcosmo da vida dos homens, cercada pela materialidade cotidiana e privada.

A atuação de Afonso Taunay e de seus contemporâneos do IHGSP na construção de um "imaginário" da história de São Paulo foi certamente muito mais ampla, cheia de ramificações, de grandes e pequenos atos,[31] muitos deles concentrados no entorno das inúmeras efemérides que movimentaram São Paulo nos anos de 1910 e 1920, com destaque para o Centenário da Independência. Contudo, no que diz respeito à constituição de um conjunto, um léxico de referências visuais a respeito da "São Paulo antiga", Wasth Rodrigues foi parceiro fundamental de Taunay, Washington Luís, José de Alcântara Machado e outros mais.

Antes de Wasth Rodrigues passar a colaborar com o IHGSP, e mesmo antes de Afonso Taunay ser membro do Instituto ou diretor do Museu Paulista, outros homens dedicados ao estudo e à escrita da história de São Paulo já haviam adotado procedimentos semelhantes. Tanto com Benedito Calixto (membro do IHGSP desde 1905 e autor de quadros como *Fundação de São Vicente, Domingos Jorge Velho, O caminho de Piratininga, Bartolomeu de Gusmão* e *José Bonifácio* e da decoração da Bolsa do Café em Santos) quanto com Oscar Pereira da Silva (membro desde 1907 e autor de telas como

---

30 MACHADO, Antonio Alcântara. *Vida e morte do bandeirante*. São Paulo/Belo Horizonte: Edusp/Itatiaia, 1980, p. 27-31-35-47-51-57-66-72.

31 FERREIRA, Antonio Celso. *Op. cit,* p. 267-352.

A fundação de São Paulo),[32] trabalharam outros estudiosos do IHGSP encomendando telas e indicando os caminhos para suas realizações. Afonso de Freitas, por exemplo, um dos membros mais atuantes do Instituto, trabalhou a par e passo com Oscar Pereira da Silva e com Pedro Alexandrino na construção de um conjunto de imagens da São Paulo antiga.

Além de encomendar à Pereira da Silva a tela *Na hora da Ave Maria,* Freitas solicitara a Pedro Alexandrino uma série de telas inspiradas nas fotos de Militão de Azevedo, como *Largo da Sé, Rua São Gonçalo* e *Theatro São José,* boa parte delas reproduzidas no corpo dos textos publicados na Revista do IHGSP, antecipando assim a série realizada por Wasth Rodrigues.[33]

Há que se lembrar ainda de um dos sócios fundadores do IHGSP e proprietário da *Imperial Lythographia*, Jules Martin, responsável pela realização de uma série de plantas da cidade que se tornaram referência ao longo do tempo.

De qualquer modo, talvez pela exposição que o Museu Paulista e os brasões do estado e da cidade de São Paulo lhe proporcionaram, Wasth Rodrigues ganhou uma dimensão diferenciada na "construção das imagens da São Paulo antiga", ainda que – enquanto pintor – seu reconhecimento pelo universo das Belas Artes tenha sido menor do que Pereira da Silva, Pedro Alexandrino e Benedito Calixto.

Com uma carreira tão longa e profícua – interlocutores de Taunay ficavam estarrecidos com sua capacidade de lançar um livro por ano, às vezes dois, além de prefácios, artigos e outras atividades correlatas –, é muito difícil flagrar um momento, um excerto de uma obra sua que seja isoladamente significativo. Das quatro décadas aproximadamente que separam a conferência de 1911 até as comemorações do IV Centenário, Taunay produziu mais de duas dúzias de obras singulares, sem contar as séries como a *História geral das bandeiras paulistas* (em 11 volumes)[34] e a *História do café no Brasil* (em 15 volumes),[35] além das séries de compilações documentais, como os

---

32 *Ibidem*, p. 112-113.

33 *Ibidem*, p. 131.

34 TAUNAY, Afonso. *História Geral das Bandeiras Paulistas,* 11 vol. São Paulo: Typ. Ideal/H. L. Canton, 1924-1950.

35 TAUNAY, Afonso. *História do café no Brasil.* 15 vols. Rio de Janeiro: Departamento Nacional do Café, 1939-1943.

Relatos monçoeiros,[36] os *Relatos sertanistas*[37] e *História da cidade de São Paulo no século XVIII.*[38] De todo esse gigantesco montante, a grande parte das publicações se concentra entre as décadas de 1920 e 1930. Contudo, há dois momentos que expressam não apenas movimentos diversos na trajetória do historiador, como dimensões diversas de sua atuação. O primeiro deles:

> Na cidade paulistana impressionava favoravelmente o visitante a limpeza das ruas, calçadas com pedras, de gres unidas por um cimento ferruginoso. As casas quase sempre de um só pavimento, tinham grandes beiraes e eram pintadas a fresco. Numerosos artífices e negociantes na cidade, poucos os fabricantes. Fazia-se em S. Paulo a fiação manual do algodão e os tecelões produziam pannos grosseiros.
> Enorme a abundancia e barateza dos comestíveis; notava-se muito gosto dos habitantes pelo cultivo dos jardins, frequentemente bem arranjados, às vezes até com elegância.
> Muito luxo e certa molleza, era o que mais attrahia a attenção dos observadores dos costumes paulistanos. Afamadas em todo Brasil pela formosura e amabilidade, revelavam as paulistas bôas qualidades. Infelizmente, era-lhes a educação inteiramente descurada. Quanto aos homens, mostravam-se francos, polidos e hospitaleiros.
> Havia alguns viajantes constatado que em S. Paulo se notavam reaes tendências para o progresso, mais que nas outras grandes cidades do Brasil.
> E, commentando as lendas espalhadas sobre os antigos paulistas, diz ainda La Harpe: "A posição afastada de S. Paulo, as difficuldades de viajar no interior, fazem com que hajam nascido lendas ridículas, sobre os paulistas e seu caráter feroz."
> Assim se affirmava que elles consideravam os extrangeiros como verdadeiros phenomenos. A culpa de semelhante maledicência provinha em grande parte dos autores jesuíticos, sobretudo de Charlevoix, cujos conceitos

---

36   TAUNAY, Afonso. *Relatos monçoeiros*. São Paulo: Comissão do IV Centenário da Cidade de São Paulo, Divisão de Publicações, 1953.

37   TAUNAY, Afonso. *Relatos sertanistas*. São Paulo: Comissão do IV Centenário da Cidade de São Paulo, Divisão de Publicações, 1953.

38   TAUNAY, Afonso. *História da cidade de São Paulo no século XVIII*. São Paulo: Divisão do Arquivo Histórico, 19-?.

haviam sido repelidos com extrema leviandade pelos compiladores da geographia que ao se referirem aos paulistas, a porfia, falavam desdenhosamente daquella "malta fugitivos hespanhóes, portuguezes, mestiços, mulatos". Havia a capitania de S. Paulo produzido um letrado de valor, frei Gaspar da Madre de Deus, membro esclarecido da academia de Lisboa.[39]

Taunay escreveu este texto em 1923, quando já era membro dos dois institutos – IHGSP e IHGB – e diretor do Museu Paulista desde 1917. Já haviam passado também as comemorações do Centenário da Independência.

Non ducor, duco é um texto que toma como título a divisa do município de São Paulo ("não sou conduzido, conduzo"), proposta justamente pelo grupo do IHGSP para o brasão da cidade criado por Wasth Rodrigues.

O trecho inicial do excerto, no qual trata da aparência das ruas e das casas da cidade, é certamente influenciado pelas percepções de Spix e Martius,[40] Auguste Saint-Hilaire,[41] John Mawe[42] e Daniel Kidder,[43] os quais tratam da mesma exatamente nestes termos, enfatizando a limpeza, a claridade e a pintura das casas. O detalhe da argamassa ferruginosa é certamente extraído do relato de Mawe. As notas a respeito dos jardins deve tê-las buscado em Saint-Hilaire e Kidder, os dois estrangeiros que no início do século XIX elogiaram os jardins e pomares da cidade. Apesar dele mesmo ter feito a vários amigos e interlocutores a recomendação de que se tomasse muito cuidado com o uso das interpretações feitas por estrangeiros de passagem pelo Brasil,[44] Taunay acolhia suas descrições com procedimento semelhante.

Não foi nas *Atas da Câmara de São Paulo*, nos *Inventários e Testamentos* (com as quais Taunay travara contato já em 1917, tão logo as transcrições encomendadas pelo

---

39 TAUNAY, Afonso D'Escragnolle. *Non ducor, duco: notícias de São Paulo (1565-1820)*. São Paulo: Typ. Ideal/H. L. Canton, 1924, p. 89-90.

40 SPIX, Johann Baptiste Von; MARTIUS, Carl Friedrich Phillipp Von. *Viagem pelo Brasil*, vol. 1. São Paulo/Belo Horizonte: Edusp/Itatiaia, 1981.

41 SAINT-HILAIRE, Auguste de. *Viagem à província de São Paulo*. São Paulo/Belo Horizonte: Edusp/Itatiaia, 1976.

42 MAWE, John. *Viagens ao interior do Brasil*. São Paulo/Belo Horizonte: Edusp/Itatiaia, 1978.

43 KIDDER, Daniel P. *Reminiscências de viagens e permanências nas províncias do Sul do Brasil*. São Paulo/Belo Horizonte: Edusp/Itatiaia, 1980.

44 ARAÚJO, Karina Anhezini. *Op. cit.*, p. 150 e seguintes.

então prefeito Washington Luís começaram a vir à luz) ou em qualquer outro conjunto documental com o qual tenha tomado íntimo contato (como o fez para publicar *São Paulo nos primeiros anos* e *São Paulo no século XVI*,[45] obras de três e quatro anos antes de *Non ducor, duco*) que Afonso Taunay buscou as informações para descrever ele próprio a feição de São Paulo.

Nomeava ainda outro de seus informantes principais, Frei Gaspar da Madre de Deus, do qual, inclusive, herdou a refutação da obra do jesuíta Charlevoix.[46] Frei Gaspar, que ocupara as atenções de Taunay desde a comemoração empreendida em 1815 no âmbito do IHGSP, escreveu em seu texto do final do século XVIII: "Desejaria eu perguntar a Charlevoix onde se havia de pôr cerco para subjugar por fome a Vila de São Paulo. No Cubatão, abaixo das serras, ou no Campo depois delas passadas?"[47]

Apesar de ser muito difícil encontrar uma prova cabal de tal relação, creio que tanto Frei Gaspar da Madre de Deus quanto Pedro Taques de Almeida Paes Leme foram recomendações profundas de Capistrano de Abreu para o jovem aluno Afonso Taunay; talvez ainda nas aulas no Rio de Janeiro, talvez quando Taunay lhe manifestou o desejo de se dedicar ao estudo da história brasileira e Capistrano indicou-lhe o caminho da história de São Paulo, talvez, ainda, em ambas as ocasiões. Mas, como vimos, o próprio Capistrano de Abreu era um leitor de ambos os autores setecentistas, e os tinha na mais alta conta, e parece razoável imaginar que tenha recomendado a Taunay a leitura atenta de ambos. Não foram poucas as vezes que o "historiador das bandeiras" saiu à defesa de Pedro Taques e Frei Gaspar, no primeiro caso para justificar seus equívocos de linhagista, no segundo para defender a interpretação que o frei fez dos paulistas, diante dos ataques de Candido Mendes.[48]

Mesmo no IHGSP a figura de Frei Gaspar era menos unânime do que a de seu primo Taques, no que Taunay saiu-lhe à defesa para garantir que, findas as comemorações em memória de Pedro Taques, programadas para 1914, se prestasse igual honraria ao beneditino, no ano seguinte.[49]

---

45 TAUNAY, Afonso D'Escragnolle. *São Paulo nos primeiros anos (1554-1601)* e *São Paulo no século XVI*. São Paulo: Paz e Terra, 2004.

46 CHARLEVOIX, François Pierre. *Histoire du Paraguay*. Madri: Victoriano Suarez, 1912.

47 MADRE DE DEUS, Frei Gaspar da. *Memórias para a história da Capitania de S. Vicente*. São Paulo: Livraria Martins, 1953, p. 126 e seguintes.

48 ARAÚJO, Karina Anhezini. *Op. cit.*, g. 49 e seguintes.

49 *Ibidem*.

O segundo excerto de Taunay empregado aqui foi escrito pela aproximação das comemorações do IV Centenário da cidade de São Paulo, programadas para o ano de 1954. Distante das atividades burocráticas, e mesmo da atuação efetiva e cotidiana como historiador, Taunay era uma figura que encarnava a história de São Paulo há tantas décadas que por isso mereceu tantas honrarias junto com a cidade.

História da cidade de São Paulo, de 1953, poderia ser considerada obra síntese, posto que já aposentado e decorrida tão intensa história pessoal não escreveria mais obras monumentais como suas histórias das bandeiras ou do café. Desde o início de sua carreira como historiador, Taunay, mesmo com o volume impressionante de produção que vimos anteriormente, raramente publicou sínteses. Por isso não é fácil encontrar um único momento da obra de Taunay na qual ele defina suas linhas mais amplas de interpretação da história de São Paulo. Talvez isso fosse reflexo de sua concordância com Capistrano, da maior necessidade de "monografias conscienciosas" do que de novas sínteses.

Assim, definiu da seguinte maneira a transição dos séculos XVIII para o XIX:

> Representava o ato régio (de extinguir administrativamente a capitania de São Paulo) clamorosa injustiça para com aqueles vassalos que tanto e tanto haviam alargado o domínio da coroa em desrespeito ao tratado tordesilhano. Verdadeira desolação cobriu a cidade de São Paulo mágua cujas primeiras manifestações se fizeram pelas respostas de sua edilidade às cartas de despedida do bom capitão-general afastado do Governo.
>
> Falecido D. João V pleiteou o senado da Câmara, já em 1751, o restabelecimento de sua capitania expondo a D. José I o desgosto que avassalava seus munícipes e os povos de sua circunscrição.
>
> A 12 de outubro de 1752 voltava à presença do soberano com eloqüente memorial sobre os serviços dos paulistas na conquista do Brasil.
>
> Entrementes se assinara o tratado de Madri, a 13 de janeiro de 1750.
>
> A 31 de julho seguinte, desaparecia aliás inutilizado D. João V e entrava em cena o autoritarismo incoercível e invencível de Sebastião José de Carvalho. Decidiu de acordo com as disposições do tratado, promover, e do mais rápido modo, a demarcação, a demarcação das fronteiras das duas monarquias, na América do Sul. Bem sabia o futuro marquês de Pombal

> o que representavam a capacidade e a energia de Gomes Freire. E nunca pensaria em desgostá-lo para atender às súplicas dos longínquos vassalos de São Paulo.
> Não havia remédio para os paulistas, e a Câmara de sua antiga capital, senão dobrar-se ante as exigências da política e a imposição do imperialismo do sátrapa fluminense.
> Recaiu a cidade de São Paulo em sua modorra acentuando-se-lhe a depressão.[50]

E mais adiante seguia Taunay em sua descrição da segunda metade do século XVIII e primeira do XIX:

> Durante todo século XVIII e o primeiro quartel da centúria seguinte, alteração alguma de vulto se pode verificar no ritmo da existência coletiva da Cidade. Viveu pacífica e modorramente, de 1701 a 1821. Nenhum grande acontecimento veio perturbar-lhe a quietude de uma época de acentuada e profunda depressão econômica progressiva, provocada principalmente pelo despovoamento em prol das três grandes regiões do ouro desvendada pelas bandeiras em Minas Gerais, Mato Grosso e Goiás.
> Assim não há grande coisa assinalar, quer nas normas da vida governamental da Capitania e da Cidade quer nas da vida comum.
> A militarização provocada pela política da Coroa aferrada à posse das terras uruguaias e sul-riograndenses contribuiu fortemente para a decadência da região paulista com a recruta dos seus homens válidos para as campanhas pombalinas no sul. E, após 1808, a que D. João VI mandaria levar a cabo na prossecução do velho sonho dinástico bragantino o de conduzir as fronteiras do Brasil à margem setentrional do Prata.[51]

No excerto de *Non ducor, duco* reproduzido logo acima, notamos que ele próprio, Taunay, indicou um trecho de *La Harpe* no qual se comenta o quadro da cidade à época de sua visita, e que indicia a adoção de outros tantos relatos de estrangeiros. Como vimos no início, nos relatos de Saint-Hilaire, Mawe, Kidder etc. não prevalece

---

50 TAUNAY, Afonso D'Escragnolle. *História da cidade de São Paulo*. São Paulo: Melhoramentos, 1953, p. 123.

51 *Ibidem*.

em absoluto a ideia da "modorra" citada por Taunay, embora ele conhecesse profundamente cada um desses relatos. Assim, sua interpretação dos primeiros anos do século XIX em São Paulo diverge de suas próprias fontes. No primeiro excerto Taunay enfatiza certa "normalidade" da cidade e se vale de vários testemunhos para comprovar isso; no segundo excerto estabelece uma interpretação muito próxima da que Frei Gaspar da Madre de Deus havia construído no final do século XVIII, colocando São Paulo e os paulistas como grandes injustiçados. Mas também indica, como fizeram os autores do século XIX que observamos aqui (Machado D'Oliveira, Varnhagen, Azevedo Marques e Capistrano de Abreu, já no começo do século seguinte), a contribuição paulista para o alargamento das fronteiras, para a descoberta das minas, para a ocupação dos sertões e na defesa dos domínios portugueses, sempre de modo fidelíssimo.

No mais, por que ele indica 1821, e não 1765, 1808 ou 1828, como data crucial para a história da cidade e fim de seu século de "modorra"?

Para Taunay, o processo de independência do Brasil seria o marco final da estagnação paulista? Não exatamente.

Em verdade, 1821 é crucial para a história de São Paulo porque associa intimamente a Independência do Brasil com a trajetória paulista. Associação que, também vimos, vinha desde o século XIX, sobretudo no âmbito do IHGSP.

É claro que não foi no biênio 1953-1954 que tal ideia surgiu nos textos, mas o trabalho de Taunay, às vésperas da celebração do IV Centenário da cidade de São Paulo, tem um sabor de conclusão, de trabalho completado. Ao menos para uma geração de pensadores. E a tese da importância paulista (grupos de comerciantes, proprietários de terras etc.) para a Independência do Brasil tornou-se, na primeira metade do século XX, uma das pedras de toque da bibliografia composta a partir de São Paulo. Sem negar a importância bandeirista ou mesmo o sacrifício humano paulista – exemplificado pela sangria demográfica em prol das minas e das guerras do sul –, Afonso Taunay lembrava a importância de São Paulo na libertação de Portugal.

Observando a obra de Taunay pela primeira vez há alguns anos, me impressionou rapidamente certa contradição – ao meu entender, na época – que residiria em sua figura e em sua obra. A leitura de *São Paulo nos primeiros tempos* e *São Paulo no século XVI*[52] me revelaram um Afonso Taunay que pouco tinha a ver com a figura de um "fantasma manipulador", construtor de mitologias (na dimensão pejorativa do termo,

---

52 TAUNAY, Afonso D'Escragnole. *São Paulo nos primeiros anos (1554-1601)* e *São Paulo no século XVI*. São Paulo: Paz e Terra, 2004.

não na conceitual). Fiquei positivamente impressionado com o frescor das descrições de Taunay, frutos de suas investigações nas Atas da Câmara de São Paulo, as quais, na época, ainda não haviam se tornado um verdadeiro ícone documental da cidade.

Retirando os exageros dos afetos e desafetos, mais passionais do que científicos, ainda restava diversidade significativa entre as obras de Taunay ao longo do tempo, a atuação como diretor do Museu Paulista ou em outros cargos administrativos que ocupou. Não há, assim, um único Afonso Taunay a ser observado.

Contudo, Taunay manteve – de modo geral, e ainda mais nos textos e ações voltadas para o público de não especialistas – a cronologia que vinha se formando desde o final do século XVIII e que Capistrano de Abreu havia consolidado. No mesmo sentido, tanto em seus textos de maior circulação quanto nas ações associadas à "visualização do passado", manteve majoritariamente a postura de enfatizar uma cidade que havia entrado em estagnação no início do século XVIII e assim se manteve até o início do século seguinte. Parece-me que também o fato de Taunay ter se dedicado tanto à escrita e publicação de suas duas obras monumentais – *História geral das bandeiras paulistas* e *História do café no Brasil* – balizam o "modorrento" século XVIII (nas palavras, como vimos, do próprio autor): antes dele os séculos das bandeiras, da expansão, da evolução de São Paulo, depois dele o século do café, da recuperação, da consolidação de São Paulo.

Paralelamente à trajetória de Taunay e ao próprio estabelecimento do IHGSP, um outro núcleo de pensadores oferecia sua contribuição às interpretações a respeito da história de São Paulo, e nele também havemos de ver a imensa ação dos componentes sociais na construção das narrativas.

A memória da Academia: São Paulo apropriada

Nesse concerto de ideias a respeito das interpretações da história de São Paulo há um detalhe que escapa ao conjunto que vinha se formando desde o final do século XVIII.

Muitos historiadores aprenderam nas últimas décadas do século XX a tomar a implantação do Curso de Ciências Sociais (Direito) no antigo mosteiro dos franciscanos como um marco na revolução dos costumes, da economia, da sociedade paulistana.[53] Quem ler os textos produzidos por ocasião das comemorações dos 450 anos da cidade

---

53 BRUNO, Ernani da Silva. *História e tradições da cidade de São Paulo*, vol. 2: *Burgo de estudantes*. Rio de Janeiro: José Olympio, 1953.

de São Paulo, como os três volumes organizados por Paula Porta,[54] poderá comprovar, empiricamente, o quanto essa interpretação é influente e se tornou quase como um ponto pacífico a respeito da história da cidade.

Nesta corrente interpretativa, a cidade de São Paulo é tomada novamente pela ideia – como vim acompanhando ao longo desse trabalho – na qual o século XVIII fora um período de retrocesso paulista, com severas e negativas implicações para a vida das famílias e da própria urbe. Toma, ainda, o curso do Largo de São Francisco como o responsável pela transformação da cidade, arrastando o marco de retomada paulista para o final da década de 1820 e a seguinte. Mais ainda, toma a retórica da geração romântica de seus alunos – como Castro Alves e Álvares de Azevedo – como prova da triste cidade que São Paulo era até a implantação da Academia em 1828 e ainda nos tempos seguintes.

Curiosamente, essa percepção da presença "transformadora" da Academia no seio da cidade de São Paulo não aparece nem nos textos dos autores do século XIX, que escreveram poucas décadas após a criação do curso, como Varnhagen, Machado D'Oliveira, nem nos dos que escreveram mais tarde, como Capistrano de Abreu. Seria razoável que, mesmo na escrita de alguém que não tivesse passado pelas salas de aula do antigo convento franciscano, alguma nota a respeito de tal protagonismo fosse contemplada. Mas não foi.

Essa ideia também não está marcadamente nos textos de Afonso Taunay, nem de Azevedo Marques, tidos como referências para a história de São Paulo em suas respectivas épocas. Para Taunay, como vimos, 1821 era o ano fundamental, bem como a Independência, não 1828.

Azevedo Marques, aliás, na década de 1870 se contentou em escrever o seguinte:

> Foi assim que por Decreto de 13 de outubro do mesmo ano de 1827 receberam o tenente-general Dr. José Arouche de Toledo Rendon e o Dr. José Maria de Avelar Brotero suas nomeações, aquele para diretor e este para lente da 1º Cadeira do 1º ano da Academia de São Paulo, e a 1º de março de 1828 foi celebrada, com toda a pompa compatível com os recursos da época, a solene abertura e instalação da mesma academia, em presença do então presidente da província conselheiro Tomás Xavier Garcia de Almeida, bispo diocesano D. Manuel Joaquim Gonçalves de Andrade, funcionários civis, militares e eclesiásticos e grande concurso do povo.

---

54 PORTA, Paula (org.). *História da cidade de São Paulo*. 3 vols. São Paulo: Paz e Terra, 2004.

[...]
Assim continuou o curso de ciências sociais da cidade de São Paulo até que o Governo Imperial, usando da autorização que lhe fora dada pelo Decreto nº 608 de 16 de agosto de 1851, reformou os estatutos e deu melhor distribuição às matérias de ensino, pelos Decretos ns. 1.134 de 30 de março de 1853, 1.386 de 28 de abril de 1854 e 1.554 e 1.568 de 24 de fevereiro de 1855, mudando a antiga denominação de Academia de ciências sociais e jurídicas para o de Faculdade de Direito.[55]

Então, como é que uma ideia tão "estrangeira" conseguiu ocupar espaço proeminente no seio das interpretações mais correntes ao longo do século XX a ponto de ser reificada como se sempre tivesse estado lá?

Ocorre que, diferentemente de outras ideias a respeito da história de São Paulo, as quais possuem uma "paternidade" mais delimitada, a inserção da Academia de Direito como peça fundamental na trajetória da cidade ocorre simultaneamente, e a partir de muitas mãos, à constituição e fortalecimento do Instituto Histórico e Geográfico de São Paulo.

Entretanto, dizer somente que os membros do IHGSP inseriram automática e conscientemente a Academia de Direito como fator preponderante na história de São Paulo, a ponto de significar um marco de rompimento, somente pelo fato da grande maioria de seus sócios – como vimos anteriormente quando tratamos do Instituto – seria tanto equivocado quanto ofensivo.

É extensa a lista dos ex-alunos e professores da São Francisco que passaram pelo IHGSP, mas mesmo alguns que não pertenceram ao Instituto, ou que escreveram décadas depois, continuaram a inserir sua antiga academia como elemento fundamental na trajetória paulista, como foi o caso de Ernani da Silva Bruno (que embora não tenha jamais empregado sua formação jurídica foi aluno da São Francisco e leitor assíduo de antigos professores como Almeida Nogueira[56] e Spencer Vampré).

---

55 AZEVEDO MARQUES, Manuel Eufrásio de. *Apontamentos históricos, geográficos, biográficos, estatísticos e noticiosos da província de São Paulo seguidos da cronologia dos acontecimentos mais notáveis desde a fundação da capitania de São Vicente até o ano de 1876*, vol. 1. São Paulo/Belo Horizonte: Edusp/Itatiaia, p. 253-254.

56 NOGUEIRA, José Luis de Almeida. *A academia de São Paulo: tradições e reminiscências: estudantes, estudantões, estudantadas*. São Paulo: Saraiva, 1977.

Mas, bem antes do ex-aluno da São Francisco Ernani da Silva Bruno escrever – em 1953 –, muitos outros já haviam colocado sua pena a serviço da Academia de Direito, como Spencer Vampré.

Em 1924, o professor da São Francisco lançou seu livro *Memória para a história da Academia de São Paulo*, o qual, inclusive, imitava o título da obra de Frei Gaspar da Madre de Deus. Escreveu Vampré em seu trabalho:

> Com effeito, à Academia de S. Paulo cabe, ao sul do paiz, o supremo papel, na direção intellectual do Brasil; como a sua gloriosa irmã do norte, a Academia do Recife, constitue o eixo de gravitação da mocidade septentrional.[57]
> Eil-a, a velha cidade de 1827, equilibrada nas pontas dos despenhadeiros, receiosa de escorregar pelas ladeiras lamacentas, toda sarapintada de rótulas! Eil-a, no seu silêncio sepulchral, cortado apenas pelo lento badalar dos sinos conventuaes, a chamar beatas, ou a encomendar defuntos!
> Mulheres, padres, soldados, estudantes.
> Eis tudo.
> E pelo inverno, longo e cynico, a garoa, a garoa clássica de outros tempos, que os estudantes melancolicamente contemplavam, semanas a fio espreitando das vidraças a monotonia das ruas desertas.
> Foi assim por largo espaço. Quarenta annos mais tarde, escrevia Castro Alves a um amigo: "Si leres poesias nebulosas, germânicas, tiritantes, acephalas, anômalas... não critiques nunca, antes de ver si são de São Paulo, e si forem... cala-te... S. Paulo não é o Brasil... é um trapo do pólo, pregado a gomma arábica na fralda da América..."
> Tal a cidade, tal o estudante de outrora.
> Ao redor do convento-academia, a Rua da Santa Casa, a do Jogo da Bola, a da Freira, a do Mosquito, o Largo do Capim, a rivalisarem no pictoresco dos nomes.
> Em torno, chácaras e sítios: a chácara de D. Anna Machado; o sítio do Papanhim, ou do Luz do Lavapés.[58]

---

57 VAMPRE, Spencer. *Memórias para a história da Academia de São Paulo*. São Paulo: Livraria Acadêmica Saraiva & Cia. Editores, 1924, p. 1.

58 *Ibidem*, p. 48-49.

Filho de João Vampré (outro membro do IHGSP e que deu este nome à criança em homenagem ao filósofo inglês Herbert Spencer, 1820-1903, uma das grandes influências entre os letrados do começo do século XX), publicou sua obra justamente em 1924, ano tão conturbado na capital paulista. A descrição feita por ele para a cidade de São Paulo é de cores mais fortes, mais intensas, elemento talvez proveniente da escola de retórica dos alunos das Arcadas.

O acadêmico cria um ambiente em seu texto que faz o leitor imaginar (e isso é uma ferramenta fundamental na constituição das narrativas a respeito da cidade de São Paulo) um universo urbano obscuro, enevoado, silencioso, no qual a presença humana é sufocada e se torna introspectiva, daí o uso farto de construções tais como *silencio sepulchral, inverno longo e cynico* ou *monotonia das ruas desertas*.

Mas, em paralelo a estas construções imagéticas, Vampré insinua a ideia basilar do protagonismo da Academia de Direito na revolução dos costumes e da própria cidade de São Paulo: "Foram-se as repúblicas, as patuscadas academicas, que enchiam de rumor e de festa, a quieta cidade de cem annos atraz, onde o estudante era o rei, e a Academia o centro intellectual, financeiro, e moral, de tudo".[59]

Nada resta na história da cidade de São Paulo após 1828, depois desta descrição, para qualquer outro elemento que não seja pertencente à Academia de Direito ou a própria Academia de Direito. Em verdade, Vampré não foi o autor dessa ideia, mas mais um dos vetores de uma concepção criada e difundida ao longo do século XIX no coração da São Francisco e para além dela, potencializada pela inserção de ex-alunos ao longo da segunda metade do século XIX e começo do XX em inúmeros cargos influentes. Muitos outros escreveram diretamente a respeito da São Francisco, como Almeida Nogueira,[60] ou sobre outros temas a partir da visão constituída na Academia, como Washington Luís e, mais adiante, Ernani da Silva Bruno.[61] Por isso disse que não creio que esse aspecto da construção das narrativas a respeito da história da cidade de São Paulo – o do estabelecimento da criação do curso de Ciências Sociais como marco do fim da estagnação de São Paulo – possa ser atribuída a uma única fonte. Penso que muito mais consistente é considerar que o ambiente, as discussões e a autoimagem que

---

59 *Ibidem*, p. 48.
60 NOGUEIRA, José Luis de Almeida. *Op. cit.*
61 BRUNO, Ernani da Silva. *Op. cit.*

os membros da São Francisco (professores e alunos) criaram confluíram para a constituição dessa interpretação.

Não me cabe julgar a real importância da Academia de Direito de São Paulo nas transformações da cidade, desde sua implantação em 1828; o que me interessa aqui é identificar como mais uma peça foi adicionada ao concerto das interpretações a respeito da história da cidade de São Paulo.

Spencer Vampré se cercava de muitos outros textos ao escrever sua *Memória...*: empregou fartamente discursos proferidos no senado e na câmara na capital do Império, durante as discussões que precederam a escolha de Olinda e São Paulo como sedes das Academias de Direito a serem implantadas. Teve predileção pelos textos de José Feliciano Fernandes Pinheiro, o Visconde de São Leopoldo, do qual leu atentamente os *Annaes da Província de São Pedro* publicado em 1839 e *Memória sobre os limites do Brasil*, bem como pelo Visconde de Cachoeira, Luiz José de Carvalho e Mello, autor dos estatutos para as Academias de Direito no Brasil.

De Kidder, Mawe e Saint-Hilaire capturou descrições que, recortadas de seu contexto original, ganharam vieses diversos. Em John Mawe, Vampré encontrou a descrição da desconfortável chegada do comerciante a São Paulo:

> Trazia o viandante quase sempre cartas de recommendação para conseguir um pouso no minúsculo povoado a beira-mar; e ao menos afortunado acontecia, o que succedeu ao famoso viajante inglez John Mawe, que por essas regiões passara em 1807, vinte annos antes do tempo que estamos historiando. Foi o caso que, depois de perder um dia inteiro em procura de abrigo, onde passasse a noite, vio-se, afinal, obrigado a tomar uma canoa que, pelas duas horas da madrugada, o deixa em terra, no arraial de Cubatão, onde o guarda da barreira o recebe e agasalha.[62]

Com a descrição dessa chegada, permeada pela má disposição dos moradores de Santos em receber um viajante estrangeiro, começa Vampré sua descrição de São Paulo. No final desse excerto o autor insere uma pequena nota que nos remete a um velho conhecido, Teodoro Sampaio. Provavelmente Vampré não leu diretamente Mawe, o que justifica – ou não – a ausência do comentário elogioso que o inglês faz à Calçada do

---

62 VAMPRÉ, Spencer. *Op. cit.*, p. 54.

Lorena, a qual tomou na manhã seguinte à sua chegada atabalhoada a Cubatão. Para descrever a subida da serra, Vampré preferiu se valer de Daniel Kidder:

> A subida da serra tem cerca de quatro milhas de sólido calçamento, com mais de 180 angulos no seu curso de ziguezagues. O trajecto dessa estrada se torna interessante pelo succesivo encontro de tropas de bestas. Ouve-se, primeiro, a voz áspera dos tropeiros, tocando seus animaes, a echoar tão acima de nossas cabeças, que parece sahir das nuvens; depois, se escuta o claque-claque das patas ferradas dos animaes nas pedras, e avistam-se as mulas, no esforço de se segurarem nas ladeiras, parecendo arrastadas pelos pesados fardos, que carregam. Afasto-me para um lado da estrada, afim de deixar passar os diversos lotes de tropas, e logo o pisar das mulas vae desapparecendo, e bem assim as vozes dos tropeiros e dos camaradas, que se vão perdendo abaixo na floresta.
> Nos rios sem pontes, e nos logares pantanosos, eram as cargas baldeadas nas próprias costas dos tropeiros, e não raro uma besta desgarrava, e rolava, pelo despenhadeiro, perdendo-se para sempre.[63]

Assim como fizera com o texto de Mawe, Vampré não leu o original, contentando-se em buscar no livro de Azevedo Marques o "testemunho" que servia ao seu intento. O último parágrafo do trecho pertence ao próprio Vampré e não a Kidder. Entretanto, ainda não se chegara à descrição da cidade de São Paulo especificamente, esta seria deixada justamente para o mais referenciado de seus descritores. Em *São Paulo nos tempos coloniaes* de Saint-Hilaire (texto que depois recebeu a tradução exata de seu original em francês, *Viagem à província de São Paulo*) buscou a seguinte descrição:

> Não se vêem, em S. Paulo, negros a percorrer as ruas, como no Rio de Janeiro, com mercadorias sobre a cabeça. Os legumes e hortaliças são vendidos por negras que se conservam acocoradas na rua, que este commercio fez apelidar de rua da Quitanda.
> Quanto aos gêneros indispensáveis, como farinha, toucinho, arroz, milho, carne secca, a maior parte dos negociantes, que os vendem a retalho, ficam

---

63   KIDDER, Daniel P. *Reminiscências de viagem e permanência no Brasil*. Apud MARQUES, Azevedo. *Apontamentos históricos*, vol. 2, p. 277. Apud VAMPRÉ, Spencer. *Op. cit.*, p. 55.

reunidos em uma rua, chamada das Casinhas, porque de facto cada armazém é uma casinha separada.

Não será alli que se há de procurar aceio e ordem: ellas são escuras e enfumaçadas. O toucinho, os grãos, a carne, se amontoam em confusão. Não há, em São Paulo, rua mais freqüentada. A gente da roça vem alli vender seus gêneros aos negociantes; os consumidores vão compral-os em mãos destes.[64]

Curiosamente, é este trecho que iria reaparecer três décadas depois no livro de Ernani da Silva Bruno,[65] com as implicações às quais já me referi na discussão a respeito de Saint-Hilaire. Não me parece fortuita a repetição de certos trechos – em geral pejorativos – e ideias em textos diversos de autores tão distintos. Sugere-me, por outro lado, que uma ideia pré-concebida a respeito da cidade de São Paulo entre o final do século XVIII e a primeira metade do XIX condicionava o olhar desses autores, levando-os a selecionarem os mesmos trechos, ou que poderiam transmitir as mesmas ideias, a fim de sustentar a construção de seus próprios textos. Além do mais, é clara a genealogia estabelecida entre os autores e a recorrência de uns aos textos dos outros.

Mas, apesar da diversidade de leituras, claramente preferiu seus companheiros de academia. Nessa tarefa invocou Almeida Nogueira, *Tradições e reminiscências*, Francisco de Assis Vieira Bueno, *Recordações de um nonagenário*, e Azevedo Marques, *Apontamentos históricos*.

Bem como fez nos textos dos estrangeiros, Spencer Vampré esmiuçou as colunas escritas por Antonio Egidio Martins – as quais, coligidas, se tornaram os dois volumes de *São Paulo antigo* – em busca de informações que pudessem acentuar o caráter pitoresco e provinciano de São Paulo até boa parte do século XIX.

Com isso tudo o texto de Vampré, bem como de outros autores – envolvidos diretamente ou não com o ambiente da São Francisco – inverteu a lógica entre a cidade de São Paulo e a chegada do curso de Ciências Sociais no convento de São Francisco: para ele foi a cidade que retomou seu desenvolvimento a partir da instalação da Academia e não esta que teria sido implantada em São Paulo graças à pressão de políticos paulistas na Corte e à existência de condições materiais adequadas para tal empreendimento. No período subsequente à publicação do livro do professor de Direito, a cronologia

---

64 SAINT-HILAIRE, Auguste de. *São Paulo nos tempos coloniaes*, p. 132. *Apud* VAMPRÉ, Spencer. *Op. cit.*, p. 62-63.

65 BRUNO, Ernani da Silva. *Op. cit.*, vol. 1, p. 307.

que põe 1828 como baliza final do período de decadência paulista e início da retomada tornar-se-ia cada vez mais difundida, encontrando seu formato mais explícito na obra de 1953 de Ernani da Silva Bruno.[66] No restante de sua obra não interessou a Vampré os primeiros séculos de São Paulo, e mesmo o século XVIII e começo do XIX somente aparecem para oferecer o contraponto com o período pós-São Francisco.

Por isso escrevi que não creio que apenas o fato de a maioria dos membros do IHGSP ser oriunda da São Francisco justificasse por si só a defesa dessa tese. Creio que também influenciou a ideia de uma "nova gênese" para São Paulo, um renascimento em bases novas, talvez – também – por ser um marco associado à Independência e à formação do Estado brasileiro. O fato é que não apenas uma questão "corporativa" levou à difusão desse suposto papel da Academia na história de São Paulo.

Praticamente na mesma época em que surgia o texto de Vampré a respeito da história de São Paulo e da Academia de Direito do Largo de São Francisco, outro encontro ocorria numa rua da capital federal, e que teria desdobramentos que nos interessam aqui.

Paulo Prado

Não fora apenas a Afonso Taunay que a figura de Capistrano de Abreu cativara. Na década de 1920, o historiador cearense era uma figura extremamente importante no restrito meio intelectual brasileiro, mesmo no Rio de Janeiro. Mas, entre o fato de Capistrano de Abreu ser um historiador de renome ainda em vida e chegar ao ponto de ser reconhecido na rua e ser alvo de uma atenção que beirava a idolatria vai uma distância não desprezível.[67]

Talvez por isso o autor de *Caminhos antigos* tenha tomado susto quando foi abordado numa rua do centro do Rio de Janeiro por um desconhecido que, de pronto, lhe manifestou o mais sincero apreço e admiração intelectual. Espanto maior, visto que o "desconhecido" era alguém que conhecia a obra do historiador, mas, no entanto, não era alguém reconhecível pela fisionomia. Feitas as apresentações, a situação ficou mais clara.

Paulo Prado, descendente de uma das famílias mais ricas e influentes de São Paulo, era devotado admirador do sócio do IHGB, e ele próprio um pensador e escritor ainda

---

66 BRUNO, Ernani da Silva. *Op. cit.*, vol. 2.

67 PRADO, Paulo. *Paulística etc.* São Paulo: Companhia das Letras, 2004, p. 10-41.

titubeante. Animado com o encontro acidental, Prado convidou Capistrano ao almoço, no qual nasceu uma amizade que levaria o paulista à história de sua cidade.[68]

Estabelecido o contato entre os dois intelectuais, Capistrano incentivou Prado a pesquisar e escrever a respeito da história da capitania e cidade de São Paulo, adotando como parâmetro as indicações que lhe recomendou em carta privada,[69] a qual indiquei de modo pormenorizado ao tratar do historiador cearense. Ao compor *Paulística*, Paulo Prado tomou rigorosamente as recomendações de Capistrano de Abreu, a ponto – inclusive – de retomar a citação de Anchieta que aquele houvera inserido em *Caminhos antigos e povoamento do Brasil*.[70] No capítulo denominado "Decadência", Prado dizia:

> Em 1697, escrevia o governador Antonio Pais de Sande ao Conselho Ultramarino: "He finalmente a villa de S. Paulo digníssima de se verificar nella o celebre vaticínio do grande padre Joseph de Anchieta, que há ella de ser metrópole do Brazil..."
> Contradizendo a profecia anchietana, ao findar o século XVII já entrava a capitania de São Vicente em lento deperecimento que, agravando-se por todo o século seguinte, ainda por mais de cem anos a conservou adormecida na mais mofina e apagada decadência. As causas desse mal foram múltiplas e se originaram nas próprias glórias e triunfos da gente de São Paulo.[71]

Os demais capítulos de sua obra versavam a respeito de temas diversos e dispersos, sem um encadeamento cronológico ou narrativo. Precediam o capítulo a respeito da "Decadência" textos sobre o Caminho do Mar, José Bonifácio, sobre as famílias Pires e Camargo, a presença de cristãos novos na capitania de São Paulo, bandeiras. O livro se completa ainda com textos sobre Fernão Dias, os caminhos para as Minas Gerais, a cultura do café e um dedicado exclusivamente a Capistrano de Abreu.

Prado endossou a tese de que tanto a cidade de São Paulo quanto a capitania de São Vicente – e depois São Paulo – efetivamente entraram num processo de profunda

---

68 ARAÚJO, Karina Anhezini. *Op. cit.*
69 PRADO, Paulo. *Op. cit.*, p. 58 e 59.
70 ABREU, João Capistrano. *Caminhos antigos e povoamento do Brasil*. Rio de Janeiro: Sociedade Capistrano de Abreu/Livraria Briguiet, 1930.
71 PRADO, Paulo. *Op. cit.*, p. 152.

decadência causada por suas "próprias glórias e triunfos" (o bandeirismo e a descoberta das minas), situação que, iniciada no século XVII, se arrastou e aprofundou no seguinte. Tendo durado mais de um século, essa "decadência" somente teria sido superada no século XIX, justamente no surgimento da economia cafeeira. Bem como os autores que vimos anteriormente, Paulo Prado chancelava a ideia de um longo século XVIII marcado pela estagnação paulista, de diverso em seu texto há apenas uma indefinição de eventos que tenham clivado esses momentos da história de São Paulo. Enquanto outros, como Frei Gaspar da Madre de Deus e Machado D'Oliveira, indicavam claramente os eventos que marcaram a decadência – as leis a respeito do trabalho indígena, a extinção administrativa da capitania de São Paulo –, Paulo Prado contentou-se em indicar as situações de modo mais genérico. O mesmo tratamento é dado ao término da "decadência", a qual localiza no início do século XIX e que poderia ser encontrada na Independência (como em Machado D'Oliveira e Afonso Taunay), na economia cafeeira (como em Capistrano de Abreu ou novamente Taunay), no estabelecimento do curso de Ciências Sociais (como em Almeida Nogueira e Spencer Vampré) ou em algum dos diversos arranjos possíveis desses elementos. Mas o fato é que, no texto de Prado, ficou apenas como um século depois.

O texto de Prado é significativo, pois se trata de um autor, bem como Azevedo Marques e Antonio Egidio Martins, que não compunha o grupo central de pensadores do tema, como o era Afonso Taunay, ou Capistrano de Abreu antes dele. A obra de Paulo Prado demonstra como uma interpretação a respeito da história de São Paulo – a qual tenho perseguido até aqui – foi ganhando forma de "tradição" e se difundindo em grupos e públicos diversos (como também o fora o público de Antonio Egidio Martins).

Faz-se sentir em Paulo Prado a presença do Instituto Histórico e Geográfico de São Paulo (IHGSP) através dos escritos de seus membros e – talvez mesmo – no convívio entre eles. Sobre a "Decadência", especificamente, há uma constante recuperação do texto de Antonio Toledo Piza, intitulado "*Chronicas dos tempos coloniaes. A miséria do sal em S. Paulo. O militarismo em S. Paulo*", publicado no volume IV (1898/1899) da *Revista do IHGSP*.[72] O corpo de ideias apropriado por Prado pode ser sintetizado na insistência de Piza em que a capitania de São Paulo (quando ainda era São Vicente) entrara em franca decadência por conta dos recorrentes alijamentos causados pela Coroa

---

72 PIZA, Antonio Toledo. "Chronicas dos tempos coloniaes. A miséria do sal em S. Paulo. O militarismo em S. Paulo". *Revista do Instituto Histórico e Geográfico de São Paulo*, São Paulo, vol. IV, s/n, 1898/1899, p. 279-320.

Portuguesa: preterimento nas regiões auríferas, constantes divisões do território da capitania, os abusivos preços do sal, o êxodo masculino, a militarização da capitania procedida pelo restaurador da mesma, Morgado de Mateus, homem de confiança de Pombal.[73] Contudo, tanto no artigo de Piza quanto no capítulo de Paulo Prado exercem a força da ideia duas outras figuras: Pedro Taques e Frei Gaspar da Madre de Deus.

> Os dois vultos de cronistas paulistas que se destacavam nesse período da crassa ignorância e atraso provam de sobejo a inferioridade intelectual da época, com suas preocupações nobiliárquicas e cortesãs a que tudo subordinavam. E, na Europa civilizada, nesse momento, imperava o filosofismo e brilhava em pleno fulgor a falange da Enciclopédia, que já influenciava alguns espíritos de outras partes do Brasil...[74]

Mesmo incomodado com a insistência dos dois autores nos aspectos nobiliárquicos da elite tradicional paulista, Paulo Prado transforma parcialmente as interpretações dos dois autores setecentistas. Na obra de Frei Gaspar da Madre de Deus, como vimos, a descrição do autor é da existência de pobreza entre as "famílias tradicionais" de São Paulo; o beneditino não generalizou isso nem para outros grupos, "não tradicionais", nem para a cidade em si. Pedro Taques, por sua vez, sequer se empenhou demasiadamente nesta questão. Aliás, nenhum dos dois oferece qualquer elemento que possa ser empregado no estabelecimento de comparações entre a rusticidade e barbárie paulista frente à "Europa civilizada". Paulo Prado estende, bem como outros autores dos quais já tratei aqui, as descrições e os adjetivos que vão construindo um cenário terrível para a São Paulo setecentista. Ora, adotando livremente ou se valendo do texto de Piza, Paulo Prado realimenta a vida dos textos deixados por Taques e Madre de Deus no final do século XVIII, reproduzindo a cronologia a respeito da trajetória de São Paulo – cidade e capitania –, mas acrescentando ou subvertendo elementos da interpretação.

Há quem veja no pessimismo de Paulo Prado – sobretudo em *Retrato do Brasil* – a influência de Capistrano de Abreu,[75] mas, considerando que outros pensadores ligados ao historiador cearense, como Afonso Taunay, não adotaram tal postura, me parece um tanto injusto ou extremado atribuí-lo. No caso específico de *Paulística,* a descrição

---

73   PRADO, Paulo. *Op. cit.*, p. 158-159.
74   *Ibidem*, p. 166.
75   ARAÚJO, Karina Anhezini de. *Op. cit.*

prfundamente negativa de um século XVIII em São Paulo apenas se somava às tantas outras que circulavam desde Frei Gaspar.

No final da década de 1920, outro trabalho seria de importância fundamental na constituição dessa interpretação a respeito da história de São Paulo e com bem mais originalidade – ao menos nas fontes empregadas – do que Paulo Prado.

O segundo dos Machados

A publicação das *Atas da Câmara de São Paulo*, bem como dos *Inventários e Testamentos,* havia sido iniciada antes mesmo das iniciativas do prefeito historiador Washington Luís. Durante a gestão de Toledo Piza à frente do IHGSP, a partir de 1894, publicara-se a série *Documentos interessantes para a história e costumes de São Paulo,* na qual passaram a figurar os tais documentos.[76] Portanto, em 1929, época em que surgiu *Vida e morte do bandeirante,* a referência aos antigos documentos pessoais dos paulistas não era exatamente uma novidade.

José de Alcântara Machado possuía uma série de credenciais que o aproximavam da figura de um Alfredo Ellis Junior, ainda que em certos aspectos suas obras sejam diametralmente opostas, como veremos. Alcântara Machado orgulhava-se profundamente de sua ascendência, a qual remontava à família dos Oliveira, radicados em São Paulo desde os primeiros tempos. Neto do brigadeiro J. J. Machado D'Oliveira (ou "de Oliveira"), a respeito do qual tratei anteriormente, filho de Brasílio Machado e pai do Alcântara Machado mais famoso, literato modernista.[77]

Como tantos outros dos autores aqui estudados, Alcântara Machado bacharelou-se pelo curso de Direito do Largo de São Francisco e fez efetivamente uma carreira bastante sólida como jurista. Ocupou cargos na faculdade e dedicou-se à política. No interesse pela história de São Paulo ingressou no Instituto Histórico e Geográfico de São Paulo e, com *Vida e morte do bandeirante,* obteve a eleição para a Academia Brasileira de Letras em 1931. Alcântara Machado possuía algumas percepções a respeito da história não tão ortodoxas para a época e o meio social no qual viveu, sobretudo em sua defesa do estudo dos "homens sem qualidade". Defendia ele:

---

76 COSTA, Wilma Peres. "Afonso D'Escragnole Taunay: História geral das bandeiras paulistas". In: MOTA, Lourenço Dantas. *Introdução ao Brasil: um banquete no trópico*, vol. 2. São Paulo: Editora Senac, 2002, p. 103.

77 SOUZA, Laura de Mello. "Alcântara Machado: Vida e morte do bandeirante". In: MOTA, Lourenço Dantas. *Op. cit.*, p. 123-142.

> Reduzir o estudo do passado à biografia dos homens ilustres e à narrativa dos feitos retumbantes seria absurdo tão desmedido como circunscrever a geografia ao estudo das montanhas. Conflitos externos, querelas de facções, atos de governo estão longe de constituir a verdadeira trama da vida nacional. Não passam de incidentes; e, o que é mais, são o produto de um sem-número de fatores ocultos que os condicionam e explicam.
> O conhecimento do que o homem tem realizado no combate diuturno que desde as cavernas vem pelejando para melhorar-se e melhorar o meio em que vive, tal o objetivo essencial da história. Como poderemos atingi-lo se concentrarmos toda a atenção em meia dúzia de figuras, esquecendo o esforço permanente dos humildes, a silenciosa colaboração dos anônimos, as idéias e os sentimentos das multidões.[78]

O olhar que Alcântara Machado deitava sobre a história obviamente se distanciava de alguns escritores preocupados em colocar São Paulo e parte de suas famílias no mesmo patamar de riqueza e nobreza das demais elites coloniais portuguesas, assim como Oliveira Viana.[79] Por outro lado, como vimos, as interpretações a respeito da história de São Paulo recorrentemente insistiram na nobreza de caráter, de origem, na bravura, porém na simplicidade de seu povo. Neste sentido, Alcântara Machado não se distanciou de certa tradição da literatura que trata da história de São Paulo, deu, sim, uma percepção palpável e farta de elementos imagéticos que seriam recuperados e empregados na construção de uma determinada "imagem" de São Paulo e dos paulistas.

Perceba-se que o próprio escritor indicava que sua lente estava focada na materialidade ("no combate diuturno que desde as cavernas vem pelejando para melhorar-se e melhorar o meio em que vive") de uma parcela da população ("a silenciosa colaboração dos anônimos, as ideias e os sentimentos das multidões") até então negligenciada ("Reduzir o estudo do passado à biografia dos homens ilustres e à narrativa dos feitos retumbantes seria absurdo...").

Seu livro dedica-se a aspectos até então bastante ignorados pela bibliografia a res ganizados focando diversos aspectos dessa cotidianidade: "O povoado", "O sítio da roça", "O mobiliário", "A baixela", "Fato de vestir, joias e limpeza da casa", "A justiça", e assim por

---

78　MACHADO, Alcântara. *Op. cit.*, p. 29.
79　SOUZA, Laura de Mello. *Op. cit.*

diante. Encerram o livro dois capítulos fundamentais: Em face da morte e O sertão.[80] Esses dois capítulos sugerem, inclusive, uma perenidade em textos de outros autores.

A "morte" como fenômeno social, com significativas implicações culturais, era tema pouco recorrente nos estudos de São Paulo até então. Em geral os trabalhos se atinham a necrológios e correlatos. Machado inovou ao dar um tratamento "cultural" à morte. Também nisso – como veremos adiante – parece ter sido uma das referências de Gilberto Freyre.

No tocante ao "sertão" a situação é um pouco diversa. Vários autores contemporâneos ou mesmo anteriores a Alcântara Machado já haviam se dedicado ao tema, como o próprio Afonso Taunay,[81] mas a minúcia da descrição de Alcântara Machado nos objetos e técnicas era significativamente diversa das descrições de itinerários, rotas, objetivos etc. que marcaram os textos precedentes. Assim, o capítulo de Machado parece ser muito mais a referência para os trabalhos de Sérgio Buarque de Holanda que surgiram anos depois, como *Monções* e *Caminhos e fronteiras*,[82] surgidos respectivamente em 1945 e 1957.

Trabalhos recentes, como o de Milena Maranho,[83] vêm indicando uma pluralidade de condições econômicas muito maior do que se imaginava para as populações do planalto, mas, para além disso, há uma outra questão que envolve a sociedade descrita por Alcântara Machado.

Os inventários e testamentos flagram apenas uma parcela da população, a qual era apta a deixar algo digno de ser inventariado, o que já reduz razoavelmente seu espectro de abrangência. Em segundo lugar, como nota Maranho, declarar menos bens do que efetivamente se possuía era um modo de driblar situações indesejáveis, desde as tributações até mesmo a partilha entre entes não tão queridos. Resta, contudo, uma terceira dimensão.

---

80 MACHADO, Alcântara. *Op. cit.*, p. 209-228 e 229-247.

81 TAUNAY, Afonso D'Escragnolle. *São Paulo nos primeiros anos (1554-1601)* e *São Paulo no século XVI*. São Paulo: Paz e Terra, 2004. TAUNAY, Afonso. *História geral das bandeiras paulistas*. 11 vols. São Paulo: Typ. Ideal/H. L. Canton, 1924-1950.

82 HOLANDA, Sérgio Buarque de. *Monções*. São Paulo: Brasiliense, 1990. HOLANDA, Sérgio Buarque de. *Caminhos e fronteiras*. São Paulo: Companhia das Letras, 1995.

83 MARANHO, Milena. *A opulência relativizada: significados econômicos e sociais dos níveis de vida dos habitantes do Planalto de Piratininga (1648-1682)*. Dissertação de mestrado. Campinas, IFCH/Unicamp, 2000.

Os inventários e testamentos são textos que levantam a riqueza material do indivíduo, mas essa riqueza material não é um item universal, imanente, autorrevelado aos homens, não é uma "convenção", mas uma "conveniência científica". A pedra de toque desta questão é justamente compreender em cada sociedade e em cada tempo o que era passível de ser considerado "riqueza" e o quanto dessa riqueza era passível de ser inventariada. Riqueza, autonomia, consumo e valoração são elementos que devem ser pensados conjuntamente a fim de se ajustar a balança das trocas materiais.

Independentemente da parcialidade amostral com a qual Alcântara Machado trabalhou (e reconhecendo que não possuía a possibilidade de saber dos caminhos que o estudo da cultura material seguiria nas décadas seguintes), é fato que seu livro *Vida e morte do bandeirante* abriu um novo caminho para as pesquisas a respeito da vida dos paulistas nos séculos XVI, XVII e XVIII. E mais, suas incursões pelos testamentos trouxeram uma ideia mais clara da vida material que cercou os homens dos seiscentos e dos setecentos.

Mas, e sempre há um "mas", um dos problemas cruciais na obra de Alcântara Machado não está na obra em si, mas no combustível que forneceu para inúmeros outros autores, muitos dos quais com interesses e objetivos bastante diversos daqueles do escritor paulistano.

Ao tratar da antiga vila descreveu o autor:

> Ao tempo dos inventários a vila de São Paulo do Campo, capitania de São Vicente, partes do Brasil, não passa de um lugarejo humilde.
> Mil e quinhentas almas, cento e cincoenta fogos permanentes, é o que tem ao terminar o século XVI, no dizer de Teodoro Sampaio. Cem anos depois, continua a ser tão pequena a povoação, já então elevada à categoria de cidade, que, segundo Washington Luís, o edifício da Cadeia, junto ao convento de S. Francisco, está fora das ruas do concelho.
> Durante longo tempo o núcleo urbano se contém todo ele no triângulo, em cujos vértices figuram as igrejas de S. Francisco, S. Bento e Carmo. Do outro lado do Anhangabaú e do Tamanduateí, da banda de além, são os campos de criação e currais de gado, cerram-se as matas do Caaguassú e do Ipiranga, verdajam e lourejam as restingas de mantimentos, os vinhedos e os trigais.[84]

---

84 MACHADO, Alcântara. *Op. cit.*, p. 49.

De início é necessário reconhecer algo: o autor tratava a respeito, quando descrevia a cidade e a materialidade que cercava a vida de seus habitantes, dos séculos XVI e XVII primordialmente, em menor medida tratava do século XVIII e praticamente nada do XIX. A extensão atemporal que fizeram de suas descrições e conclusões não é de responsabilidade direta de Alcântara Machado.

Mas, para além, é necessário reconhecer que ele estava bastante alinhado, em termos de morfologia, com boa parte das descrições elaboradas por seus contemporâneos, muitos deles companheiros do IHGSP. É nessa chave que se encontra a "heterodoxia ortodoxa" de Alcântara Machado: discordar concordando, demonstrar uma vida material simples, de gente que não viveu cercada de fausto, como quiseram alguns, mas, por outro lado, demonstrar também nessa materialidade uma dignidade de caráter, uma robustez, uma altivez que, herdada dos tempos dos bandeirantes, se tornou gérmen para a grande São Paulo de seu tempo. Para arrematar diria, bem mais adiante:

> Através dos inventários divulgados a velha família paulista se nos revela em toda a sua coesão e robustez. Então, mais do que em nenhum outro momento de nossa história, os fatos se incumbem de demonstrar que a verdadeira unidade social é a família. Que vale, sozinho, o indivíduo, num ambiente em que a força desabusada constitui lei suprema?[85]

Eis a resposta para a pobreza material: a robustez social, fundamentada na inabalável estrutura familiar.

Inclusive, ou sobretudo, nesta ideia seminal de Alcântara Machado reside um dos elementos de simpatia de muito autores para com sua obra. Nesta fortuna e sina simultâneas, *Vida e morte do bandeirante* caiu no gosto de muitos escritores, embora, talvez pelo fato de não ser uma narrativa como as de tantos outros, não tenha se difundido largamente entre o público comum. Enquanto passou a ser leitura obrigatória para estudiosos de São Paulo não foi agraciado pelos leigos, como parte dos trabalhos de Afonso Taunay, Teodoro Sampaio ou daquele que lhe prefaciou o livro: Sérgio Milliet.

Sérgio Milliet, na introdução a obra de Alcântara Machado, concluía seu arrazoado da seguinte forma:

---

85 *Ibidem*, p. 153.

> A província se despovoa, o fatalismo substitui o antigo entusiasmo, a velha febre de aventuras. Nesse estado lamentável é que a vão descrever os capitães generais no fim do século XVIII. A pior gente do mundo, relaxada, indolente, orgulhosa, selvagem e estúpida, diz a correspondência enviada a Corte. França e Horta (sic) não vêem solução (sic) para os paulistas, desde que a encontrada pelos antecessores, de mandá-los guerrear em Iguatemi, não dera resultado. E é nesse estado de modorra econômica, embora se verifique então um renascimento na lavoura do trigo e no plantio da vinha, que Saint-Hilaire nos visita e se espanta ao lembrar que essa mesma gente tão apática e provinciana cem anos antes desbravou o Brasil.
>
> Mas o café se esgueirava pelas fronteiras deitando as raízes de um novo surto progressista. Graças a Deus.[86]

Imagino que não era exatamente esse o sentido que Alcântara Machado quisera dar a *Vida e morte do bandeirante*. Mas como livros são coisas entregues ao mundo, e nele sofrem elogios e sevícias, Sérgio Milliet viu na simplicidade material encontrada nos testamentos dos paulistas por Alcântara Machado munição para sua apologia do café – e da elite cafeicultora – como salvador da lavoura, literalmente. Apropriou-se daquilo que lhe servia e associou a recuperação econômica de São Paulo ao surto cafeeiro.

É claro que ignorou que a recuperação da economia paulista datava já de finais do século XVIII, muito antes do café deixar o Vale do Paraíba e se espalhar pelo oeste paulista, com os imigrantes europeus (outros dos "heróis" de Milliet). E essa informação, a respeito da recuperação econômica a partir, mas não somente, da lavoura do açúcar já era corrente entre os estudiosos no começo do século XX.

Mas a obra de Alcântara Machado também teve desdobramentos de outra ordem, como citei anteriormente para o caso de Gilberto Freyre e Sérgio Buarque de Holanda. Gilberto Freyre era leitor e admirador confesso de Alcântara Machado, e a leitura de *Vida e morte do bandeirante* deve ter lhe inspirado muito, posto que em sua trilogia épica a respeito da formação da sociedade brasileira se valeu de inúmeros procedimentos largamente empregados pelo escritor paulista. Também em Freyre estão os testamentos e inventários, e muito mais a observação da cultura material, para a qual, diga-se a

---

86 MILLIET, Sérgio. "Prefácio". In: MACHADO, Alcântara. *Op. cit.*, p. 22.

bem da verdade, contribuíram muito os estudos em antropologia e o pensamento de Franz Boas.[87]

Além do mais, também a descrição da rusticidade de São Paulo se encaixava no esquema desenhado na cabeça de Freyre, tanto quanto a colocação da família como base da estrutura sociocultural da América Portuguesa. Enquanto o nordeste vivia sua época de fausto, São Paulo nada mais era do que uma vila rústica e de gente simples, situação que se inverteria com a decadência da economia açucareira, do patriarcado rural, a ascensão do urbano, da esfera pública em detrimento da privada e a ocupação do protagonismo econômico brasileiro por São Paulo. Era uma peça perfeita na engrenagem freyriana a obra de Alcântara Machado. Não acidentalmente, décadas depois, Freyre recomendaria a outro escritor paulista – Ernani da Silva Bruno –, desejoso em escrever sua própria narrativa da história da cidade, que lesse e adotasse com atenção as ideias de *Vida e morte do bandeirante*.[88]

Por fim, sintetizando, *Vida e morte do bandeirante* se tornou um marco na bibliografia a respeito da história de São Paulo. Serviu de referência para inúmeros autores que surgiram posteriormente ao seu lançamento, e embora não fosse o primeiro a empregar inventários e testamentos para o estudo da história paulista, foi o que mais atenção lhes deu, até então, bem como investiu muito na revelação dos traços cotidianos da cultura paulista nos seus primeiros séculos de existência. Embora pouco tratasse do século XVIII, acabou sendo empregado como "fonte" para aqueles que estenderam a ideia de "pobreza" de São Paulo até o surgimento da economia cafeeira. A respeito da visão de Alcântara Machado sobre o universo paulista, é possível notar o equilíbrio entre a "rusticidade" ou "singeleza" material com um elevado desenvolvimento do "caráter", da "honra". Por isso insisti no fato de que Alcântara Machado foi inovador em determinados aspectos, até mesmo heterodoxo, mas em outros construiu uma narrativa que se coadunava com as de seus contemporâneos.

---

87 FREYRE, Gilberto. *Casa Grande e senzala: formação da família brasileira sob o regime patriarcal*. São Paulo: Global, 2005, p. 106, 137, 149, 525, 555. SKIDMORE, Thomas. "Raízes de Gilberto Freyre". In: KOSMINSKY, Ethel Volfzon; LEPINE, Claude; PEIXOTO, Fernanda Áreas (orgs.). *Gilberto Freyre em quatro tempos*. Bauru: Edusc, 2003, p. 41-64. LEPINE, Claude. "Cozinha e dieta alimentar na obra de Gilberto Freyre". In: KOSMINSKY, Ethel Volfzon; LEPINE, Claude; PEIXOTO, Fernanda Áreas (orgs.). *Gilberto Freyre em quatro tempos*. Bauru: Edusc, 2003, p. 287-314. FREYRE, Gilberto. "Prefácio". In: BRUNO, Ernani da Silva. *História e tradições da cidade de São Paulo, vol. 1: Arraial de sertanistas (1554-1828)*. Rio de Janeiro: José Olympio, 1953, p. III-XVIII.

88 BRUNO, Ernani da Silva. *Almanaque de memórias*. São Paulo: Hucitec, 1986.

Efetivamente, como veremos adiante ao tratar das comemorações do IV Centenário da Cidade de São Paulo, a descrição da "vida e morte do bandeirante" ainda teria inúmeros desdobramentos pela frente.

Pretendo agora investigar – ainda que de modo expedito – alguns aspectos do trabalho de um dos historiadores da Universidade de São Paulo, e que, diferentemente de Afonso Taunay (o qual permaneceu na universidade por tempo restrito), se dedicou longamente à vida acadêmica e nos oferece um outro "lugar" na produção e apropriação das interpretações a respeito da história da cidade de São Paulo, sobretudo no complexo século XVIII.

Alfredo Ellis Junior

Escrevi anteriormente, concordando com Antonio Celso Ferreira,[89] que o surgimento da Universidade de São Paulo, em 1934, não significou de imediato uma mudança significativa nas interpretações a respeito da história de São Paulo.

Certamente havia tensões para a constituição de interpretações que fossem discordantes dos pilares fundamentais estabelecidos pela tradição para a história de São Paulo. Exatamente por isso tomo agora os textos de um historiador que apesar de ter passado pelos bancos da São Francisco, pelo IHGSP, pelo Museu Paulista, se associou muito mais ao ambiente universitário do que aos demais, ao menos no conjunto de sua carreira.

Alfredo Ellis Junior, filho do senador Alfredo Ellis e de Sebastiana Eudóxia da Cunha Bueno, nascido em 1895 na cidade de São Carlos em uma das influentes famílias cafeicultoras da região, se orgulhava de ser neto do Visconde de Cunha Bueno (Tenente Coronel Francisco da Cunha Bueno) e descendente direto dos antigos Buenos, família do famoso Amador Bueno, o que lhe atribuía o que Alcântara Machado chamava de origem "quatrocentona".[90] Neste aspecto, para Ellis Junior, tanto quanto fora para as gerações do final do século XIX e começo do XX, a economia e os grupos cafeeiros paulistas eram os legítimos herdeiros de uma secular estirpe, de uma nobreza da terra, responsáveis pelo renascimento econômico da província, artífices da independência, pedra fundamental da nação. A respeito das ligações familiares, escreveu a Ellis "filha":

---

89 FERREIRA, Antonio Celso. *Op. cit.*
90 *Ibidem*, p. 331-332.

> As raízes da família mergulham no quinhentismo, oriundas dos primeiros povoadores vicentinos, da mestiçagem com o índio e dos nossos primeiros mamelucos e sertanistas; raízes de velho tronco, em que um ramo britânico se enxertou com a presença de William Ellis, médico, no Brasil desde o findar de 1832, com 26 anos de idade (o registro do seu diploma, conferido pelo Real Colégio dos Cirurgiões de Londres, data de 26 de dezembro de 1828 e se encontra no Arquivo Municipal de São Paulo).[91]

Quando aluno do Colégio de São Bento assistiu às aulas de Afonso Taunay de história universal e paulista, as quais lhe despertaram o profundo interesse pelo assunto. A respeito disso escreveu na mesma carta à filha:

> A matéria de minha predileção era História Universal, sempre com o Prof. Taunay [...]
> Era professor de Geografia Dr. Afonso Taunay, que depois foi também amigo meu, a quem muito haveria de dever nas minhas carreiras política e científico-literária...[92]

Em 1913 passou a ocupar um dos assentos no curso de Direito na São Francisco, se formando em 1917. Nada surpreendente para alguém com seu perfil familiar: a formação num afamado colégio, viagem de formatura à Europa, curso de Direito na São Francisco. A partir daí poderia desenvolver habilidades dentro de um leque um tanto restrito de possibilidades: a vida intelectual, a política, o direito, o jornalismo, ou, o mais provável, um pouco de cada coisa ou todas ao mesmo tempo. Entretanto, antes de pousar no campo da história, exerceu a promotoria em sua cidade natal. Político filiado a essa época ao Partido Republicano Paulista – o PRP –, elegeu-se deputado estadual e lá ficou por duas legislaturas, até o fechamento desta durante a Revolução de 1930.

---

91   ELLIS, Myriam, "Prefácio à segunda edição de *A economia paulista no século XVIII*". In: ELLIS JUNIOR, Alfredo. *A economia paulista no século XVIII, o ciclo do muar, o ciclo do açúcar*. São Paulo: Academia Paulista de Letras, 1979, p. 11.

92   *Ibidem*, p. 12.

Em 1932 se alistou no exército constitucionalista e amargou a derrota do estado na frente de batalha, fato que certamente consolidou sua posição profundamente "pró-paulista".[93]

Em 1926 havia publicado a obra que mais fortemente ficou associada à sua figura, *Raça de gigantes*, dedicada à história de São Paulo e, sobretudo, à formação "eugênica" dos paulistas. De modo significativo, é importante lembrar que as discordâncias do autor de *Raça de gigantes* para com outros dois autores se deviam em grande medida à sua rejeição à contribuição africana na formação do paulista.

Em Viana via uma associação exagerada das famílias cafeicultoras escravistas do Vale do Paraíba com a formação de seus "gigantes paulistas", em Freyre refutava o perfil familiar colonial nordestino descrito pelo autor como a base histórica da sociedade brasileira, novamente muito ligada à presença africana. Os bandeirantes paulistas, verdadeiros pilares da "paulistanidade", não comportariam, para Ellis, essas matrizes.[94]

Apesar da divergência, Ellis Junior tinha em Viana um grande inspirador, digno da mais respeitosa divergência, além de segui-lo em tantos outros aspectos da interpretação histórica da trajetória paulista.

Escreveu o historiador paulista em suas memórias:

> Apesar de ter eu me colocado em ponto contrário às idéias de Oliveira Viana, não posso deixar de reconhecer que ele foi dos intelectuais que mais influência causou na minha formação. Muitos conceitos por ele emitidos estavam certos e possibilitaram muitos raciocínios meus aplicados aos históricos capítulos paulistas.

E mais adiante:

> Travei, concomitantemente, uma polêmica com Oliveira Viana, o sociólogo que na época fazia furor com suas reconstituições históricas. Infelizmente, o ilustre sociólogo tomou como base para seus trabalhos os legados

---

93 *Ibidem*, p. 9 e seguintes.
94 MONTEIRO, John Manuel. "Caçando com gato: raça, mestiçagem e identidade paulista na obra de Alfredo Ellis Jr." *Novos Estudos*, São Paulo, Cebrap, vol. 38, 1994. p. 68-71.

megalômanos de Pedro Taques. Eu, que havia feito pesquisas em documentos de publicação oficial, mostrei que essas bases estavam erradas...[95]

Tanto quanto em Alcântara Machado, a tão proclamada "pobreza verificada", identificada e documentada nos papéis da São Paulo dos séculos XVI, XVII, XVIII, possuem uma possibilidade de leitura a contrapelo. Em 1926, quando Ellis Junior publicou *Raça de gigantes*, respondia à descrição de fausto elaborada por Oliveira Viana, e possivelmente fundamentada nos textos de setecentistas de Pedro Taques. Isso, aliás, reforça o quanto a posição de *Vida e morte do bandeirante,* de 1929, não constituía um "ponto fora da reta" entre as interpretações a respeito da história de São Paulo que vinham sendo elaboradas há décadas.

Mas a pobreza paulista defendida por Ellis Junior, Alcântara Machado e outros de sua geração ou mesmo das posteriores, não está ligada ao desejo profundo de guardar para os seus um papel protagonista no suposto "renascimento econômico e social" de São Paulo? Renascimento este capitaneado pelo mundo do café (sobretudo o do oeste paulista e não o antigo café do Vale do Paraíba), do qual a família "Bueno" era participante? Não seria desejável estabelecer, ainda, uma genealogia que atribuísse aos cafeicultores uma legítima ascendência nos antigos paulistas dos primeiros séculos, tal como defendiam os Ellis para o seu caso familiar? Mesmo que entre os Buenos do século XVI, ou XVII, e os Buenos do XIX, houvesse um "Ellis" diretamente vindo da Inglaterra?

Em 1926, ao publicar *Raça de gigantes,* Ellis Junior definiu dois tipos humanos, fundamentados sobre argumentos mesológicos encontrados na península ibérica e nas Américas, o *"povoador"* e o *"morador",*[96] sendo que os paulistas seriam da segunda ordem por conta de sua atuação cultural no planalto paulista. O *semeador* e o *ladrilhador* de 1936,[97] descritos também mesologicamente por Sérgio Buarque de Holanda, não seriam revisões dos tipos psicológicos desenhadas por Ellis Junior exatamente há dez anos?

As tensões para a definição da cultura paulista nos séculos XVI, XVII e XVIII, bem como a definição dos próprios paulistas, parece ter continuado a emanar das instituições tradicionais da cidade, como o IHGSP e a São Francisco, mesmo após a criação

---

95   ELLIS JUNIOR, Alfredo. "Roteiro da minha vida", *Apud* ELLIS, Myriam. *Op. cit.*, p. 12-13.
96   ELLIS JUNIOR, Alfredo. *Raça de gigantes: a civilização no planalto paulista.* São Paulo: Hélios, 1926.
97   HOLANDA, Sérgio Buarque de. *Raízes do Brasil.* São Paulo: Companhia das Letras, 1997.

da Universidade de São Paulo em 1934. Como vimos, para a formação da USP não havia muitas alternativas senão a convocação dos quadros do IHGSP. Tanto Taunay quanto Ellis Junior fizeram essa trajetória, sendo que o segundo substituiu o primeiro quando, em 1939, Taunay foi obrigado por lei a optar com qual dos dois cargos públicos preferia ficar. Optou pela direção do Museu Paulista e abriu espaço para que Ellis Junior assumisse a cadeira de História da Civilização Brasileira.

Em 1950, Ellis Junior e sua filha, então sua assistente, Myriam Ellis, publicaram uma obra de bastante interesse, reeditada em 1979 por iniciativa da Academia Paulista de Letras, *A economia paulista no século XVIII, o ciclo do açúcar, o ciclo do muar*.[98]

Nota-se no texto algumas mudanças significativas diante do que havia sido escrito nas primeiras décadas do século, movimento do qual o próprio Alfredo Ellis Junior havia participado. Escreveram eles no texto:

> Apesar disso, entretanto, o Planalto lucrou muito com o comércio com as Gerais, fornecendo progressivamente recursos de que dispunha cada vez mais na proporção em que se expandia territorial e demograficamente. São Paulo foi então a verdadeira retaguarda econômica das Gerais. Quem em primeiro lugar se referiu a isso foi o prof. Taunay em carta a Roberto Simonsen, a qual vem publicada no volume I da História Econômica do Brasil.
> Mais tarde, com este excelente ponto de partida, o Boletim 8 da Cadeira de História da Civilização da Faculdade de Filosofia, Ciências e Letras, perfilhando a idéia, a aprofundou, tirando o máximo partido que ela poderia oferecer. Assim será fácil explicar o enorme aumento demográfico registrado pelo Planalto, o qual é inigualado em todo mundo.
> Isso nos dá idéia de quão importante seria o movimento comercial entre o Planalto e as Gerais. [...]
> São Paulo era como a hidra cuja cabeça crescia! Ou, ainda, São Paulo era como a lendária Fênix, que renascia das próprias cinzas. Durante o curto período de 15 anos, São Paulo esteve privado da sua individualidade. Pois era tão grande a sua "vis propulsiva" demográfica que Portugal teve que restaurar a sua autonomia suprimida nos tempos do consulado de Alexandre de Gusmão no reinado absolutista de D. João V.

---

[98] ELLIS, Myriam & ELLIS JUNIOR, Alfredo. *A economia paulista no século XVIII, o ciclo do açúcar, o ciclo do muar*. São Paulo: Academia Paulista de Letras, 1979.

Não foi por amor a São Paulo que, no governo metropolitano de D. José, Pombal restaurou a capitania paulista. Foi forçado a isso![99]

A recorrência à figura da fênix não é fortuita. Ela aparece recorrentemente na correspondência entre D. Luiz de Souza Botelho Mourão, o Morgado de Mateus, encarregado pelo Marquês de Pombal de estabelecer a restauração administrativa da capitania de São Paulo em 1765, e outras autoridades.[100] Também foi essa ideia que norteou o trabalho de Heloisa Liberalli Bellotto, *Autoridade e conflito no Brasil colonial: o governo do Morgado de Mateus em São Paulo*, tese defendida na Faculdade de Filosofia, Ciências e Letras da Universidade de São Paulo em 1976, sob a orientação de Sérgio Buarque de Holanda. A respeito de Bellotto, aliás, há um dado que nos interessa aqui: na introdução de seu trabalho, remete-se com gratidão aos trabalhos de Maria Theresa Petrone, *A lavoura canavieira em São Paulo*,[101] Alice Canabrava, *Uma economia de decadência: os níveis de riqueza na Capitania de São Paulo, 1765-67*,[102] Maria Luiza Marcílio, *A cidade de São Paulo: povoamento e população, 1750-1850*[103] e Myriam Ellis, *São Paulo: de Capitania a Província*, além de Afonso Taunay, Toledo Piza, e inúmeros autores do final do século XVIII e começo do XIX. Curiosamente, não cita justamente o texto mais específico a respeito da economia paulista no século XVIII publicado até então, no qual se encontra o excerto citado.

Os estudos a respeito do tropeirismo, da economia do açúcar na fronteira com Minas Gerais e outros tantos que surgiram nas décadas de 1960, 1970 tinham certamente como fundamento as primeiras sondagens feitas pela dupla de Ellis no final da década de 1940.

Contudo, o que me interessa especificamente é o fato de que no final dessa mesma década algumas novas percepções a respeito da história de São Paulo haviam começado

---

99 *Ibidem*, p. 62-63.

100 BELLOTTO, Heloisa Liberalli. *Autoridade e conflito no Brasil Colonial: o governo do Morgado de Mateus em São Paulo*. São Paulo: Secretaria da Educação, 1979.

101 PETRONE, Maria T. S. *A lavoura canavieira em São Paulo, expansão e declínio (1765-1851)*. São Paulo: Difel, 1968.

102 CANABRAVA, Alice P. "Uma economia em decadência: os níveis de riqueza na capitania de São Paulo, 1765-1767" *Revista Brasileira de Economia*, Rio de Janeiro, 26(4), p. 95-123, out.-dez. 1972.

103 MARCÍLIO, Maria Luiza. *A cidade de São Paulo, povoamento e população (1750-1850)*. São Paulo: Pioneira/Edusp, 1974.

a se formar, e em boa medida nascidas da desconfiança do crédito que se dera aos relatos setecentistas de Pedro Taques.

Sobre Taques, notava Ellis Junior:

> Após a exposição das verdadeiras condições de existência da gente de São Paulo, acompanha o historiador a evolução democrática em terras paulistas; e, apontando para as feições do nível social ibérico dos povoadores do planalto, desmistifica a sua origem sobre apregoada por Pedro Taques e Frei Gaspar da Madre de Deus; demonstra a igualdade e o sentimento democrático dos povoadores de São Paulo no quinhentismo e suas raízes, e as características da formação e da diferenciação das camadas sociais paulistas durante os séculos seiscentista e setecentista.[104]

É claro, pelo excerto acima, que no lugar da "nobreza de berço", de sangue, Ellis Junior estabelece uma forma de nobreza mais adequada a meados do século XX, supostamente democrática, empreendedora, arrojada, mas igualitária e sem traços de ostentação. Novo arranjo das mesmas peças interpretativas?

De qualquer modo, é notável que, ao menos no recém-criado ambiente da FFCL, alternativas estavam sendo engendradas, ainda que em termos de difusão popular fosse infinitamente menos eficaz (inclusive pelo fato dos objetivos serem outros) do que as gerações e os grupos anteriores.

Embora, tal como Alcântara Machado e outros de sua geração, Ellis Junior tenha defendido a ideia de "simplicidade" paulista nos século XVII e XVIII, tal como está no excerto, bem como a "nobreza de caráter" que compensava essa pouca exuberância material, seus trabalhos foram criando certa autonomia diante das interpretações tradicionais a respeito da história de São Paulo, as quais indicavam situações mais complexas nas mais diversas esferas da vida. Ainda assim manteve a extinção e a restauração administrativa da capitania de São Paulo como marcos fundamentais para o século XVIII, e com severas recriminações à atuação da Coroa portuguesa, como fizeram inúmeros autores que aqui vimos no decorrer do texto.

O que creio ser significativo é que, passada mais de uma década e meia da criação da Universidade de São Paulo, e apesar da manutenção de pontos fundamentais das interpretações tradicionais, a pesquisa a respeito da história de São Paulo dava indícios

---

104   ELLIS, Myriam & ELLIS JUNIOR, Alfredo. *Op. cit.*, p. 28.

de construir alguma liberdade na academia. Certamente o ambiente do final dos anos de 1940 e começo dos de 1950 era bastante diverso daquele dos anos de 1910 e 1920, período ainda profundamente marcado pela atuação do IHGSP. Mas, mesmo com a mudança do cenário e o surgimento de interpretações parcialmente diversas das tradicionais, o processo não é absolutamente linear, e a aproximação do IV Centenário da Cidade de São Paulo seria um exemplo eloquente disso.

E o IV Centenário da Cidade de São Paulo embaralha novamente as cartas

Georges Duby, na abertura de *O Domingo de Bouvines,* escreveu:

> Os acontecimentos são como a espuma da história, bolhas que, grandes ou pequenas, irrompem na superfície e, ao estourar, provocam ondas que se propagam a maior ou menor distância.[105]

Mas também a lembrança dos eventos promove tal movimento. O gosto pelas efemérides promove grandes ondas de interesse ou de busca de referências a respeito de determinados eventos.

A produção a respeito da história da cidade de São Paulo jamais parara efetivamente, porém o interesse pelo tema havia diminuído frente ao que fora nas primeiras décadas do século XX. Entretanto, ao chegar próximo do ano de seu IV Centenário de surgimento, em 1954, o interesse pela história da cidade de São Paulo recrudesceu de modo impressionante. Seja motivado pelas ações da própria municipalidade, seja pela atuação do IHGSP, da USP, do Museu Paulista ou de outras instituições ligadas à história e à memória da cidade, ou, ainda, por iniciativa própria de determinados indivíduos, o fato é que jamais, até então, se difundira tanto a respeito do tema. Até mesmo na literatura a chegada do IV Centenário fez sentir seus efeitos, como na publicação do "romance comemorativo" *A muralha*, de Dinah Silveira de Queiroz.[106] Ainda, entre os anos de 1953 e 1954, publicou-se o *Dicionário de bandeirantes e sertanistas do Brasil,*

---

105 DUBY, Georges. *O Domingo de Bouvines, 27 de julho de 1214.* Rio de Janeiro: Paz e Terra, 1993, p. 14.

106 QUEIROZ, Dinah Silveira de. *A muralha.* Rio de Janeiro: José Olympio, 1954.

de Francisco de Assis Carvalho Franco,[107] *Relatos monçoeiros,*[108] *Relatos sertanistas*[109] e *Quatro séculos paulistanos,*[110] todos de Afonso Taunay, *Dicionário de autores paulistas,* de Luis Correia de Melo,[111] *Subsídios para a história da civilização paulista,* de Aureliano Leite,[112] além da reedição das obras de Anchieta,[113] de Manuel da Nóbrega,[114] de Frei Gaspar da Madre de Deus, Pedro Taques, Azevedo Marques,[115] as cartas dos primeiros jesuítas, as plantas da cidade, conjuntos de fotografias etc. Além disso, diversas outras ações foram encetadas restaurando lugares ligados ao passado paulista, como a Casa Bandeirista, e a construção do Monumento às Bandeiras de Brecheret.

Em verdade o IV Centenário da Cidade de São Paulo foi um momento singular graças ao peculiar aspecto de que muitas gerações, com formações diversas e papéis diferenciados no concerto social, participaram das festividades e da enxurrada de publicações motivadas pelas mesmas. Afonso Taunay ainda vivia e muito influenciou na

---

107 FRANCO, Francisco de Assis Carvalho. *Dicionário de bandeirantes e sertanistas do Brasil.* São Paulo: Comissão do IV Centenário da Cidade de São Paulo, Divisão de Publicações, 1954.

108 TAUNAY, Afonso D'Escragnole. *Relatos monçoeiros.* São Paulo: Comissão do IV Centenário da Cidade de São Paulo, Divisão de Publicações, 1953.

109 TAUNAY, Afonso D'Escragnole. *Relatos sertanistas.* São Paulo: Comissão do IV Centenário da Cidade de São Paulo, Divisão de Publicações, 1953.

110 TAUNAY, Afonso D'Escragnole. *Quatro séculos paulistanos.* São Paulo: Gráfica Municipal, 1954.

111 MELO, Luis Correia de. *Dicionário de autores paulistas.* São Paulo: Comissão do IV Centenário da Cidade de São Paulo, Divisão de Publicações, 1954.

112 LEITE, Aureliano. *Subsídios para a história da civilização paulista.* São Paulo: Saraiva, 1954.

113 ANCHIETA, José de. *Na festa de São Lourenço: um auto do padre Anchieta.* São Paulo: Comissão do IV Centenário da Cidade de São Paulo, Divisão de Publicações, 1954.

114 NOBREGA, Manuel da. *Diálogo sobre a conversão do gentio.* Lisboa: s/e, 1954.

115 Para os casos de Pedro Taques, *Nobiliarquia paulista,* Frei Gaspar da Madre de Deus, *Memória para a história da Capitania de São Vicente,* e Manuel Eufrásio de Azevedo Marques, *Apontamentos históricos, geográficos, biográficos, estatísticos e noticiosos da província de São Paulo,* considere-se as publicações de 1953 e 1954 pela comissão do IV Centenário da Cidade de São Paulo. Para fins deste trabalho empregamos outras edições das referidas obras.

definição das comemorações, mas não era voz solo no concerto. Richard Morse, o brasilianista, fora convocado a colaborar,[116] bem como o português Jaime Cortesão.[117]

Não que uma interpretação a respeito da história da cidade de São Paulo radicalmente diversa ou profundamente autônoma tivesse surgido desde 1934, mas era perceptível o processo de consolidação de um corpo de historiadores profissionais ligados a USP. O próprio Sérgio Buarque de Holanda passava a ser mais o autor – no que diz respeito à pratica intelectual – de *Monções* de 1945 do que de *Raízes do Brasil*, já atuando como professor da Faculdade de Filosofia, Ciências e Letras da Universidade de São Paulo. Alfredo Ellis Junior vinha produzindo de forma bastante diferenciada do que havia sido *Raça de gigantes*, de 1926.

No conjunto das comemorações do IV Centenário, contudo, Sérgio Buarque, Afonso Taunay, Richard Morse, Jaime Cortesão e figuras como Ernani da Silva Bruno e Dinah Silveira de Queiroz conviveram, ou melhor, suas interpretações a respeito da história da cidade de São Paulo compartilharam o espaço das festividades.

Obviamente que não se trata da simples permanência de obras e interpretações, mas do reavivamento delas, da tomada de força de determinadas vertentes interpretativas, da disputa por espaço e por influência.

Mas o peso das festividades e a aderência que havia se estabelecido entre os cidadãos comuns e as interpretações traçadas até as primeiras décadas do século XX – quando além das ações no âmbito interno das instituições de letrados em São Paulo, como no IHGSP e na São Francisco, houve uma ação coordenada e não insignificante para atingir a população. A ação difusora das primeiras décadas do século XX, na comemoração do I Centenário da Independência do Brasil, na crescente decoração do Museu Paulista, na construção do conjunto de monumentos da Estrada Velha para Santos, na campanha pré-Revolução de 1932 e em outros tantos momentos, havia surtido um efeito muito sólido na consolidação de determinadas imagens, pressupostos, vertentes

---

116 Morse publicou *Formação histórica de São Paulo: biografia da cidade* em 1954 pela Comissão do IV Centenário. Para este trabalho empregamos a edição de 1970 da Difel, na coleção *Corpo e Alma do Brasil*.

117 Cortesão, além de trabalhar na organização dos eventos da comemoração, publicou em 1954 texto a respeito do Tratado de Madri e em 1955 outro intitulado *A fundação de São Paulo* (Rio de Janeiro: Livros de Portugal, 1955).

interpretativas.[118] Sob tal pressão dificilmente seria o IV Centenário da Cidade de São Paulo o momento mais aberto para redirecionamentos significativos.

Casos curiosos pontuaram as comemorações da efeméride paulista em 1954 e são indícios significativos das "operações" em torno da construção, revisão ou difusão de determinadas interpretações a respeito da história paulista.

Para dar "corpo" e visibilidade ao passado bandeirante, tratou-se de organizar uma exposição de objetos referentes a São Paulo nos séculos XVI, XVII e XVIII. Contudo, a tarefa era infinitamente mais complexa do que pareceu num primeiro momento. Em primeiro lugar, "quais" objetos haveriam de ser reunidos? Onde encontrá-los? Como organizar este material?[119]

A primeira questão foi resolvida em grande medida com o auxílio das obras escritas nas décadas de 1920 e 1930, como *Vida e morte do bandeirante* de Alcântara Machado, ou as obras de Taunay a respeito das monções ou das bandeiras. Havia também a iconografia produzida por Oscar Pereira da Silva, Wasth Rodrigues, Bendito Calixto e outros tantos. Também se valeu das descrições e iconografia produzida pelos estrangeiros.[120]

É claro que essa perspectiva não habitava a mente dos envolvidos com as comemorações do IV Centenário no começo da década de 1950, entretanto – para nós – é curiosa a operação histórica que transformou as representações a respeito da história de São Paulo em documento, em prova, em fonte para a construção de outras representações. Textos e imagens construídos a partir de documentos manuscritos, relatos, depoimentos, relatórios, se tornaram base eles próprios para outra representação, desta vez material, tangível da história de São Paulo. E isso sem esquecermos o quanto a construção desses textos – como o de Alcântara Machado

---

118   FERREIRA, Antonio Celso. *Op. cit.*, p. 267-352.

119   BRUNO, Ernani da Silva. *Almanaque de memórias, op. cit.*

120   Os objetos reunidos para a exposição do IV Centenário, e expostos durante um bom tempo no edifício da Bienal, no Ibirapuera, depois foram transferidos para o Departamento de Patrimônio Histórico da cidade de São Paulo e de lá divididos entre diversos acervos e locais: a reserva técnica do próprio DPH, a Casa Bandeirista, o Sítio da Ressaca, o Museu da Casa Brasileira e até mesmo igrejas do centro velho da cidade. Com isso os dados essenciais a respeito da origem das peças jamais foram organizados e hoje estão praticamente perdidos. As melhores tentativas para a elucidação da natureza desse acervo encontram-se na comparação morfológica com peças existentes em outras coleções, das quais dispomos informações melhores. Um dos responsáveis pela movimentação de parte desse acervo após o término das festividades foi justamente Ernani da Silva Bruno, que na sequência assumia a direção do Solar dos Prado, o nascente Museu da Casa Brasileira.

– já haviam contemplado métodos bastante "seletivos" de documentos. O que era interpretação mais uma vez era tomado como prova.

Assim, para a constituição da exposição de objetos e da Casa Bandeirista, prevaleceu a interpretação que entendia São Paulo como uma área sem grandes recursos, de vida material simples. Comporiam a exposição móveis rústicos, objetos de madeira, fibras naturais, couro e armas, as quais representavam ali a verve guerreira dos antigos bandeirantes. Novamente a pobreza material completando a nobreza de espírito.[121]

O segundo problema, uma vez determinado o que deveria ser reunido, era conseguir encontrar esses objetos. Além da fragilidade física das matérias-primas envolvidas na elaboração dos objetos buscados pelos organizadores da exposição (couro, fibras, barro, madeira), o fato de não serem peças de especial riqueza implicava obviamente numa menor taxa de preservação ao longo do tempo. Era conhecida a pequena quantidade preservada desses objetos em instituições conhecidas.

A solução foi operar num caminho invertido em termos metodológicos para uma coleção de objetos históricos. A coleção não se constituiu a partir de um critério espacial ou temporal (São Paulo nos séculos XVI, XVII e XVIII), mas a partir de um critério morfológico, estético (aquilo que se determinou que era igual ao que havia em São Paulo nos séculos XVI, XVII e XVIII).

Por isso foram recolhidos objetos nas fazendas do Vale do Paraíba (ainda que pessoas como Ellis Junior discordassem da continuidade cultural entre o Vale do Paraíba e o Planalto Paulista), no interior das Minas Gerais, em Goiás, Mato Grosso e até na Bahia. Coisas produzidas no século XIX e no começo do XX chegaram de regiões distantes, pois eram "iguais" às que os paulistas usaram nos séculos precedentes. O procedimento regressivo não seria criticável não fosse o critério seletivo da escolha. Ou seja, não se partiu das morfologias contemporâneas para se chegar às antigas, mas apenas e tão somente se recolheu nos dias atuais aquilo que, segundo alguns, se parecia com o que havia existido.

De qualquer modo, com o surgimento dessa coleção de objetos para as comemorações do IV Centenário da Cidade de São Paulo, a materialidade descrita por Alcântara Machado e outros de sua geração ganhou corpo, somando-se aos textos a respeito da história, as ficções, monumentos, iconografia produzida sob demanda (a respeito da qual

---

121 BRUNO, Ernani da Silva. *Almanaque de memórias, op. cit*. Em suas memórias Bruno descreve as atividades dos responsáveis pela montagem da exposição para as comemorações, bem como essa coleção de objetos lhe foi repassada parcialmente anos depois.

tratamos anteriormente). E assim como já havia ocorrido com a iconografia, esses objetos comprovavam o que os textos diziam, assim como os textos se tornavam ainda mais críveis, pois ali, agora, havia elementos tangíveis nos quais as pessoas podiam se fiar. No todo se tornava um conjunto de representações bastante crível e difícil de ser contestado.

Não será ocioso, contudo, investigar o trabalho de um dos autores envolvidos nas comemorações de 1954 e que se tornou uma das principais referências a respeito da história de São Paulo.

Ernani da Silva Bruno: o formato completado

Nesse longo processo de construção das representações da cidade de São Paulo, um lugar privilegiado deve ser reservado a alguém que, como poucos, o influenciou: Ernani da Silva Bruno.

Na segunda metade do século XX, após a publicação de *História e tradições da cidade de São Paulo*, obra monumental do autor confeccionada às vésperas da comemoração do IV Centenário da Cidade de São Paulo, quase não houve trabalho que se debruçasse sobre a história da cidade que não o empregasse como referência constante. Efetivamente o trabalho de Bruno, dividido em três volumes (*Arraial de sertanistas 1554-1828, Burgo de estudantes 1828-1872 e Metrópole do café 1872-1918*), é de uma dimensão rara, seja pelo volume documental e, sobretudo, bibliográfico analisado pelo autor, seja pela amplidão de assuntos tocados em seu âmbito.

Bruno nasceu em Curitiba, filho de pai funcionário público que se mudara para a cidade, em 1912. Passou a primeira infância na capital do Paraná, porém, em função dos desdobramentos das funções do pai, se mudou para São Paulo em 1925, onde completou seus estudos primários e, depois, o curso de Direito no Largo de São Francisco (também ele!).

Dessa época, em São Paulo, lembrava-se Bruno:

> O primeiro impacto que São Paulo me deu foi sua espessa realidade de cidade grande – imensa, para os pontos de referência de que eu dispunha – alçando-se para o alto, com alguns prédios de seis ou oito andares, que os paulistanos chamavam de arranha-céus. Estendendo-se em todas as direções, por dezenas de bairros cujos nomes começaram a se tornar familiares aos meus olhos, porque apareciam nas tabuletas dos bondes elétricos. Inclusive do bonde Santo Amaro – grande, amarelão – apitando nos descampados

como se fosse locomotiva. E muitos automóveis, alguns ainda portando enormes breques e o pneu de reserva sobre os estribos. Alguns tilburís.

Os viadutos do Chá e de Santa Efigênia cavalgando, com longas pernas metálicas, o verde do vale do Anhangabaú. Edifícios sofisticados, como o Teatro Municipal, o Palácio do Governo e as Secretarias de Estado, no Pátio do Colégio, então chamado de Largo do Palácio. Os dois Palacetes Prates, na rua Líbero Badaró, emoldurando com elegância o bonito parque do Anhangabaú e lembrando edifícios europeus que eu conhecia de estampas de revistas.

O movimento, o ruído, os brilhos do Triângulo, com certos prédios de fachadas também requintadas. Alguns com sacadas, de onde se projetavam mastros para o hasteamento de bandeiras. Nessas ruas do Triângulo, homens – todos de chapéu de feltro ou de palheta – e meninos – também de chapéu ou de boné – transitavam pelo meio de bondes, de tilburís, de carroças, de automóveis de capotas reversíveis. Destoavam das lojas, que me pareciam luxuosas – sobretudo na Rua Direita – pequenos restaurantes italianos, em ruas próximas, instalados em casas meio encardidas mas simpáticas, com pipas a porta como rotundas promessas de vinhos fortes para regarem repastos a preços módicos.

Contrastava a fundo com esse Triângulo o Largo da Sé. Ainda não se recompusera, por certo, da profunda transformação que sofrera entre os anos de 1911 e 1913 quando, para que ele ganhasse proporções muito maiores, haviam sido demolidos vários quarteirões de casas e a antiga matriz colonial. Parece que só em parte estava nivelado e pavimentado.

Também destoava bastante, do então moderno Triângulo a Praça João Mendes, mas essa por uma espécie de feição docemente provinciana e acolhedora. Era um pequeno retângulo centralizado por um velho jardim, tendo em um dos lados os fundos da catedral ainda em construção. De outro, meio enviesado, o edifício do século dezoito que fora a Câmara e Cadeia e funcionava então como sede do Congresso Estadual. O lado seguinte era ocupado pela Igreja de São Gonçalo – que ainda está ali – e um correr de sobrados, em um dos quais havia morado João Mendes de Almeida – com lojas misturadas ocupando o andar térreo e o de cima com janelas de feição antiga. O de João Mendes, com um sotãozinho espiando lá do alto e por certo conservando a feição do tempo em que vivera ali seu famoso morador.

No outro lado ficava a igreja dos Remédios (que seria estupidamente demolida mais tarde), com sua frente revestida de azulejos e a fachada lateral dando para o Largo Sete de Setembro e por cujas portas adentro – antes da abolição – muito escravo se enfiara em busca de porto seguro.

Em seguida à igreja, um casarão do século passado – de escadas que rangiam – onde funcionava a Biblioteca do Estado.[122]

Esse texto de memórias de Bruno, escrito pouco antes de seu falecimento, traz as impressões de menino a respeito da cidade de São Paulo, as quais certamente marcaram sua interpretação da trajetória da mesma, mas traz, também, considerações somente possíveis a um homem que passara parte da vida dedicando-se ao estudo da cidade, tal como as notações a respeito da reforma urbana da Sé.

É interessante notar que sua chegada a São Paulo, em 1925, se deu quase simultaneamente a dois processos: um deles o de recuperação dos arquivos históricos da cidade (Atas da antiga Câmara das Vilas de São Paulo e de Santo André, principalmente), acompanhado do esforço interpretativo capitaneado por figuras como Afonso Taunay, Afonso de Freitas, Teodoro Sampaio e Washington Luís, além de toda efervescência promovida nos anos recentes pelo modernismo, pela atuação do IHGSP, pelas comemorações do primeiro centenário da Independência do Brasil e, tão recente ainda em 1925, a Revolução de 1924.

O outro movimento flagrado por Bruno quando criança era o de destruição, varredura de traços arquitetônicos coloniais da cidade, tais como a antiga igreja da Sé (demolida em 1912), a de São Pedro dos Clérigos (demolida em 1911), a dos Remédios (demolida em 1941), a do Rosário (demolida em 1903) e ainda a antiga Câmara, o Palácio do Governo (demolido em 1908, ou o que restava dele), inúmeros casarões do século anterior ou mesmo dos setecentismos. Dois movimentos que indubitavelmente se relacionam, contradizem e se completam, de lembrança e esquecimento no campo das memórias coletivas e materializado nas estruturas da cidade.

Curiosamente, a bibliografia específica sobre São Paulo pouco deu atenção ao caráter ensaístico de *História e tradições da cidade de São Paulo*, com todas as implicações positivas ou negativas que isso possa carrear. Da mesma maneira, pouco se atentou para a profunda dívida que Ernani da Silva Bruno manteve, e jamais escondeu, para

---

122 BRUNO, Ernani da Silva. *Almanaque de memórias. Op. cit.*, p. 49-50.

com o "modelo" construído por Gilberto Freyre em sua trilogia *Casa Grande e senzala, Sobrados e mucambos* e *Ordem e progresso*.[123]

Em suas memórias dizia Bruno:

> Acredito que as leituras que a gente fez não devem ser estranhas a um volume de memórias. Os livros que li, nos anos 30 e 40 – cabulando às vezes fastidiosas aulas do Curso Jurídico – na tranqüila biblioteca da Faculdade do Largo de São Francisco, e sobretudo depois da leitura de Casa Grande e Senzala, de Gilberto Freire (sic), me levaram à preocupação de decifrar um pouco os meandros da formação histórico-social do Brasil. E me pareceu que para isso o primeiro passo era conhecer os relatos ou diários das impressionantes peregrinações que, notadamente ao longo do século passado, vários estrangeiros empreenderam através das regiões brasileiras.

O escritor curitibano jamais negou a influência que a leitura dos textos e a própria presença da figura do sociólogo de Apipucos exerceram sobre seu pensamento. Neste trecho de suas memórias, aliás, Bruno desvela três influências muito duradouras em seu pensamento e sua escrita: a São Francisco, Freyre e os textos dos estrangeiros que passaram pelo Brasil, sobretudo os oitocentistas.

No que diz respeito ao autor de *Casa Grande e senzala,* ele próprio, na introdução à primeira edição de *História e tradições da cidade de São Paulo,* em 1953, explicita a dívida de Ernani da Silva Bruno para com seu ensaísmo sociológico:

> Em Ernani Silva Bruno não reconheço um discípulo, por mais vago. O fato de sinceramente me considerar mestre de ninguém nem de coisa alguma, guarda-me da pretensão de vir fazendo escola no Brasil ou fora dele.
> [...]
> Como outros paulistas ainda jovens, Ernani Silva Bruno é um daqueles meus camaradas de aventuras intelectuais de indagação e de estudo do

---

123 FREYRE, Gilberto de Melo. *Casa Grande e Senzala: formação da família brasileira sob o regime da economia patriarcal.* São Paulo: Global, 2005. *Sobrados e mucambos: decadência do patriarcado rural e desenvolvimento do urbano.* São Paulo: Global, 2003. *Ordem e Progresso: processo de desintegração das sociedades patriarcal e semi-patriarcal no Brasil sob o regime de trabalho livre: aspectos de um quase meio século de transição do trabalho escravo para o trabalho livre; e da monarquia para a república.* São Paulo: Global, 2004.

comportamento brasileiro e da natureza humana, nos quais na verdade me encontro e me reconheço. Encontro-me nele não como um mestre num convencional discípulo, mas como um inspirador de atitudes e de métodos, capazes de levarem jovens como esse paulista admirável a conclusões um tanto diferentes das alcançadas pelo inspirador. Valem, porém, de tal modo, por si mesmas, as atitudes e os métodos que um pensador ou um escritor já velho inspire a outro, novo ou da mesma idade mas ainda plástico, que as conclusões tornam-se um aspecto secundário da relação entre os dois.[124]

Melífluo, como ele mesmo gostava de adjetivar os políticos seus conterrâneos, Gilberto Freyre, sem reconhecer qualquer filiação direta – indigna, a seu ver, a homens de livre pensar – de Bruno para consigo, indicava a intimidade intelectual que ligava ambos. Reconhecia sem reconhecer. Curiosamente, o sociólogo pernambucano era apenas 12 anos mais velho do que Bruno, nascido em 1912 na capital paranaense, muito menos do que o tom paternal de seu *Prefácio* faz o leitor intuir. Em 1953, ano do lançamento de *Histórias e tradições...*, Bruno contava com 41 anos e Freyre com 53. Obviamente que Freyre já era, às vésperas da comemoração do IV Centenário da Cidade de São Paulo, um intelectual consolidado no meio acadêmico, ao passo que o escritor curitibano figurava como ator no cenário jornalístico da capital paulista.

Talvez também não seja casual o fato de Ernani da Silva Bruno ter dado ao capítulo no qual trata de suas memórias de infância em *Almanaque de memórias* o título de "Casa Grande e quintal".[125]

Mas até mesmo na organização física de *História e tradições da cidade de São Paulo* a relação íntima com os trabalhos do escritor pernambucano é evidente: na divisão da temporalidade em três blocos, que se sucedem seguindo as mudanças na atividade produtiva e criando um novo mundo de relações sociais e materiais, no uso de fontes variadas e muito de cultura material, na inserção de mapas e imagens que ilustram a narrativa e sintetizam o momento ao qual estão relacionados, na escrita fluida, pouco presa a cronologias rigorosas, indo e vindo no tempo, alinhavando as informações de acordo com temáticas específicas. Mas nisso se assemelha também aos memorialistas, muitos deles oriundos da Academia de Direito do Largo de São Francisco, como ele próprio.

---

124 FREYRE, Gilberto, "Prefácio". In: BRUNO, Ernani da Silva. *História e tradições da cidade de São Paulo*, vol. 1: *Arraial de sertanistas (1554-1828)*. Rio de Janeiro: José Olympio, 1953, p. III-VIII.
125 BRUNO, Ernani da Silva. *Almanaque de memórias*. Op. cit., p. 13-19.

A relação estabelecida entre as duas trilogias é ao mesmo tempo de sintonia e complementaridade. Sintonia, pois a insistência de Bruno na pobreza da vila e cidade de São Paulo coaduna com a riqueza e prosperidade do litoral açucareiro do nordeste da América Portuguesa[126] enquanto contraponto, como duplo negativo. São Paulo somente se desenvolve, na interpretação do autor, na medida em que se urbaniza, se torna metrópole com a força da economia cafeeira.[127] O parâmetro que utiliza para defender a pobreza de São Paulo é justamente a riqueza do universo açucareiro descrita por Freyre; é olhando para a vida dos senhores de engenho, tal como foi pintada pelo sociólogo pernambucano, que Bruno identifica a "rusticidade" dos paulistanos. Enquanto a sociedade açucareira nordestina se projeta para o Atlântico, para a economia de exportação, para o escravismo negro, para a suntuosidade das casas grandes, São Paulo se arremete para o interior, funda-se no escravismo indígena, vive da economia regional amplamente dedicada à subsistência. Esse é o movimento de contraposição, complementaridade e sintonia desenhado nos primeiros volumes de cada um dos autores: *Casa Grande e senzala: formação da família brasileira sob o regime da economia patriarcal* e *Arraial de sertanistas: 1554-1828*. No segundo momento, enquanto Freyre vai descrever a decadência do universo patriarcal rural, fundamentado nas unidades das casas grandes e das senzalas, e a ascensão de um patriarcalismo urbano, materializado no sobrado, Bruno vai descrever o início do processo de ascensão de São Paulo, com a implantação do curso de Direito na casa dos franciscanos em 1828.

Sobrados e mucambos: decadência do patriarcado rural e desenvolvimento do urbano e *Burgo de estudantes: 1828-1872* operam a transição: nem um dos dois volumes é de um universo cultural plenamente configurado, mas de uma transição que, tanto no caso de um quando no de outro, vão redundar na realidade de seus autores, no momento atual desses dois universos: o planalto paulista e o litoral nordestino na primeira metade do século XX.

Finalmente, em seus últimos volumes – *Ordem e progresso: processo de desintegração das sociedades patriarcal e semi-patriarcal no Brasil sob o regime de trabalho livre: aspectos de um quase meio século de transição do trabalho escravo para o trabalho livre; e da monarquia para a república* e *Metrópole do café: 1872-1918* – completam-se os processos. A sociedade patriarcal urbana, que derivara da sociedade patriarcal rural,

---

126 Idem. *História e tradições da cidade de São Paulo*. Op. cit., vol. 1.
127 Idem. *História e tradições da cidade de São Paulo*. Op. cit., vol. 3.

se desintegra para dar origem a uma sociedade impessoal, calcada na legalidade e na centralização do poder, na burocracia estatal. É o ocaso das antigas glórias de um grupo social (para Freyre, a "família patriarcal") que foi considerado a nobreza da terra; é o fim do escravismo – que para o sociólogo foi parcialmente responsável pela segregação definitiva dos negros no Brasil. Enquanto isso São Paulo assume o protagonismo nacional, na interpretação de Bruno. É a ascensão de uma economia que está em vias de se tornar industrial, de uma sociedade urbana, do poder político e econômico centralizado nas grandes cidades. O trabalho livre, a ausência de traços paternalistas e patriarcais, em suma, São Paulo e Pernambuco, nas obras de Gilberto Freyre e Ernani da Silva Bruno, são como duplos que se contrapõem e se completam, que juntos criam uma narrativa, enfim, nacional.

Mesmo na escolha do formato da edição, Bruno se apropriou do formato freyriano. Bem como Freyre havia encomendado ilustrações à M. Bandeira para sua obra – e outras tantas ilustrações realizadas de próprio punho –, Clóvis Graciano foi convocado para ilustrar a obra comemorativa do IV Centenário da Cidade de São Paulo. Enquanto a parte da obra consagrada à segunda metade do século XIX e começo do XX é ilustrada com fotografias de Militão Augusto de Azevedo e outros fotógrafos não identificados, a parte que retrocede de meados do XIX à fundação da vila de São Paulo de Piratininga é entremeada de reproduções de estrangeiros que visitaram a região no período (Florence, Debret, Kidder etc.) e os bicos de pena de Clóvis Graciano.

Contudo há outra questão. As duas primeiras obras do sociólogo pernambucano foram publicadas em 1933 e 1936, respectivamente. Silva Bruno publicou todos seus três volumes às vésperas da comemoração do IV Centenário da Cidade de São Paulo, em 1953. Freyre somente completaria sua trilogia em 1959, quando publicou pela Editora José Olympio *Ordem e progresso*. Ora, como Ernani da Silva Bruno poderia ter tomado a obra de Freyre como modelo se ela somente se completou cinco ou seis anos após a publicação de *História e tradições da cidade de São Paulo*?

Freyre provavelmente já estava com seu terceiro livro bastante adiantado em 1953, ou mesmo um pouco antes, quando Bruno entrou em contato com a editora José Olympio a fim de sondar sobre o interesse desta na publicação de uma obra que nem sequer havia sido começada. E mesmo que nenhuma só palavra houvesse sido escrita até então pelo sociólogo, é certo que ele já havia projetado o livro, inclusive com os rumos que haveria de tomar.[128]

Escreveu Freyre a respeito da continuidade de sua obra:

> Interpretação em termos, também, dialéticos, sugeridos pelos títulos simbólicos por nós atribuídos às fases que nos parecem histórica, ecológica, e, ao mesmo tempo, psicossociologicamente, mais expressiva do desenvolvimento social da gente brasileira no vasto território em que Portugal, primeiro, e depois o próprio Brasil, pelo esforço principalmente bandeirante, se expandiu na América: Casa Grande & Senzala, Sobrados & Mucambos, Ordem & Progresso.
>
> Jazigos & Covas Rasas – o título com que deverá aparecer o trabalho de conclusão (grifo meu) de nossos estudos – cobrirá o mais possível, como estudo de ritos patriarcais de sepultamento e da influência dos mortos sobre os vivos, aquelas várias fases de desenvolvimento e de desintegração – desintegração na qual se encontra a sociedade brasileira do patriarcado, ou da família tutelar, entre nós. Patriarcado a princípio quase exclusivamente rural e até feudal; depois menos rural que urbano.[129]

Na escrita tão peculiar de Freyre, as pesquisas do autor não mudam necessariamente o rumo geral da obra, característica do ensaísmo. Portanto, Bruno tinha alguma noção dos rumos que seu interlocutor estava tomando e, da mesma forma, houve uma interlocução entre ambos que pode ter feito com que as obras se sintonizassem. Ainda assim restaria uma outra dúvida: Freyre, em diversas ocasiões, anunciou que seu desejo era o de completar a série iniciada com *Casa Grande e senzala* com um livro sobre os aspectos socioculturais da morte, um livro que havia batizado previamente de *Jazigos e covas rasas*, entretanto o projeto jamais saiu do papel. É certo que o tema interessava a Freyre, tanto o é que publicou anos depois *Assombrações do Recife Velho*,[130] obra na qual

---

128 FREYRE, Gilberto, "Prefácio à segunda edição" *Sobrados e mucambos, op. cit.*

129 *Ibidem*, p. 44-45. Texto escrito em 1949 e renovado em 1961, margeando com exatidão a obra de Bruno, realizada entre 1953 e 1954.

130 FREYRE, Gilberto de Mello. *Assombrações do Recife Velho: algumas notas históricas em torno do sobrenatural no passado recifense*. Rio de Janeiro: José Olympio, 1974. Penso que seja justamente nesse volume não escrito que Gilberto Freyre se valeria da referência do capítulo sobre a morte contido em *Vida e morte do bandeirante* de Alcântara Machado, ao qual já me referi anteriormente. Não

transita pelo universo cultural que ronda a morte. Também é claro que não faltou nem assunto, nem tempo, nem disposição à escrita, coisas que abundavam na personalidade do pernambucano. Seja lá como for a série foi encerrada em *Ordem e progresso*.

É verdade que Gilberto Freyre se valeu largamente da literatura sobre São Paulo escrita nas primeiras décadas do século XX. Afonso Taunay, Washington Luís, Paulo Prado e Alcântara Machado são referências constantes de Freyre. Há quem veja em *Casa Grande e senzala* uma grande influência de *Vida e morte do bandeirante* de Alcântara Machado – que, como vimos, o publicou em 1928 pela Revista dos Tribunais. De 1928 a 1933, data da primeira edição de *Casa Grande e senzala*, há quatro anos nos quais o encaminhamento da obra de Alcântara Machado pode ter influenciado Freyre, mas insistir numa presença demasiada, como sugeriu Sérgio Milliet na introdução a uma edição da obra de Alcântara Machado,[131] seria arriscado e pouco verificável.

A nota número 84 ao capítulo "Características gerais da colonização portuguesa no Brasil: formação de uma sociedade agrária, escravocrata e híbrida" dá a medida da influência que a geração dos escritores paulistanos das décadas de 1910 e 1920 exerceu na composição de parte da obra de Freyre:

> Bonfim baseia-se para contradizer a afirmativa de Euclides da Cunha em documentos paulistas (testamentos, inventários, sesmarias etc.) da grande e valiosa massa mandada publicar pelo antigo presidente do Estado de São Paulo, Sr. Washington Luís, e que serviu ao professor Alcântara Machado para organizar um tão interessante livro, o seu "Vida e morte do bandeirante" (São Paulo, 1930), como a Afonso Taunay para o estudo definitivo das bandeiras[...][132]

Neste mesmo capítulo, e apropriando-se dos escritos sobre São Paulo produzidos por Taunay e seus contemporâneos, o sociólogo já indica o aspecto contrapontual que estabelecia entre o planalto paulista e o nordeste açucareiro:

---

escrevendo esse livro – *Jazigos e covas rasas* –, Freyre acabou por diluir suas considerações sobre as implicações sociais, culturais, econômicas da morte em diversos outros trabalhos seus.

131 MACHADO, Alcântara. *Op. cit.*, p. 15-16.
132 FREYRE, Gilberto de Melo. *Casa Grande e senzala. Op. cit.*, p. 137.

> As generalizações do professor Oliveira Viana, que nos pintou com tão bonitas cores uma população paulista de grandes proprietários e opulentos fidalgos rústicos, têm sido retificadas naqueles seus falsos dourados e azuis, por investigadores mais realistas e melhor documentados que o ilustre sociólogo das "Populações meridionais do Brasil": Afonso Taunay, Alfredo Ellis Jr., Paulo Prado, e Alcântara Machado. Baseados nesses autores e na documentação riquíssima mandada publicar por Washington Luís, é que divergimos do conceito de ter sido a formação paulista latifundiária e aristocrática tanto quanto a das capitanias açucareiras do Norte. Ao contrário: não obstante as profundas perturbações do bandeirismo, foi talvez a que se processou com mais equilíbrio. Principalmente no tocante ao sistema de alimentação.[133]

Ora, quem primeiro estabeleceu a contraposição entre as duas regiões da América Portuguesa de modo tão estruturado foi Gilberto Freyre. O que Bruno fez, exatamente duas décadas depois, foi operar a construção do contraponto paulista: enquanto *Casa Grande e senzala* conta a história a partir do nordeste açucareiro, *História e tradições da cidade de São Paulo* o faz a partir do planalto paulista.

A partir das edições de *Casa Grande e senzala,* revisadas por Gilberto Freyre após a publicação de *História e tradições da cidade de São Paulo*, em 1953, ele passou a citá-la exatamente nessa dimensão. Ou seja, endossando a interpretação de Bruno e utilizando São Paulo como contraponto ao nordeste açucareiro.

Assim, no texto de Bruno as coisas estavam postas da seguinte forma:

> Esse isolamento de São Paulo se acusou sob mais de uma forma. A ponto de por exemplo apesar de em fins do século dezoito ter vivido um inglês na cidade – José Lince Vines, mencionado pelo recenseamento de 1765 – quando John Mawe esteve em São Paulo, no começo do século seguinte, observar que a população parecia ainda nunca ter visto britânicos. Pessoas de todas as idades se aproximavam curiosas da casa onde ele estava hospedado, querendo ver de que jeito comia e bebia um inglês. Fato que na época já não podia ocorrer, por exemplo, em Pernambuco, na Bahia ou no Rio de Janeiro.[134]

---

133 *Ibidem*, p. 105-106.
134 BRUNO, Ernani da Silva. *História e tradições da cidade de São Paulo. Op. cit.*, vol. 1, p. 44.

E mais adiante:

> No século XVIII a situação atingiria o máximo de sua intensidade, em São Paulo, com a emigração contínua de gente para as terras do ouro. A cidade ficou praticamente despovoada. Os transeuntes, pela ausência de homens ocupados nos sítios dos arredores – sítios plantados em campos estéreis, inçados de saúva, matizados de capões e restingas, com lavoura rala de alguns cereais e mandioca – diria Paulo Prado, referindo-se à época da decadência, em torno de 1765, que eram sobretudo mulheres embuçadas em dois côvados de baeta preta, com chapéus desabados e as caras tapadas.
>
> Entretanto a diferenciação de base econômica fez sentir os seus efeitos também no decorrer do século dezenove, pois enquanto as cidades do norte se mantiveram como expressões da civilização do açúcar, embora decadente, São Paulo passou a refletir uma economia apoiada sucessivamente no açúcar e no café. Até meados do oitocentismo, sobretudo no açúcar, movimentado por tropas que rumavam para Santos e um pouco no comércio de gado, trazido do Rio Grande. Em seguida e cada vez mais acentuadamente no café, de que a cidade se tornaria a metrópole ou a quase-metrópole.[135]

É claro que Ernani da Silva Bruno não constituiu sua interpretação a partir do nada. Embora tenha tomado a obra de Gilberto Freyre como referência "morfológica", como duplo, a corrente de interpretação da história de São Paulo que adota é de matriz local. Estão ali presentes os autores paulistas do século XVIII, XIX e início do XX.

Bruno resgata Pedro Taques, Frei Gaspar, se apropria dos textos de uma grande quantidade de estrangeiros que passaram pela cidade de São Paulo em tempos e com perfis diversos – o naturalista Johan Von Martius, o botânico Auguste de Saint-Hilaire,[136] o desenhista Hercule Florence,[137] o mineralogista Wilhelm Ludwig Von Eschwege,[138]

---

135 *Ibidem*, p. 46-47.

136 SAINT-HILAIRE, Auguste de. *Viagem à província de São Paulo*. São Paulo/Belo Horizonte: Edusp/Itatiaia, 1976.

137 FLORENCE, Hercules. *Viagem fluvial do Tietê ao Amazonas*. São Paulo: Melhoramentos, 1941.

138 ESCHWEGE, Wilhelm Ludvig Von. *Pluto brasiliensis*. São Paulo/Belo Horizonte: Edusp/Itatiaia, 1979.

o comerciante John Mawe,[139] outro naturalista, Alcide Dessalines D'Orbigny,[140] o escritor Augusto Emílio Zaluar,[141] o pastor protestante Daniel Parish Kidder.[142] Dos autores estrangeiros passa aos políticos do século XIX que escreveram sobre a história de São Paulo, como Homem de Mello, e mergulha no universo dos homens de letras, das mais diversas formações: Nuto Sant'Ana, José Wasth Rodrigues, Alcântara Machado, Sérgio Milliet, Paulo Cursino, Teodoro Sampaio, Washington Luís, Paulo Prado, Afonso de Freitas, Antonio Egídio Martins e outros tantos. Finalmente se vale dos autores que se encontravam no âmbito da adoção de procedimentos metodológicos mais acadêmicos, como o próprio Afonso D'Escragnole Taunay, Sérgio Buarque de Holanda, Capistrano de Abreu.

No mais, Bruno se debruçou sobre as *Atas da Câmara de São Paulo*, sobre a série dos *Documentos interessantes para a história e costumes de São Paulo* e relatórios escritos entre o final do século XVIII e no século XIX, como o de Arouche Toledo Rendon[143] sobre a situação dos índios no entorno da cidade de São Paulo e o *Ensaio de um quadro estatístico da província de São Paulo* do Marechal Daniel Pedro Miller.[144]

De modo geral, Ernani da Silva Bruno não estava profundamente preocupado com a distinção de seus documentos. Atas, inventários, textos de memorialistas, de historiadores, de estrangeiros são misturados ao longo de sua narrativa sem preocupações maiores com as mediações ou com a crítica dessa diversa morfologia documental. No corpo do texto as citações são encadeadas de modo indistinto, sendo selecionadas de acordo com o rumo que o autor quis dar à narrativa. Assim, as informações de alguém

---

139   MAWE, John. *Viagens ao interior do Brasil*. São Paulo/Belo Horizonte: Edusp/Itatiaia, 1978.

140   D'ORBIGNY, Alcide Dessalines. *Viagem pitoresca através do Brasil*. São Paulo/Belo Horizonte: Edusp/Itatiaia, 1976.

141   ZALUAR, Augusto Emílio. *Peregrinação pela província de São Paulo*. São Paulo/Belo Horizonte: Edusp/Itatiaia,

142   KIDDER, Daniel P. *Reminiscências de viagens e permanências no Brasil*. São Paulo/Belo Horizonte: Edusp/Itatiaia, 1980, e *O Brasil e os Brasileiros: esboço histórico e descritivo*. São Paulo: Companhia Editora Nacional, 1940.

143   RENDON, José Arouche de Toledo. "Memória sobre as aldeias de índios da Província de São Paulo (1798-1823)". *Revista do Instituto Histórico e Geográfico Brasileiro,* Rio de Janeiro, n° 4, p. 295-317, 1842.

144   MULLER, Daniel Pedro. *Ensaio de um quadro estatístico da província de São Paulo, ordenado pelas leis provinciais de 11/04/1836 e 10/03/1837*. São Paulo: O Estado de S. Paulo, 1923.

que jamais esteve na cidade de São Paulo são postas lado a lado com as de alguém que viveu lá durante anos; a interpretação dada por alguém da elite paulista a certa questão – como Rendon ou mesmo Frei Gaspar da Madre de Deus fizeram – é tomada de modo tão isento quanto a de um missionário estadunidense. A documentação oficial é tomada como expressão da realidade e não como o registro de uma decisão ou preocupação oficial, que pode ter desdobramentos diversos na realidade cotidiana.

Neste tocante ao uso destas múltiplas narrativas como fontes, a questão não é menos problemática.

O uso – e abuso – dos relatos de estrangeiros partiu de um princípio fragmentado, deslocado, acultural e, às vezes, anacrônico. Fragmentado, pois se procedeu de modo a recortar simplesmente a parte do relato que se encaixava, confirmava e reforçava o discurso daquele que se apropriava. Mas, como vimos até aqui, Bruno se enquadra numa tradição de apropriação de relatos e interpretações variadas, tal como tantos outros fizeram antes dele, sobretudo com os textos dos estrangeiros.

Como vimos – e espero ter sido suficientemente consistente em minha argumentação –, a maior parte dos estrangeiros que estiveram na cidade de São Paulo no começo do século XIX não tendeu a ver uma pobreza generalizada, uma rusticidade no ser ou severas limitações materiais na região. Disse também que as experiências urbanas anteriores desses estrangeiros – tanto em território americano quanto em suas terras natais – não poderiam possibilitar juízos demasiadamente críticos para com a cidade de São Paulo, visto que o espetáculo urbano do final do século XVIII e início do XIX não se mostrava nem um pouco idílico.

Apesar desses senões o trabalho de Ernani da Silva Bruno foi um dos mais criativos do grupo envolvido nas comemorações do IV Centenário da cidade de São Paulo. Além do que se tornou a obra mais influente de sua geração.

Nem o livro de Richard Morse, *São Paulo de comunidade a metrópole*,[145] nem o de Jaime Cortesão, *A fundação de São Paulo: capital geográfica do Brasil*,[146] atingiram o sucesso da obra de Bruno, reeditada inúmeras vezes ao longo do tempo, e frequentemente visitada pelos historiadores. Ernani da Silva Bruno insuflou, com *História e tradições da cidade de São Paulo,* novo ânimo à interpretação da cidade de São Paulo

---

145 MORSE, Richard. *São Paulo de comunidade a metrópole.* São Paulo: Comissão de Comemoração do IV Centenário da Cidade de São Paulo, 1954.

146 CORTESÃO, Jaime. *A fundação de São Paulo: capital geográfica do Brasil.* Rio de Janeiro: Livros de Portugal, 1955.

como núcleo colonizador precário até o *boom* da economia cafeeira. Consagrou o ano de 1828, na inauguração do curso de Direito de São Francisco, como data sabática na história da cidade.

Em Ernani da Silva Bruno, por fim, estava construída a trajetória, os marcos históricos, o balizamento que serviu de base para gerações de historiadores e não historiadores, sintetizando elementos que foram construídos ao longo de praticamente 170 anos de escrita da história de São Paulo. De Frei Gaspar da Madre de Deus trouxe a ênfase do apogeu bandeirante, seguido da decadência setecentista, da crise profunda causada pela extinção administrativa da capitania de São Paulo. Dos autores do século XIX, como Machado D'Oliveira e Varnhagen, se valeu da ideia da recuperação, da retomada dos rumos da então província de São Paulo, e da supostamente imprescindível participação dos paulistas na Independência do Brasil. De Capistrano de Abreu, mas sobretudo de Afonso Taunay e dos escritores do IHGSP, recebeu a atribuição à economia cafeeira dos méritos pela recuperação econômica de São Paulo, da criação do curso de Direito do Largo de São Francisco como vetor da transformação sociocultural da capital da província, e a apologia das "antigas famílias". Em Alcântara Machado despertou seu interesse pela materialidade da vida em São Paulo, bem como o uso desta para sustentar e visualizar a interpretação histórica.

Com isso tudo nasceu o famoso balizamento *Arraial de sertanistas, Burgo de estudantes* e *Metrópole do café*, estrutura que ainda sustenta boa parte dos trabalhos a respeito da história de São Paulo. Talvez a espera do novo movimento da memória paulista e da escrita da história, dispostos a revolver uma obra de quase dois séculos de tessitura ideológica, imaginária, textual ou, simplesmente, acrescentar mais um capítulo a ela.

BIBLIOGRAFIA

AB'SABER, Aziz Nacib. *Geomorfologia do sítio urbano de São Paulo.* Edição fac-similar 50 anos. São Paulo: Ateliê Editorial, 2007.

ABUD, Kátia Maria. *Autoridade e riqueza: contribuição para o estudo da sociedade paulista na segunda metade do século XVIII.* Dissertação de Mestrado. São Paulo, FFLCH/USP, 1978.

_____. *O sangue intimorato e as nobilíssimas tradições: a construção de um símbolo paulista: o Bandeirante.* Tese de Doutorado. São Paulo, FFLCH/USP, 1985.

ALGRANTI, Leila Mezan. *Honradas e devotas, mulheres da colônia: condição feminina nos conventos e recolhimentos do sudeste do Brasil, 1750-1822.* São Paulo, FFLCH/USP, 1992.

AMED, Fernando José, *"Atravessar o oceano para verificar uma vírgula": Francisco Adolfo de Varnhagen (1816-1878) lido por João Capistrano de Abreu (1853-1927).* Tese de doutorado. São Paulo, FFLCH/USP, 2007.

ARAÚJO, Karina Anhezini de. *Um metódico à brasileiro: a história da historiografia de Afonso de Taunay (1911-1939).* Tese de doutorado. Franca, FHDSS/Unesp, 2006.

ARAÚJO, Maria Lucília Viveiros. *Os caminhos da riqueza dos paulistanos na primeira metade do oitocentos*. São Paulo: Hucitec/Fapesp, 2006.

ARAÚJO, Ricardo Benzaquen. "Ronda noturna: narrativa crítica e verdade em Capistrano de Abreu". *Estudos Históricos*, Rio de Janeiro, nº 1, 1988, p. 28-54.

BARREIRO, José Carlos. *Imaginário e viajantes no Brasil do século XIX: cultura e cotidiano, tradição e resistência*. São Paulo: Editora Unesp, 2002.

BASTOS, Elide Rugai. "Gilberto Freyre: *Casa Grande e Senzala*". In: MOTA, Lourenço Dantas (org.). *Introdução ao Brasil: um banquete no trópico*, vol. 1. 4ª ed. São Paulo: Editora Senac, 2004, p. 215-234.

BELLOTTO, Heloísa Liberalli. *Autoridade e conflito no Brasil colonial: o governo do Morgado de Mateus em São Paulo*. São Paulo: Secretaria de Estado da Cultura, 1979.

BIBLIOTECA NACIONAL. *Tomas Ender, catálogo de desenhos*. Rio de Janeiro: Biblioteca Nacional, 1968.

BLAJ, Ilana. *A trama das tensões: o progresso de mercantilização da São Paulo colonial, 1681-1721*. São Paulo: Humanitas/Fapesp, 2002.

BORREGO, Maria Aparecida de Menezes. *A teia mercantil: negócios e poderes em São Paulo colonial (1711-1765)*. Tese de doutorado. São Paulo, FFLCH/USP, 2006.

BOXER, Charles. *O Império marítimo português, 1415-1825*. São Paulo: Companhia das Letras, 2002.

BRANDÃO, Gildo Marçal. "Oliveira Viana: *Populações meridionais do Brasil*". In: MOTA, Lourenço Dantas (org.). *Introdução ao Brasil: um banquete no trópico*, vol. 2. 2ª ed. São Paulo: Editora Senac, 2002, p. 299-326.

BREFE, Ana Cláudia Fonseca. *O Museu Paulista, Affonso de Taunay e a memória nacional*. São Paulo: Editora Unesp, 2005.

BRESCIANI, Maria Stella Martins. "Identidades inconclusas no Brasil no século XX – fundamentos de um lugar-comum". In: BRESCIANI, Maria Stella Martins; NAXARA, Márcia (orgs.). *Memória e (res)sentimento, indagações sobre uma questão sensível*. Campinas: Editora da Unicamp, 2004, p. 403-429.

_____. *O charme da ciência e a sedução da objetividade: Oliveira Viana entre intérpretes do Brasil*. São Paulo: Editora Unesp, 2007.

BRESSANIN, Marcelo. *A cidade entre as colinas: o olhar ilustrado e as paisagens urbanas paulistanas, 1765-1822*. Dissertação de mestrado. Campinas, IFCH/Unicamp, 2002.

BURKE, Peter. *Testemunha ocular, história e imagem*. Bauru: Edusc, 2004.

_____. *A escola dos Annales (1929-1989): a Revolução Francesa da historiografia*. São Paulo: Editora Unesp, 1990.

_____. *A escrita da história: novas perspectivas*. São Paulo: Editora Unesp, 1992.

CANABRAVA, Alice P. "Uma economia em decadência: os níveis de riqueza na capitania de São Paulo, 1765-1767". *Revista Brasileira de Economia*, Rio de Janeiro, 26(4), p. 95-123, out.-dez. 1972.

_____. "Apontamentos sobre Varnhagen e Capistrano de Abreu". *Revista de História*, São Paulo, FFLCH/USP, p. 18-88, out./dez., 1971.

CARDIM, Pe. Fernão. *Tratados da terra e gente do Brasil*. São Paulo: Companhia Editora Nacional, 1939.

CASAL, Manuel Aires do. *Corografia brasílica ou relação histórico-geográfica do reino do Brasil*. São Paulo/Belo Horizonte: Edusp/Itatiaia, 1976.

CASTELNEAU-L'ESTOILE, Charlotte. *Operários de uma vinha estéril: os jesuítas e a conversão dos índios no Brasil – 1580-1620*. Bauru: Edusc, 2006.

CERTEAU, Michel de. *A invenção do cotidiano. Vol 1: Artes de fazer*. Rio de Janeiro: Vozes, 1997.

_____. *A invenção do cotidiano. Vol 2: morar, cozinhar*. Rio de Janeiro: Vozes, 1997.

_____. *A escrita da história*. Rio de Janeiro: Forense Universitária, 2002.

CHARLEVOIX, François Pierre. *Histoire du Paraguay*. Madri: Victoriano Suarez, 1912.

CHARTIER, Roger. *Leituras e leitores na França do Antigo Regime*. São Paulo: Editora Unesp, 2004.

_____. *A aventura do livro, do leitor ao navegador*. São Paulo: Editora Unesp/Imprensa Oficial, 1998.

CHARTIER, Roger (org.). *Práticas da leitura*. São Paulo: Estação Liberdade, 2001.

CHARTIER, Roger; NEVEUX, Hugues. "La ville dominante e soumise". In: LADURIE, Emmanuel Le Roy (dir.). *La ville classique de la Renaissance aux Révolutions*. Paris: Seus, 1981, p. 16-287 (*L'histoire de la France Urbaine*, 3).

CHAUSSINAND-NOGARET, Guy. "La ville Jacobine e Balzacienne". In: LADURIE, Emmanuel Le Roy (dir.). *La ville classique de la Renaissance aux Révolutions*. Paris: Seus, 1981, p. 539-620 (*L'histoire de la France Urbaine*, 3).

CINTRA, Jorge Pimentel. *A primeira planta topográfica da cidade de São Paulo*. Disponível em: <www.cartografia.org.br/xxi_cbc.htm>.

COSTA, Wilma Peres. "Afonso D'Escragnole Taunay: *História geral das bandeiras paulistas*". In: MOTA, Lourenço Dantas (org.). *Introdução ao Brasil: um banquete no trópico,* vol. 2. São Paulo: Editora Senac, 2002, p. 97-122.

DOSSE, François. *A história em migalhas, dos Annales à Nova História*. São Paulo: Editora Unicamp/Ensaio, 1994.

DUBY, Georges (org.). *Histoire de la France urbaine*. Paris: Du Seuil, 1981.

_____. *O domingo de Bouvines: 27 de julho de 1214*. Rio de Janeiro: Paz e Terra, 1993.

_____. *As três ordens ou o imaginário do Feudalismo*. Lisboa: Editorial Estampa, 1994.

FERREIRA, Antonio Celso. *Epopéia bandeirante: letrados, instituições, invenção histórica (1870-1940)*. São Paulo: Editora Unesp, 2002.

FERREIRA, Maria Thereza Corrêa da Rocha, *Aldeamentos indígenas paulistas no final do período colonial*. Dissertação de mestrado. São Paulo, FFLCH/USP, 1991.

FERRETTI, Danilo José Zioni. *A construção da paulistanidade: identidade, historiografia e política em São Paulo (1856-1930)*. Tese de doutorado. São Paulo, FFLCH/USP, 2004.

FERREZ, Gilberto. *Brasil no primeiro reinado visto pelo botânico William John Burchell, 1825/1829*. Rio de Janeiro: Fundação João Moreira Salles, 1981.

_____. *O Brasil de Tomas Ender*. Rio de Janeiro: Fundação João Moreira Salles, 1976.

FONSECA, Padre Manuel. *Vida do venerável Padre Belchior de Pontes*. São Paulo/Lisboa: Melhoramentos/Francisco da Silva, 1752.

FOUCAULT, Michel. *A arqueologia do saber*. Rio de Janeiro: Forense Universitária, 1995.

_____. *Microfísica do poder*. Rio de Janeiro: Graal, 2001.

FRAGOSO, João & FLORENTINO, Manolo. *O arcaísmo como projeto: mercado atlântico, sociedade agrária e elite mercantil em uma economia colonial tardia – Rio de Janeiro, c.1790-c.1840*. Rio de Janeiro: Civilização Brasileira, 2001.

FURTADO, Junia Ferreira. *Chica da Silva e o contratador de diamantes*. São Paulo: Companhia das Letras, 2003.

GANDAVO, Pero de Magalhães. *Tratado da terra do Brasil – História da província de Santa Cruz*. São Paulo/Belo Horizonte: Edusp/Itatiaia, 1980.

GINZBURG, Carlo. *Relações de força: história, retórica e prova*. São Paulo: Companhia das Letras, 2002.

_____. *Mitos, emblemas e sinais: morfologia e história*. São Paulo: Companhia das Letras, 2003.

GLEZER, Raquel. *Chão de terra: um estudo sobre São Paulo colonial*. Tese de livre docência. São Paulo, FFLCH/USP, 1992.

GONTIJO, Rebeca. "História e historiografia nas cartas de Capistrano de Abreu". *Revista História*, Franca, Unesp, vol. 24, n° 2, 2005.

GUIMARÃES, Lúcia Maria Paschoal. *Debaixo da imediata proteção de sua majestade imperial": o Instituto Histórico e Geográfico Brasileiro (1838-1889)*. Tese de doutorado. São Paulo, FFLCH/USP, 1994.

_____. "Um olhar sobre o continente: o Instituto Histórico e Geográfico Brasileiro e o Congresso Internacional de História da América". *Estudos Históricos*, Rio de Janeiro, n° 20, 1997/2.

_____. "Francisco Adolfo de Varnhagen: *História geral do Brasil*". In: MOTA, Lourenço Dantas (org.). *Introdução ao Brasil: um banquete no trópico*, vol. 2. São Paulo: Editora Senac, 2002, p. 75-96.

GUIMARÃES, Manoel L. Salgado. "Nação e civilização nos trópicos: o Instituto Histórico e Geográfico Brasileiro e o projeto de uma história nacional". *Estudo Históricos*, Rio de Janeiro, vol. 1, 1988, p-5-27.

HARTOG, François. "Regime de Historicidade". *KVHAA Konferenses* 37, Estocolmo, 1996, p. 95-113. Disponível em: <http://www.fflch.usp.br/dh/heros/excerpta/hartog/hartog.html>. Tradução de Francisco Murari Pires.

HELFERICH, Gerard. *O Cosmos de Humboldt. Alexander Von Humboldt e a viagem à América Latina que mudou a forma como vemos o mundo*. Rio de Janeiro: Objetiva, 2005.

HOBSBAWM, Eric J. *A era das Revoluções, Europa, 1789-1848*. Rio de Janeiro: Paz e Terra, 2002.

JABOATÃO, Antonio de Santa Maria. *Novo Orbe Seráfico Brasílico ou Chrônica dos Frades Menores da Província do Brasil*. Rio de Janeiro: Typ. Brasiliense de Maximiniano Gomes Ribeiro, 1858.

JARDIM, Caio. "A capitania de São Paulo sob o governo do Morgado de Mateus". *Revista do Arquivo Municipal*, São Paulo, 5(53), p. 7-27, dez. 1939.

JESUS, Frei Rafael. *Castrioto Lusitano ou historia da guerra entre o Brazil e a Hollanda, durante os annos de 1624 a 1654, terminada pela gloriosa restauração de Pernambuco e das capitanias confinantes: obra em que se descrevem os heróicos feitos do illustre João Fernandes Vieira, e dos valerosos capitães que com elle conquistarão a independencia nacional.* Recife: Assembleia Legislativa de Pernambuco, 1979.

KOSELLECK, Reinhart. *Futuro passado, contribuição à semântica dos tempos históricos.* Rio de Janeiro: Contraponto/PUC RJ, 2006.

KOSMINSKY, Ethel Volfzon; LEPINE, Claude; PEIXOTO, Fernanda Áreas (orgs.). *Gilberto Freyre em quatro tempos.* Bauru: Edusc, 2003.

KURY, Lorelai. "Auguste de Saint-Hilaire, viajante exemplar". *Revista Intellectus*, ano II, nº 1. Disponível em: <http://www2.uerj.br/~intellectus/Anterior_2_01.htm>.

LACERDA E ALMEIDA, Francisco José. *Diários de viagem de Francisco José de Lacerda e Almeida.* Rio de Janeiro: Instituto Nacional do Livro. Biblioteca Popular Brasileira, 1944.

LAMAS, José M. Ressano Garcia. *Morfologia urbana e desenho da cidade.* Lisboa: Fundação Calouste Gulbenkian/Junta Nacional de Investigação Científica e Tecnológica, 1992.

LANDSEER, Charles. *Landseer.* São Paulo: Fotolito e impressão em ofsete por Lanzara, 1972.

LE GOFF, Jacques. *Por amor às cidades.* São Paulo: Editora Unesp, 1998.

_____. *História e memória.* Campinas: Editora da Unicamp, 1996.

_____ (org.). *A História nova.* São Paulo: Martins Fontes, 2001.

LE GOFF, Jacques & NORA, Pierre (orgs.). *História: novos objetos.* Rio de Janeiro: Livraria Francisco Alves, 1986.

_____. *História: novas abordagens.* Rio de Janeiro: Livraria Francisco Alves, 1976.

_____. *História: novos problemas.* Rio de Janeiro: Livraria Francisco Alves, 1976.

LEITE, Aureliano. *Subsídios para a história da civilização paulista.* São Paulo: Saraiva, 1954.

LEMOS, Carlos. *Casa paulista: história das moradias anteriores ao ecletismo trazido pelo café.* São Paulo: Edusp, 1999.

_____. "Notas sobre a cultura material e o cotidiano em São Paulo dos tempos coloniais". In: PORTA, Paula (org.). *História da cidade de São Paulo, a cidade colonial (1554-1822).* São Paulo: Paz e Terra, 2004, p. 179-189.

LEONZO, Nanci. *Defesa militar e controle social na capitania de São Paulo: as milícias*. Tese de doutorado. São Paulo, FFLCH/USP, 1979.

LEPETIT, Bernard. *Les Villes dans la France moderne (1740-1840)*. Paris: Albin Michel, 1988.

LIMA, Solange Ferraz; CARVALHO, Vânia Carneiro de. "São Paulo antigo, uma encomenda para a modernidade: as fotografias de Militão nas pinturas do Museu Paulista". In: *Anais do Museu Paulista: História e cultura material*. Nova Série, vol. 1, nº 1. São Paulo: MP/USP, 1993, p. 147-174.

LYRA, Maria de Lourdes Vianna. *Dízimos reais na capitania de São Paulo: contribuição à história tributária do Brasil colonial (1640-1750)*. Tese de doutorado. São Paulo, FFLCH/USP, 1971.

MALERBA, Jurandir. *A corte no exílio: civilização e poder no Brasil às vésperas da independência (1808-1821)*. São Paulo: Companhia das Letras, 2006.

MANTHORNE, Katherine E. "O imaginário brasileiro para o público norte-americano do século XIX". *Revista USP, Dossiê Brasil dos Viajantes*, nº 30, p. 58-73, jun.-ago. 1996.

MARANHO, Milena Fernandes. *Vivendas paulistas: padrões econômicos e sociais de vida em São Paulo de meados do século XVII (1648-1658)*. Campinas, IFCH/Unicamp, 1998.

_____. *A opulência relativizada: significados econômicos e sociais dos níveis de vida dos habitantes da região do Planalto de Piratininga, 1648-1682*. Dissertação de mestrado. Campinas, IFCH/Unicamp, 2000.

MARCÍLIO, Maria Luiza. *A cidade de São Paulo: povoamento e população, 1750-1850, com base nos registros paroquiais e nos recenseamentos antigos*. São Paulo: Pioneira/Edusp, 1974.

_____. *Crescimento demográfico e evolução agrária paulista: 1700-1836*. São Paulo: Hucitec/Edusp, 2000.

MARINS, Paulo César Garcez. *Através da rótula: sociedade e arquitetura no Brasil, séculos XVII a XX*. São Paulo: Humanitas, 2001.

_____. *A cidade colonial na América Portuguesa: morfologia urbana, atores sociais, presença do Estado (Salvador, séculos XVI a XVIII)*. Franca: Editora Unesp/Olho d'Água, 2005.

MARX, Murillo Azevedo. *Cidade no Brasil, em que termos?* São Paulo: Studio Nobel, 1999.

_____. *Seis conventos, seis cidades*. Tese de doutorado. São Paulo, FAU/USP, 1984.

_____. *Cidade brasileira*. São Paulo: Melhoramentos/Edusp, 1980.

MATTOS, Odilon Nogueira de. "A guerra dos Emboabas". In: HOLANDA, Sérgio Buarque de (org.). *História Geral da civilização brasileira*. Tomo 1, vol. 1. São Paulo: Difel, 1972, p. 297-306.

_____. "Uma visão diferente de São Paulo no início do século XIX". *Noticia bibliográfica e histórica*. Campinas, PUC, ano XXXV, nº 188, p. 3-9, jan.-mar. 2003.

_____. "Affonso Taunay e o Instituto Histórico e Geográfico de São Paulo". *Revista do IHGSP*, São Paulo, vol. 88, p. 47-52, 1993.

MAXWELL, Kenneth. *Marquês de Pombal, paradoxo do Iluminismo*. Rio de Janeiro: Paz e Terra, 1997.

MELO, Luis Correia de. *Dicionário de autores paulistas*. São Paulo: Comissão do IV Centenário da Cidade de São Paulo, Divisão de Publicações, 1954.

MEMÓRIA URBANA: *a grande São Paulo até 1940*. São Paulo: Imprensa Oficial/Emplasa/Arquivo do Estado, 2001.

MENDES, Denise. *A Calçada do Lorena: o caminho de tropeiros para o comércio do açúcar paulista*. Dissertação de mestrado. São Paulo, FFLCH/USP, 1994.

MENESES, Ulpiano T. B. de. *O objeto material como documento*. Aula ministrada no curso "Patrimônio cultural: políticas e perspectivas", organizado pelo IAB/CONDEPHAAT em 1980, mimeo.

_____. "Morfologia das cidades brasileiras: introdução ao estudo histórico da iconografia urbana". *Revista USP: Dossiê Brasil dos Viajantes*, São Paulo, nº 30, p. 144-155, jun./ago. 1996.

MESGRAVIS, Laima. *Santa Casa de Misericórdia de São Paulo (1599-1884): contribuição ao estudo da assistência social no Brasil*. São Paulo: Conselho Estadual de Cultura, 1976.

_____. "De bandeirante a fazendeiro: aspectos da vida social e econômica em São Paulo colonial". In: PORTA, Paula (org.). *História da cidade de São Paulo, a cidade colonial (1554-1822)*. São Paulo: Paz e Terra, 2004, p. 115-143.

_____. *Viajante e a cidade: a vida no Rio de Janeiro através dos viajantes estrangeiros da primeira metade do século XX*. Tese de livre docência. São Paulo, FFLCH/USP, 1987.

MICELI, Sérgio. *Nacional estrangeiro, história social e cultural do modernismo artístico em São Paulo*. São Paulo: Companhia das Letras, 2003.

MONTEIRO, John Manuel. *Negros da terra: índios e bandeirantes nas origens de São Paulo.* São Paulo: Companhia das Letras, 1995.

_____. "Tupis, tapuias e história de São Paulo. Revisitando a velha questão guaianá". *Novos estudos.* São Paulo, Cebrap, vol. 34, p. 125-135, 1992.

_____. "Caçando com gato: raça, mestiçagem e identidade paulista na obra de Alfredo Ellis Jr.". *Novos Estudos.* São Paulo, Cebrap, vol. 38, p. 61-78, 1994.

MOURA, Denise A. Soares de. *Sociedade movediça: economia, cultura e relações sociais em São Paulo (1808-1850).* São Paulo: Editora Unesp, 2006.

MULLER, Daniel Pedro. *Ensaio de um quadro estatístico da província de São Paulo, ordenado pelas leis provinciais de 11/04/1836 e 10/03/1837.* São Paulo: O Estado de S. Paulo, 1923.

MUMFORD, Lewis. *La cite à travers l'histoire.* Paris: Seuil, 1964.

NOGUEIRA, Marco Aurélio. "Paulo Prado: *Retrato do Brasil*". In: MOTA, Lourenço Dantas (org.). *Introdução ao Brasil: um banquete no trópico,* vol. 1, 4º ed. São Paulo: Editora Senac, 2004, p. 191-214.

NOVAIS, Fernando Antonio. *Portugal e Brasil na crise do antigo sistema colonial (1777-1808).* São Paulo: Hucitec, 1995.

OLIVEIRA, Antonio Rodrigues Veloso de. *Memória sobre o melhoramento da Província de São Paulo.* São Paulo: Governo do Estado de São Paulo, 1978.

OLIVEIRA, José Teixeira de (org.). *Dicionário brasileiro de datas históricas.* Belo Horizonte: Itatiaia, 1992.

OLIVEIRA JUNIOR, Paulo Cavalcante. *Afonso de E. Taunay e a construção da memória bandeirante.* Dissertação de mestrado. Rio de Janeiro, Instituto de Ciências Sociais/UFRJ, 1994.

O'MALLEY, John W. *Os primeiros jesuítas.* Bauru/São Leopoldo: Edusc/Editora Unisinos, 2004.

PAIVA, E. F.; ANASTASIA, C. M. J. (orgs.). *O trabalho mestiço: maneiras de pensar e formas de viver, séculos XVI a XIX.* São Paulo: Annablume, 2002.

PANOFSKY, Erwin. *El significado em las artes visuales.* Madri: Alianza, 1993.

PETRONE, Maria Theresa Schorer. *A lavoura canavieira em São Paulo: expansão e declínio (1765-1851).* São Paulo: Difusão Européia do Livro, 1968.

PETRONE, Pasquale. *Aldeamentos paulistas.* São Paulo: Edusp, 1995.

PINK, Edmund. *São Paulo de Edmund Pink*. São Paulo: DBA/Bovespa, 2000.

PIRES, Francisco Murari. *Mithistória*. São Paulo: Humanitas, 1999.

_____. *Modernidades tucidideanas: Ktema es aei*. São Paulo: Edusp, 2007.

PORTA, Paula (org.). *História da cidade de São Paulo, a cidade colonial (1554-1822)*. São Paulo: Paz e Terra, 2004.

_____ (coord.). *Guia dos documentos históricos na cidade de São Paulo, 1554-1954*. São Paulo: Neps/Hucitec, 1998.

PORTO, Antônio Rodrigues. *História urbanística da cidade de São Paulo (1554/1988)*. São Paulo: Carthago & Forte, 1992.

PRADO JR., Caio. *Evolução política do Brasil e outros estudos*. São Paulo: Brasiliense, 1972.

_____. *Formação do Brasil contemporâneo: colônia*. São Paulo: Publifolha, 2000.

QUEIROZ, Maria Pereira de. *Um fazendeiro paulista no século XIX*. São Paulo: Conselho Estadual de Cultura, 1965.

REIS FILHO, Nestor Goulart. *São Paulo: vila cidade metrópole*. São Paulo: Prefeitura do Município de São Paulo/BankBoston, 2004.

ROCHE, Daniel. *História das coisas banais: nascimento do consumo, séculos XVII-XIX*. Rio de Janeiro: Rocco, 2000.

RODRIGUES, José Honório. *A pesquisa histórica no Brasil*. São Paulo: Companhia Editora Nacional, 1969.

RONCAYOLO, Marcel; PAQUOT, Thierry (dir.). *Villes et civilisation urbaine: XVIII-XX siècles*. Paris: Larousse, 1992.

SÃO PAULO (CIDADE). *São Paulo: Crise e Mudança*. São Paulo: Prefeitura do Município de São Paulo/Brasiliense, s/d.

_____. *IV centenário da fundação da cidade de São Paulo e sua evolução: 1554-1954*. São Paulo: Organização e Expansão Industrial e Comercial do Estado de São Paulo, s/d.

SCHORSKE, Carl E. *Viena fin de siècle*. São Paulo: Companhia das Letras, 1990.

SCOTT, Ana Silvia Volpi. *Dinâmica familiar da elite paulista (1765-1836): estudo diferencial de demografia histórica das famílias dos proprietários de grandes escravarias do Vale do Paraíba e região da capital de São Paulo*. Dissertação de mestrado. São Paulo, FFLCH/USP, 1987.

SERRÃO, Luiz Pimentel. *Prática da arte de navegar*. Lisboa: Divisão de Publicações e Biblioteca, Agência Geral das Colônias, 1940.

SEVCENKO, Nicolau. *Orfeu extático na metrópole: São Paulo, sociedade e cultura nos frementes anos 20*. São Paulo: Companhia das Letras, 2003.

SIMONSEN, Roberto. *História econômica do Brasil*. São Paulo: Companhia Editora Nacional, 1936.

SOARES, José Carlos de Macedo. *Três biografias: José Joaquim Machado D'Oliveira, Brasílio Augusto Machado D'Oliveira, José de Alcântara Machado*. São Paulo: Academia Paulista de Letras, 1955.

SOUZA, Laura de Mello. "Formas provisórias de existência: a vida cotidiana nos caminhos, nas fronteiras e nas fortificações". In: NOVAIS, Fernando Antonio (coord.); SOUZA, Laura de Mello e (org.). *História da vida privada no Brasil: cotidiano e vida privada na América portuguesa*, vol. 1. São Paulo: Companhia das Letras, 2001, p. 41-82.

_____. *O sol e a sombra: política e administração na América Portuguesa do século XVIII*. São Paulo: Companhia das Letras, 2006.

_____. "Alcântara Machado: *Vida e morte do bandeirante*". In: MOTA, Lourenço Dantas (org.). *Introdução ao Brasil: um banquete no trópico*, vol. 2. São Paulo: Editora Senac, 2002, p. 123-142.

STRAUBE, Fernando Costa. "Johann Von Natterer (1787-1843): naturalista maior do Brasil". *Revista Nattereria*, nº 1, mar. 2000. Disponível em: <http://www.nupelia.uem.br/ciclo/Natterer3.pdf>.

THOMPSON, Edward P. *Costumes em comum: estudos sobre a cultura popular tradicional*. São Paulo: Companhia das Letras, 2005.

_____. *A formação da classe operária inglesa*, vol. 1: *A árvore da Liberdade*. Rio de Janeiro: Paz e Terra, 2001.

_____. *A formação da classe operária inglesa*, vol. 2: *A maldição de Adão*. Rio de Janeiro: Paz e Terra, 2001.

TOLEDO, Benedito Lima de. *São Paulo, três cidades em um século*. São Paulo: Duas Cidades, 1983.

VAINFAS, Ronaldo. "João Capistrano de Abreu: *Capítulos de história colonial*". In: MOTA, Lourenço Dantas (org.). *Introdução ao Brasil: um banquete no trópico*, vol. 1. São Paulo: Editora Senac, 2004, p. 171-190.

_____. "Colonização, miscigenação e questão racial: notas sobre equívocos e tabus da historiografia brasileira". *Tempo,* Rio de Janeiro, UFF, n° 8, p. 1-12, ago. 1999.

VESENTINI, Carlos Alberto. *A teia do fato: uma proposta de estudo sobre a memória histórica.* São Paulo: Hucitec, 1990.

VILHENA, Luís dos Santos. *Recopilação de noticias da Capitania de S. Paolo: dividida em duas partes e acompanhada de duas plantas geographicas intereçantes e pouco vulgares para servir na parte que convier de elementos para a historia brasílica.* Bahia: Imprensa Official do Estado, 1935.

VOVELLE, Michel. *Imagens e imaginário na história: fantasmas e certezas nas mentalidades desde a Idade Média até o século XX.* São Paulo: Ática, 1997.

_____. *Ideologias e mentalidades.* São Paulo: Brasiliense, 2004.

WAGNER, Robert. *Viagem ao Brasil: nas aquarelas de Thomas Ender (1817-1818).* Petrópolis: Kapa Editorial, 2000.

WEHLING, Arno. *Estado, história e memória: Varnhagen e a construção da identidade brasileira.* Rio de Janeiro: Nova Fronteira, 1999.

ZANETTINI, Paulo Eduardo. *Calçada do Lorena: o caminho para o mar.* Dissertação de mestrado. São Paulo, FFLCH/USP, 1998.

_____. *Maloqueiros e seus palácios de barro: o cotidiano doméstico na Casa Bandeirista.* Tese de doutorado. São Paulo, MAE/USP, 2006.

FONTES IMPRESSAS

ALINCOURT, Luiz D. *Memória sobre a viagem do porto de Santos a cidade de Cuiabá.* São Paulo/Belo Horizonte: Edusp/Itatiaia, 1975.

AMARAL, Edmundo. *Rotulas e mantilhas: evocações do passado paulista.* São Paulo: Civilização Brasileira, 1932.

ABREU, João Capistrano de. *Caminhos antigos e povoamento do Brasil.* Rio de Janeiro: Sociedade Capistrano de Abreu/Livraria Briguiet, 1930.

_____. *Capítulos de história colonial (1500-1800).* São Paulo: Publifolha, 2000.

_____. *Correspondência de Capistrano de Abreu.* Vols. 1-3. Edição organizada e prefaciada por José Honório Rodrigues. 2ª ed. Rio de Janeiro: Civilização Brasileira, 1977.

_____. "Necrológio de Francisco Adolfo de Varnhagen, Visconde de Porto Seguro (1878)". In: ABREU, João Capistrano de. *Ensaios e estudos: crítica e história.* 1ª série. Rio de Janeiro/Brasília: Civilização Brasileira/INL, 1975.

ARROYO, Leonardo. *Igrejas de São Paulo.* Rio de Janeiro: José Olympio, 1954.

BEAUREPAIRE-ROHAN, Henrique de. *Anais de Mato Grosso.* Cuiabá: Instituto Histórico e Geográfico de Mato Grosso. Publicações Avulsas nº 20, 2001. Texto original de 1846.

BEYER, Gustavo. *Viagem a São Paulo no verão de 1813*. Campinas: Puccamp, 1992.

BRUNO, Ernani da Silva. *História e tradições da cidade de São Paulo*. 3 vols. Rio de Janeiro: José Olympio, 1953.

_____. *Almanaque de memórias*. São Paulo: Hucitec, 1986.

CHICHORRO, Manoel da Cunha de Azevedo Coutinho Souza. *Informação sobre os limites da província de São Paulo*. Rio de Janeiro: Universal, 1846.

CORTESÃO, Jaime. *A fundação de São Paulo: capital geográfica do Brasil*. Rio de Janeiro: Livros de Portugal, 1955.

_____. *O Tratado de Madri*. Rio de Janeiro: Biblioteca Nacional, 1954.

D'OLIVEIRA, Brigadeiro José Joaquim Machado. *Obras escolhidas*. 2º ed. São Paulo: Typ. Brasil de Carlos Gerke & Cia, 1897.

_____. *Geographia da província de São Paulo*. São Paulo: J. R. de Azevedo Marques, 1862.

_____. *Quadro histórico da província de São Paulo ate o anno de 1822*. São Paulo: Gerke, 1897.

D'ORBIGNY, Alcide Dessalines. *Viagem pitoresca através do Brasil*. São Paulo/Belo Horizonte: Edusp/Itatiaia, 1976.

ELLIS JUNIOR, Alfredo. *A economia paulista no século XVIII, o ciclo do muar, o ciclo do açúcar*. São Paulo: Academia Paulista de Letras, 1979.

_____. *Resumo da história de São Paulo*. São Paulo: Tipografia Brasil Rotschild Loureiro & Cia. Ltda, 1942.

_____. *Raça de gigantes: a civilização no planalto paulista*. São Paulo: Hélios, 1926.

ELLIS, Myriam. "As bandeiras na expansão geográfica do Brasil". In: HOLANDA, Sérgio Buarque (org.). *História geral da civilização brasileira*. Tomo 1: *A época colonial*, vol. 1: *Do descobrimento à expansão territorial*. 4º ed. São Paulo: Difel, 1972.

ELLIS, Myriam; ELLIS JUNIOR, Alfredo. *A economia paulista no século XVIII*. 2º ed. São Paulo: Academia Paulista de Letras, 1979.

ELLIS, Myriam. "Prefácio à segunda edição de *A economia paulista no século XVIII*". In: ELLIS JUNIOR, Alfredo. *A economia paulista no século XVIII, o ciclo do muar, o ciclo do açúcar*. São Paulo: Academia Paulista de Letras, 1979.

ESCHWEGE, Von. *Pluto Brasiliensis*. São Paulo/Belo Horizonte: Edusp/Itatiaia, 1979.

FLORENCE, Hercules. *Viagem fluvial do Tietê ao Amazonas 1825-1829*. São Paulo: Melhoramentos, 1941.

FRANCO, Francisco de Assis Carvalho. *Dicionário de bandeirantes e sertanistas do Brasil*. São Paulo: Comissão do IV Centenário da Cidade de São Paulo, Divisão de Publicações, 1954.

FREYRE, Gilberto de Melo. *Casa Grande e senzala: formação da família brasileira sob o regime da economia patriarcal*. São Paulo: Global, 2005.

_____. *Sobrados e mucambos: decadência do patriarcado rural e desenvolvimento do urbano*. São Paulo: Global, 2003.

_____. *Ordem e progresso: processo de desintegração das sociedades patriarcal e semi--patriarcal no Brasil sob o regime de trabalho livre: aspectos de um quase meio século de transição do trabalho escravo para o trabalho livre; e da monarquia para a república*. São Paulo: Global, 2004.

_____. *Pessoas, coisas e animais*. Rio de Janeiro: Globo, 1981.

_____. *Assombrações do Recife Velho: algumas notas históricas em torno do sobrenatural no passado recifense*. Rio de Janeiro: José Olympio, 1974.

HOLANDA, Sérgio Buarque de. *Caminhos e fronteiras*. São Paulo: Companhia das Letras, 1995.

_____. *Monções*. São Paulo: Brasiliense, 1990.

_____. *Raízes do Brasil*. São Paulo: Companhia das Letras, 1997.

_____. "Movimentos da população em São Paulo no século XVII", *Revista do Instituto de Estudos Brasileiros*. São Paulo: IEB/USP, nº 1, p. 55-111, 1966.

_____. "São Paulo". In: HOLANDA, Sérgio Buarque de (org.). *História geral da civilização brasileira, Dispersão e unidade*, tomo II, vol. IV. Rio de Janeiro: Bertrand Brasil, 2004.

_____. (org.). *História geral da civilização brasileira*, vol. 1, tomo 1, 4ª ed. São Paulo: Difel, 1972.

KIDDER, Daniel P. *Reminiscências de viagens e permanência no Brasil*. São Paulo/Belo Horizonte: Edusp/Itatiaia, 1980.

_____. *O Brasil e os brasileiros: esboço histórico e descritivo*. São Paulo: Companhia Editora Nacional, 1941.

MACHADO, Alcântara. *Vida e morte do bandeirante*. São Paulo/Belo Horizonte: Edusp/Itatiaia, 1980.

MADRE DE DEUS, Frei Gaspar da. *Memórias para a história da capitania de São Vicente*. São Paulo: Livraria Martins, 1953.

MARQUES, Gabriel. *Ruas e tradições de São Paulo: uma história em cada rua*. São Paulo: Conselho Estadual de Cultura, 1966.

MARTIN, Jules. *São Paulo antigo e São Paulo moderno: álbum de fotografias*. São Paulo: s/e, 1905.

MARTINS, Antonio Egydio. *São Paulo antigo: 1554-1910*. São Paulo: Paz e Terra, 2004.

MARTIUS, Carl Friedrich Von; SPIX, Johan Baptist Von. *Viagem pelo Brasil*. São Paulo/Belo Horizonte: Edusp/Itatiaia, 1981.

MAWE, John. *Viagens ao interior do Brasil*. São Paulo/Belo Horizonte: Edusp/Itatiaia, 1978.

_____. *The mineralogy of Derbyshire with a description of the most interesting mines in the north of England, in Scotland, and in Wales: and an analysis of Mr. Williams's work, intitled "The mineral kingdom": subjoined is a glossary of the terms and phrases used by miners in Derbyshire*. Londres: W. Phillips, 1802.

MILLIET, Sérgio. *Roteiro do café e outros ensaios: contribuição para o estudo da história econômica e social do Brasil*. São Paulo: Hucitec/Instituto Nacional do Livro/Fundação Nacional Pró-Memória, 1982.

MORSE, Richard. *De comunidade a metrópole*. São Paulo: Comissão do IV Centenário da Fundação de São Paulo, 1954.

MOURA, Paulo Cursino. *São Paulo de outrora, evocações da metrópole, psychologia das ruas*. São Paulo: Melhoramentos, 19-?

NARDY FILHO, Francisco. "As antigas Igrejas de São Paulo". In: *São Paulo em quatro séculos*, São Paulo: IHGSP, 1954.

NEME, Mário. *Notas de revisão da história de São Paulo*. São Paulo: Anhembi, 1959.

NOGUEIRA, José Luis de Almeida. *A academia de São Paulo: tradições e reminiscências: estudantes, estudantões, estudantadas*. São Paulo: Saraiva, 1977.

PIZA, Antonio Toledo. "Chronicas dos tempos coloniaes. A miséria do sal em S. Paulo. O militarismo em S. Paulo". *Revista do Instituto Histórico e Geográfico de São Paulo*. São Paulo, vol. IV, s/n, 1898/1899, p. 279-320.

PRADO, Paulo. *Paulística etc*. 4º Ed. São Paulo: Companhia das Letras, 2004.

_____. *Retrato do Brasil*. São Paulo: Duprat & Mayença, 1920.

RIBEIRO, José Jacinto. *Chronologia paulista: ou relação histórica dos factos mais importantes occorridos em S. Paulo desde a chegada de Martim Affonso de Souza à S. Vicente até 1898.* São Paulo: Diário Official, 1898.

ROCHA PITA, Sebastião da. *História da América portuguesa.* Salvador: Livraria Progresso, 1950.

RODRIGUES, Jorge Martins. *São Paulo de ontem e de hoje.* São Paulo: 1938.

RODRIGUES, José Wasth. *Tropas paulistas de outrora.* São Paulo: Governo do Estado de São Paulo, 1978.

RUGENDAS, Johan Moritz. *Viagem pitoresca através do Brasil.* São Paulo: Martins, 1940.

SAINT-HILAIRE, Auguste de. *Segunda viagem do Rio de Janeiro a Minas Geraes e a São Paulo, 1822.* São Paulo: Companhia Editora Nacional, 1932.

_____. *Segunda viagem a São Paulo e quadro histórico de São Paulo.* São Paulo/Belo Horizonte: Edusp/Itatiaia, 1974.

_____. *Viagem à província de São Paulo.* São Paulo/Belo Horizonte: Edusp/Itatiaia, 1976.

SAMPAIO, Teodoro. *São Paulo no século XIX e outros ciclos históricos.* Petrópolis: Vozes, 1978.

SANT'ANA, Nuto. *São Paulo histórico, aspectos, lendas, costumes.* 6º vol. São Paulo: Departamento de Cultura, 1937.

SOUTHEY, Robert. *História do Brasil.* São Paulo: Melhoramentos, 1977.

TAQUES, Pedro. *Nobiliarquia paulistana, histórica e genealógica.* 5ª ed. Belo Horizonte/São Paulo: Itatiaia/Edusp, 1980.

_____. *História da capitania de São Vicente.* São Paulo: Melhoramentos, s/n.

_____. *Informação sobre as minas de São Paulo e A expulsão dos jesuítas do Collegio de São Paulo.* São Paulo: Melhoramentos, s/d.

TAUNAY, Afonso D'Escragnole. *Non ducor, duco: notícias de São Paulo (1565-1820).* São Paulo: Typ. Ideal/H. L. Canton, 1924.

_____. *Historia da cidade de São Paulo sob o império: 1842-1854.* São Paulo: Gráfica Municipal de São Paulo, 1977.

_____. *São Paulo nos primeiros anos (1554-1601)* e *São Paulo no século XVI.* São Paulo: Paz e Terra, 2004.

_____. *História da cidade de São Paulo.* São Paulo: Melhoramentos, 1953.

_____. *Paizagens brasileiras.* São Paulo: Melhoramentos, 19-?

_____. *História colonial da cidade de São Paulo no século XIX*. São Paulo: Divisão do Arquivo Histórico, 19-?

_____. *História da cidade de São Paulo no século XVIII*. São Paulo: Divisão do Arquivo Histórico, 19-?

_____. *Velho São Paulo*. São Paulo: Melhoramentos, 1952.

_____. *No Brasil de 1840*. São Paulo: Imprensa Oficial, 1935.

_____. *Assuntos de três século coloniais*. São Paulo: Imprensa Oficial do Estado de São Paulo, 1944.

_____. *Antigos aspectos paulistas*. São Paulo: Diario Official, 1927.

_____. *Ensaios da história paulistana*. São Paulo, 1940.

_____. *Quatro séculos paulistanos*. São Paulo: Gráfica Municipal, 1954.

_____. *São Paulo: vetera e nova*. São Paulo: Imprensa Oficial do Estado, 1949.

_____. *Relatos monçoeiros*. São Paulo: Comissão do IV Centenário da Cidade de São Paulo, Divisão de Publicações, 1953.

_____. *Relatos sertanistas*. São Paulo: Comissão do IV Centenário da Cidade de São Paulo, Divisão de Publicações, 1953.

_____. *História geral das bandeiras paulistas*. 11 vols., São Paulo: Typ. Ideal/H. L. Canton, 1924-1950.

_____. *História do café no Brasil*. 15 vols. Rio de Janeiro: Departamento Nacional do Café, 1939-1943.

TAUNAY, Alfredo D'Escragnole (Visconde de). *A cidade do ouro e das ruínas*. Cuiabá: Instituto Histórico e Geográfico do Mato Grosso, 2001.

TSCHUDI, João José Von. *Viagem às províncias do Rio de Janeiro e São Paulo*. São Paulo: Martins, 1976.

VAMPRÉ, Spencer. *Memórias para a história da Academia de São Paulo*. São Paulo: Livraria Acadêmica Saraiva & Cia. Editores, 1924.

VARNHAGEN, Francisco Adolfo de. *Descobrimento do Brasil*. Rio de Janeiro: J. Villeneuve, 1840.

_____. *História geral do Brasil*. 5 tomos. 5ª ed., São Paulo: Melhoramentos, 1956.

VIANA, Oliveira. *Populações meridionais do Brasil*. Rio de Janeiro: José Olympio, 1952.

WASTH RODRIGUES, José. *Tropas paulistas de outrora*. São Paulo: Governo do Estado de São Paulo, 1978. Coleção Paulística vol. X.

AGRADECIMENTOS

O AGRADECIMENTO SEMPRE ME PARECE uma tarefa mais protocolar do que efetiva. Não que me considere dispensado dele, mas por crer que reside na troca simbólica, na convivência, ato mais significativo do que na palavra escrita. Posto isso, infelizmente há certas gratidões que somente podemos expressar, seja pela impossibilidade da reciprocidade, seja pelo tamanho da dívida.

Como historiador, fiel às cronologias, devo enumerar minhas dívidas de trás para frente.

Obviamente à minha família, sobretudo meus pais e avós, que me proporcionaram uma "vida entre livros", que certamente me legou o que de mais caro pode-se ter que é a educação e o gosto pelo conhecimento.

Ao irmão e parceiro das ciências sociais, Rodrigo Augusto Prando, que foi mais do que um incentivador, quase que um "cobrador" da minha formação em História.

Aos irmãos e cúmplices na História Erik Hörner, Ynaê Lopes dos Santos e Carlos Eduardo França de Oliveira, por tudo aquilo que somente a dimensão geracional pode fornecer: a experiência quase que cotidiana, ao longo de anos, de inúmeros projetos, expectativas, anseios, indignações e, é claro, um tanto de farra.

Ao já falecido Prof. Dr. István Jancsó, por ter sido o primeiro a me abrir as portas da pesquisa na universidade, ainda no início da graduação. István, como outros professores que contribuíram para a minha formação, deixou mais do que exemplos bons ou maus, momentos positivos ou negativos, deixou a certeza absoluta de que historiadores – embora estudem incessantemente os homens no decorrer do tempo – são apenas humanos, e, como humanos, devemos esperar humanas reações diante do mundo e do outro.

Também à Capes por, desde minha iniciação científica, ter me concedido bolsas de estudo, sem as quais, certamente, toda trajetória teria sido muito mais turbulenta e incerta. Espero que o retorno à sociedade tenha valido o investimento da mesma.

À minha orientadora, Profa. Dra. Cecília Helena L. de Salles Oliveira. Cecília, além da inteligência, argúcia e perspicácia pelas quais é reconhecida, é uma das pessoas mais generosas que já conheci, principalmente por jamais haver insinuado ou sugerido qualquer traço de vassalagem que – regularmente – caracterizam muitas relações na universidade. A liberdade e a cooperação com as quais conduz a pesquisa de seus orientandos, sem ser negligente, é, certamente, um oásis no meio de um deserto acadêmico marcado pelo isolamento dos pesquisadores e disputas pouco edificantes. Em seu grupo de pesquisa, ao longo de alguns anos, pudemos trocar cooperações no mais franco e desarmado ambiente acadêmico que me foi dado conhecer. No mais, me acolheu como orientando em um momento de encruzilhada acadêmica e profissional para mim, sem o que minha vida seria, hoje, radicalmente outra. Por isso tudo inclui-se Cecília no rol das dívidas impagáveis.

Aos inúmeros parceiros e colegas de arqueologias e geografias (Paulo Zanettini, Paulo De Blasis, Rodolfo Luz, Cristiano Fuin, Wagner Bornal etc.), com os quais pude aprender muito e burilar algumas ideias que informaram esse texto.

Pesquisar nas humanidades, no Brasil, é um ato de determinação e paciência antes de tudo. Nos arquivos e bibliotecas reina o personalismo, o patrimonialismo, o cerceamento ao direito cidadão à informação; desaparece o espírito republicano e a noção de serviço público. Documentos, livros raros, mapas, plantas são escondidos e guardados como reservas pessoais, cedidos a eleitos ou mediante facilidades para alguns, frente a dificuldades a outros. Regulamentos inexistentes e jamais escritos ou vistos são invocados, assim como "ordens superiores" para justificar decisões e proibições tão incompreensíveis quanto qualquer jogo divinatório. Queixas, esclarecimentos e reclamações jamais são respondidos. O cidadão, como tantas vezes presenciei, é impedido de acessar informações sobre nosso passado comum, guardado em instituições públicas mantidas com recursos gerados, inclusive, por estes mesmos cidadãos. Salvo, obviamente, as exceções de praxe. Um país que se queira justo não pode tolerar isso. Uma política de transparência e acesso às informações é passo basilar para a construção e manutenção cotidiana de uma democracia. Por nenhuma dessas dificuldades sou grato, senão por ter sido forçado a aprender a virtude da paciência.

À minha esposa, Adriana, pela parceria, carinho, cumplicidade, paciência; pelo interesse incomum em uma área distinta e que, muitas vezes, parece tão distante da vida cotidiana para justificar tantos esforços.

Por fim, à Fapesp e à Alameda, na pessoa de Joana Monteleone, que acolheram este trabalho, entendendo que há nele algum interesse que justifique o surgimento de um livro.

Esta obra foi impressa em São Paulo no outono de 2013 pela gráfica Vida e Consciência. No texto foi utilizada a fonte Garamond Premier Pro em corpo 10,5 e entrelinha de 15,5 pontos.